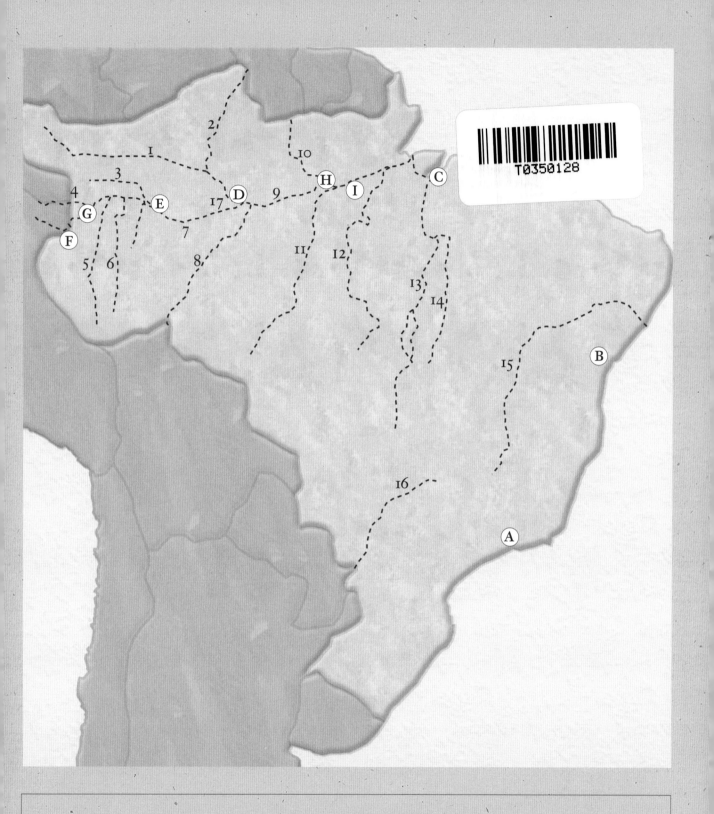

WILLIAM JAMES'S BRAZIL, 1865

Brazil through the Eyes of

William James

Members of the Thayer Expedition, 1865
(Front row, left to right): William James, Stephen van Rensselaer Thayer, Jacques Burkhardt, Newton Dexter. (Back row): probably Talismã Figueiredo de Vasconcelos, D. Bourget, Walter Hunnewell. Photographer unknown, 1865.

Brazil through the Eyes of
William James

Letters, Diaries, and Drawings, 1865-1866

Bilingual Edition/Edição Bilíngüe

Edited by Maria Helena P. T. Machado

Translated by John M. Monteiro

Published by Harvard University
David Rockefeller Center for Latin American Studies

Distributed by Harvard University Press
Cambridge, Massachusetts
London, England
2006

© 2006 by the President and Fellows of Harvard College
Printed in the United States of America
All rights reserved

William James's diaries, letters, and reproductions of his drawings
(call number bMS Am 1092.9) are used by permission of the
Houghton Library, Harvard University

Designed by Vern Associates, Inc., Newburyport, Massachusetts

Library of Congress Cataloging-in-Publication Data

James, William, 1842–1910.
   [Selections. Portuguese & English. 2006]
   Brazil through the eyes of William James : letters, diaries and drawings,
1865–1866 / edited by Maria Helena P.T. Machado ; translated by John
M. Monteiro = Brasil no olhar de William James : cartas diários e desenhos,
1865–1866 / organizado por Maria Helena P.T.Machado ; traduzido por
John M. Monteiro. — Bilingual ed./Ed. bilíngüe
     p. cm.
   ISBN 0-674-02133-9 (alk. paper)
   1. Brazil—Description and travel. 2. James, William, 1842–1910—
Correspondence. 3. James, William, 1842–1910—Diaries. 4. James, William,
1842–1910—Travel—Brazil. I. Machado, Maria Helena Pereira Toledo.
II. Title. III. Title: Brasil no olhar de William James
   F2513.J36 2006   2006045277
   918.1—dc22

Contents

List of Illustrations

Introduction

An American Adam in the Amazonian Garden of Eden

Maria Helena P. T. Machado

No method nor discipline can supersede the necessity of being forever on the alert. What is a course of history or philosophy, or poetry, no matter how well selected, or the best society, or the most admirable routine of life, compared with the discipline of looking always at what is to be seen? Will you be a reader, a student merely, or a seer? Read your fate, see what is before you, and walk on into futurity.
—Henry David Thoreau, *Walden*, p. 363

"Do you know where the river Tapajos is? If not look it out on the map. I am writing this to thee in a canoe on the said river about 50 miles up, the men at present being engaged in poling the boat down against the wind close to the right bank. Now that thy little mind has an accurate idea of the place where we are, I will tell you how we came here."[1] Thus begins a letter William James wrote to his sister, Alice, during his travels in Brazil in 1865 as a member of the Thayer Expedition. The affectionate and playful tone of this particular missive is one that James usually employed to capture the attention of his favorite correspondent. In his correspondence, James did not spare hyperbolic expressions or richly embellished descriptions of what he saw and experienced in the Amazonian tropics. Well into the journey at this point, the young adventurer had plenty of subjects with which to enchant his readers back home, including news about his health, travels, and other activities, as well as iconoclastic opinions about everything and everyone around him, including the main figures involved in the Thayer Expedition. After all, exploring the Amazon and its tributaries in dugout canoes manned

OPPOSITE: *William James during his recovery from smallpox, photographer unknown, Rio de Janeiro, 1865.*

1. William James to Alice James, Manaus, 6 Nov. 1865.

by Indians, collecting new species of tropical fish that had to be embalmed on the spot, and subsisting daily on dried fish, manioc flour, and Portuguese wine, was no ordinary situation for a well-bred young man hailing from a New England family. Quite distinct from the image later projected by his many students and by thousands of his admirers as the attractive, charismatic teacher dressed in elegant tweeds and foulards, the William James emerging from these earlier writings is a fairly athletic and extroverted youth who took pride in sleeping in a hammock, swimming in wild rivers, and sharing the harsh daily life of "civilized" Indians and mestizos in the Amazon. As he confessed with a tinge of guilt, his main preoccupation at the time was not to study, read, or think, but rather to protect his poor body from the relentless attacks of *pium* black flies, mosquitoes, and other swarms of tropical insects, which at night began "to sing like the great organ of Boston," making the traveler's life utterly miserable.[2]

During his eight-month Brazilian sojourn, William James kept a personal journal, wrote an incomplete narrative of his collecting expedition on the Solimões River, and penned several letters to his parents, Henry James Sr. and Mary Walsh James, his brother Henry, and his sister, Alice. These Brazilian papers form a set that is of great interest not only to James scholars, but also to those engaged in the study of travel literature, as they form a personal narrative that is quite distinct from Professor and Mrs. Louis Agassiz's published account of the expedition. Although he was quite young at the time and totally subordinated to Agassiz's orders and decisions during the expedition, James's observations on the journey and on the primarily mestizo population he encountered in the Amazon region were particularly original. Indeed, already at this point in his life, he revealed some of the features that his future biographers would repeatedly point out as central to his world view, especially his empathetic and relativistic perspectives.

James wrote in English, but his Brazilian writings also include a brief Nhengatu (Amazonian Tupi) vocabulary with corresponding entries in English and Portuguese, along with a letter scribbled in Portuguese. Notwithstanding the author's fame, these papers have not received extensive treatment to date, except for the letters sent to his family during his travels. James's correspondence, including his Brazilian letters, has been edited by Ralph Barton Perry and by Ignas Skrupskelis and Elizabeth Berkeley.[3] Likewise, parts of the letters pertaining to the expedition have been frequently reproduced in different anthologies of his vast writings. Yet, although his biographers have emphasized that the year in Brazil had important consequences in determining young James's future career, his letters have been analyzed almost exclusively in terms of their place within Jamesian thought and as evidence of the first steps towards the formulation of Pragmatism. His Brazilian diary, while also extensively cited by his biographers, has never been published in full. His narrative, "A Month on the Solimoens," appeared in the *Works of William James*.[4]

Treating the Brazilian papers as a coherent set allows us to appreciate James's unique contribution to the field of travel literature. As yet, these writings

2. William James, Brazilian Diary, 1865.

3. Ralph Barton Perry, *The Thought and Character of William James* (Cambridge: Harvard University Press, 1948); Ignas Skrupskelis and Elizabeth Berkeley, eds., *Correspondence of William James*, 11 vols. (Charlottesville: University Press of Virginia, 1992–2004).

4. William James, *Manuscript Essays and Notes* (Cambridge: Harvard University Press, 1988), pp. 354–57.

have not been collected in a single volume. Carleton Sprague Smith's article, "William James in Brazil," contains a fairly extensive but incomplete reproduction of James's notes and drawings, interspersing quotes from the manuscripts with Smith's own descriptive text covering the expedition.[5] This book seeks to fill the gap by bringing together writings, drawings, and other materials pertaining to James's stay in Brazil. Furthermore, James's writings will be placed within the context of travel literature on Brazil, especially the Amazon in the nineteenth century, which includes a rich repertory of narratives. Among Latin Americanist scholars, only Nancy Stepan, in her recent book, *Picturing Tropical Nature*, has dedicated some space to James's papers and to the Thayer Expedition in her provocative chapter on views of race and miscegenation in Brazil.[6] Finally, it should be noted that James's presence in Brazil remains virtually ignored by Brazilian scholars, which makes the publication and translation of his papers all the more relevant.

In covering the story of James's involvement in the Thayer Expedition, I offer an analysis of his impressions, feelings, and observations as a volunteer collector under the orders of the expedition leader, and place this adventure within the broader context of James's life. Indeed, in 1865, he was only twenty-three years old and in the second year of his studies at Harvard University's Medical School. As soon as he learned that one of his favorite professors, the renowned naturalist Louis Agassiz, director of the Museum of Comparative Zoology, was preparing a research expedition to Brazil, James signed on to the project as a volunteer collector, the trip to be covered at his own expense. For him it was to be an educational journey, much as for other young members of the American elite using travel for this purpose, while at the same time it afforded him an opportunity to get away and mull over the prospects of his career. As a student and assistant to Agassiz, James was already quite familiar with the discussions that pitted his mentor against Charles Darwin and his followers, and proved much more sympathetic towards the theory of evolution than the creationism espoused by the expedition leader. During his travels in Brazil, the young man faced serious health problems—he contracted a mild form of smallpox in Rio de Janeiro and became temporarily blind—as well as his own ambivalence, which led him to consider abandoning the expedition on more than one occasion. In spite of these setbacks, James's biographers have considered that this journey constituted a decisive moment in the life of the future founder of Pragmatism, for it was then, they believe, that James decided to dedicate his future efforts to philosophy.

The eight months of James's stay in Brazil included visits to Rio de Janeiro, capital of this South American Empire, Belém, Manaus, and various river towns and villages along the Amazon and its tributaries. Going somewhat against the grain of contemporary travel writing, James's writings on the region show a particular empathy in his descriptions of life in the tropics, in contrast with the views espoused by the expedition's mentor, Louis Agassiz, whose political and ideological beliefs included racist theories of hybridism and the deleterious effects of race mixture.

5. Carleton Sprague Smith, "William James in Brazil," *Four Papers Presented in the Institute for Brazilian Studies* (Nashville: Vanderbilt University Press, 1951).

6. Nancy Stepan, *Picturing Tropical Nature* (Ithaca: Cornell University Press, 2001), chapter 3, "Racial Degeneration."

An American Adam in the Amazonian Garden of Eden

In September of 1865, a few months after the start of the journey and when he was already firmly established in Manaus, Agassiz chose James to undertake a collecting expedition on the Solimões River. James was to be accompanied only by an Indian youth and a locally recruited Brazilian guide, Talismã Figueiredo de Vasconcelos, whom James dubbed Tal. Hence the young collector would have to rely on his own language- and decision-making skills to confront whatever situations the expedition was to present. Seizing the opportunity, James also decided to record his adventures in the form of a travel narrative, following the usual conventions of this genre. The incomplete journal, "A Month on the Solimoens," describes only the first days of the expedition, more precisely those of the "civilized" portion of the adventure, for the most part spent in the local priest's home in the river town of São Paulo de Olivença. From descriptions of meals composed of turtle meat and fried plantains to the detailed observation of the *coaitá* monkey, the abbreviated journal reveals a person who was already well adapted to the tropics, in command of his characteristically iconoclastic sense of humor, and quite aware of the importance of the expedition on which he participated as a volunteer.

> *If the reader will look on a map of Brazil he will probably find the little town of San Paulo d'Olivença marked on the right bank of the Solimoens or upper Amazon, about [blank] miles from the sea. At this town my story begins. The good little steamer* Icamiaba *which runs monthly from Manaos, near the mouth of the Rio Negro, where the Solimões changes into the Amazon up to mosquito-populated Tabatinga on the Peruvian frontier, and back—stopped at São Paolo just after sunset on the 21st. of September 1865—bringing with her the most important detachment of a great North American Naturalists Expedition, which for the past 6 months had been overrunning Brazil and ransacking her living treasures. By a curious accident the Steamer has taken on board at Tabatinga another party of 4 Spanish Naturalists who had come down from the mountains & the Rio Napo, and after 3 years of wandering, were at last homeward bound. They formed part of a commission sent by the Spanish government to collect for the Museum of Madrid. One of their party had died & the two others had gone to California. They had been through sun & rain & snow & swamp in their wanderings had been shipwrecked & lost most all their personal property, were without money, and most grotesquely clothed in what had been saved from the wreck. They had come down the Rio Napo on two rafts of the most picturesque appearance, with a low palm leaf house built on each, a "smudge" burning at each end to keep out the mosquitoes & covered with monkeys, parrots and other pets. Never had I seen a more shaggy, stained, weather beaten, jaundiced set of men. And I have seldom felt like honoring men more. Beside their travel our expedition seemed like a holiday picnic.*[7]

7. William James, "A Month on the Solimoens."

The picnic image might seem a little out of place for an expedition that had covered thousands of kilometers, navigating winding rivers, stopping off in remote villages inhabited by populations with only a slight hint of European influence, camping on the shores of streams that cut through the dense forest, and relying on a repetitive diet of dried *pirarucu* fish and manioc flour. At the same time, the Thayer Expedition from the outset also exhibited a sort of officialesque—if not social and diplomatic—character, aspects that did not escape James's pointed critical perception.[8] Although the expedition possessed scientific aims, its broader significance can be appreciated more fully if we take its less apparent aspects into account. In addition to being the official scientific traveler, Louis Agassiz also served American commercial and geopolitical interests in the Amazon, which included two lines of diplomatic action and involved various interest groups. First, the expedition coincided with U.S. pressures on the Brazilian imperial government to open the Amazon to free navigation; second, it took place at a time when some American diplomats and entrepreneurs entertained the idea of resettling recently freed slaves as colonists or apprentices in the Amazon. Not that Agassiz personally arranged the journey as a cover for a diplomatic mission to promote American interests in the Amazon: rather, he was not one to miss the opportunity to wield his influence, especially over Emperor Pedro II, with whom Agassiz had been in correspondence since 1863.[9] Indeed, the elegant soirées attended by Professor and Mrs. Agassiz at the Imperial Palace caused some commotion among the expedition members as their leader gained the status of international celebrity.

Jacques Burkhardt, sketch by William James, 1865.

The idea of the expedition grew out of a lecture series presented by Agassiz at the Lowell Institute during the winter of 1864–65. At that time, Agassiz had emphasized the need to study glacial action in South America as proof of his creationist and catastrophist theory. The project captured the enthusiasm of Nathaniel Thayer, a prominent Boston entrepreneur, who offered to fund Agassiz along with a team of assistant naturalists. All of the assistants recruited for the undertaking came from the Museum of Comparative Zoology, confirming the scientific profile of the expedition: ornithologist Joel Asaph Allen (Assistant Curator of Birds at the Museum), conchologist John Gould Anthony (Assistant Curator of Mollusks), paleontologist Orestes St. John, artist Jacques Burkhardt, who had accompanied Agassiz since the beginning of his career in the Swiss canton of Neuchâtel, specimen preparator George Sceva, and geologist Charles Frederick Hartt, who later was to become one of Brazil's most important natural scientists.[10] But the journey soon took on an additional, less scientific demeanor, that of a social and diplomatic enterprise whose scope and scale promoted Agassiz's interests.

From the outset, Agassiz planned to include his wife, Elizabeth Cary Agassiz, and his brother-in-law, Thomas G. Cary, among the expedition members.

8. For greater details, see Maria Helena P. T. Machado, *Brasil a Vapor. Raça, Ciência e Viagem no Século XIX*, unpublished Livre-Docência thesis, FFLCH-USP, 2005, part 1.

9. David James, "O Imperador do Brasil e seus Amigos da Nova Inglaterra," *Anuário do Museu Imperial*, 13 (1952), entire issue, and Nícia Vilela Luz, *A Amazônia para os Negros Norte-Americanos* (Rio de Janeiro: Saga, 1968).

10. Edward Lurie, *Louis Agassiz: A Life in Science* (paperback edition; Baltimore: Johns Hopkins Press, 1988), pp. 344–345; Gay Wilson Allen, *William James: A Biography* (New York: Viking Press, 1967), pp. 101–103; and H. Higuchi, *An updated list of ichthyological collecting stations of the Thayer Expedition to Brazil.* Electronic version (1996): http://www.oeb.harvard.edu/thayer.htm.

11. Margaret Snyder, "The Other Side of the River (Thomas Wren Ward, 1844–1940)," *New England Quarterly*, 14:3 (1941), pp. 423–436.

12. William James to Mary Robertson Walsh James, Steamer *Colorado*, probably 31 March 1865.

When the professor announced that he wished to enlist six student volunteers as collectors provided they fund their own trips, a number of Harvard students jumped at the opportunity to take part in what appeared to be a social and educational enterprise. All of the students engaged in the expedition hailed from prestigious and wealthy New England families, beginning with Stephen V. R. Thayer, son of the expedition's main financial backer. Thomas Ward, one of James's best friends, was the son of Samuel Gray Ward, a Baring Brothers agent and financial representative of the Pacific Mail Steamship Company, which in turn subsidized the travel expenses of the expedition's professional staff on the steamer *Colorado*, which regularly plied the route to California around Cape Horn. Ward, a trustee of the Museum of Comparative Zoology, also handled the James family's financial interests. But his main objective with regard to the Thayer Expedition was to counter his son Tom's obsessive desire to settle in the West. The young man had hoped to become involved in real estate linked to railroad expansion there, a plan which met with his father's stern opposition because of Tom's frail health. As a sort of consolation prize, Ward agreed to send young Tom off on the Agassiz adventure, which seemed to provide a more controlled environment to simulate the coveted male frontier experience.[11]

Other volunteers—Walter Hunnewell, Edward Copeland, and Newton Dexter—also came from wealthy, prestigious families. Dexter stood out as a distinguished hunter, the very image of the young millionaire who set out on journeys to wild territories—like the West—in order to enhance his masculine attributes of resolve, courage, and bravery. In his diary James drew a caricature of Dexter as a hard-drinking, exotic treasure hunter and described him in similar terms: "There is a sunburnt & big jawed devil named Dexter from Providence with us, who is a crack shot & has hunted all over the U.S. I dare say he will do good service, though I don't know much of him personally. He is rich."[12] James himself completed the roster. As a medical student familiar with the works of Darwin and Spencer, he no longer harbored the unchallenged admiration that he had held for Agassiz in earlier years; still, he eagerly embraced the idea of taking part in the expedition. The necessary funds came from his maternal aunt Kate, with complementary aid from his father.[13]

The enthusiasm with which James embraced the idea of traveling to the Amazon reflects some of the tendencies of his time, when travel in wild lands constituted an important step in the formation of young men of the elite. Under the aegis of Manifest Destiny, this sort of baptismal journey usually had the West as its destination. Westward expansion not only attracted the nation's physical and economic energy, but also gave rise to a vast repertory of writings and pictures, recycling old themes of conquest and colonization and connecting the incorporation of Western territories to the myth of a Promised Land and the recovery of Paradise Lost.[14] To go West seemed to be everyone's desire and the destiny of many, hence both a collective and an individual mission: it entailed traveling to unexplored lands to face a rugged life in a world lacking the usual constraints; to experience its seductive enchantment; and, ultimately, to tame and civilize it.

While in collective terms westward expansion followed the logic of capital, investments, and population movements, the individual experience began to be considered as a desirable stage in the formation of character according to the reigning notion of the masculine ideal for young Americans. This applied especially to the sons of the elite, who expended more and more of their vital energy in classrooms and libraries and dedicated their time to abstract studies of liberal arts and philosophy. In his study of the culture of manhood that emerged in the Civil War years, Kim Townsend points out the increasing importance placed on exposing young men to the challenges of nature as a form of developing the vitality and self-control necessary to succeed in life. Focusing primarily on Harvard University, Townsend links the new masculine ideal to preparing young men to face the increasingly competitive conditions of the business world and the labor market.[15]

These masculine values of self-control, vigor, and leadership also sought to protect young men from the threat of neurasthenia and the weaknesses caused by an educational system thought to be excessively given to reflection and abstraction. Conceived of as a class-related disease in the second half of the nineteenth century, neurasthenia appeared to afflict exclusively those who did not perform manual labor. Understood as a byproduct of the triumph of the intellect over brute force, this condition remained in some way directly related to intelligence, to specialized careers, to personal desires, and to mental activity.[16] Thus, while neurasthenia claimed a certain social legitimacy, it still had to be fought.

Throughout the nineteenth century, athletics, open-air activities, and travel appeared to constitute the healthiest ways of protecting the minds of physically idle youths, excessively involved with abstract studies or with sentimental or feminine pursuits such as literature. (The advice was for young men; women in

13. Allen, *William James: A Biography*, pp. 101–103.

14. On this subject, see the analysis by Carolyn Merchant, "Reinventing Eden: Western Culture as a Recovery Narrative," in William Cronon, ed., *Uncommon Ground. Rethinking the Human Place in Nature* (New York: W. W. Norton, 1983), pp. 132–170 and *Reinventing Eden. The Fate of Nature in Western Culture* (New York: Routledge, 2002), especially chapter 6, "Eve as Nature," pp. 117–144. Merchant shows how in the nineteenth-century scientific context Nature is associated with the dangerous characteristics of the savage and uncontrolled female, in a narrative whose basic plot involves the restoration of Eden through its domestication and control.

15. Kim Townsend, *Manhood at Harvard: William James & Others* (Cambridge: Harvard University Press, 1998).

16. John Haller Jr. and Robin M. Haller, *The Physician and Sexuality in Victorian America* (Urbana: University of Illinois Press, 1974), p. 6.

such cases were told to lie down.) For example, in 1885, when Harvard student Owen Wister suffered a devastating nervous collapse owing to the pressures of academic life, his family's doctor in Philadelphia, S. Weir Mitchell, prescribed travel as a remedy and counseled the young man to go West, packing his riding clothes and some light reading, which was not to include French novels. Wister's close friend, Theodore Roosevelt, was another Harvard student who embodied the masculine ideal to perfection, in his rugged travel experiences.[17]

While the West emerged as the frontier experience *par excellence*, a considerable contingent of nineteenth-century American travelers chose other landscapes to expand their horizons. As Katherine Manthorne has pointed out, between 1839 and 1879 several of America's most prominent artists sought inspiration in Latin American scenery. The works produced in this Tropical Renaissance—as Manthorne has called this artistic movement—developed an independent form of representation, although connected to a specifically American aesthetic content derived from the Hudson River School and from Manifest Destiny. Thus Frederic Church, traveling in Ecuador and Colombia in 1857, painted landscapes that conjugated the sublime with the mysterious in characterizing a tropical aesthetic. Another artist, George Catlin, traveled throughout South America between 1852 and 1857. Starting in the Guianas, he reportedly crossed part of northern Brazil, covering the Trombetas, Amazon, Xingu, and Tocantins rivers. Martin Heade was another American artist who drew inspiration from the tropics as he planned his collection of "Brazilian gems," which he never finished, and as he painted his first hummingbirds in Rio de Janeiro in 1864 and 1865.[18] Yet the most famous mid-nineteenth-century visitors from the United States to Brazil—and especially the Amazon—were Lieutenant William Lewis Herndon, who navigated the full length of the river from Peru to the Atlantic, and, of course, Louis and Elizabeth Cary Agassiz, along with the assistants and students who accompanied the Thayer Expedition.

In its political dimension, the expedition received the official support of the U.S. government, which hoped to take advantage of Agassiz's friendship with Emperor Pedro II to counterbalance European influence in the Brazilian diplomatic sphere, especially with regard to Brazil's position in the Civil War context, as Brazil recognized the Confederacy as a belligerent party (rather than states in rebellion against the Union), which justified Brazil's neutral posture. Indeed, Brazil's diplomatic stance conferred legitimacy to the Confederacy, and authorities tolerated the entry of Southern ships into Brazilian ports to load supplies. The United States Secretary of State, William Seward, handed to Agassiz confidential letters addressed to James Watson Webb, the American minister to Pedro II's court in Rio de Janeiro who was a personal friend of Seward's and the proponent of a failed attempt to settle African-Americans in the Amazon. Although the expedition arrived in Rio de Janeiro only after Appomattox, which rendered this diplomatic facet of the journey obsolete, Agassiz still undertook the delicate mission of putting friendly pressure on the Brazilian government to

17. On Wister and Roosevelt, see Townsend, *Manhood at Harvard*, especially chapter 5. Wister later distinguished himself as a writer of western stories with a strong appeal to the masculine ideal, including *The Virginian*.

18. Katherine Emma Manthorne, *Tropical Renaissance: North American Artists Exploring Latin America, 1839–1879* (Washington: Smithsonian Institution Press, 1989), especially Appendix I.

Brazil through the Eyes of William James

open the Amazon to foreign (especially American) navigation.[19] And he was successful, for the emperor did so by decree on 7 December 1866.[20]

The opening of the Amazon soon proved to be a hollow issue, for the grandiose plans that various American interests had been pressing since the 1850s failed to develop. Nevertheless, American projects to occupy the Amazon reveal issues that have since been forgotten, including intensive diplomatic maneuvers and international pressure that the United States exerted on South America, especially with regard to the territorial expansion envisioned by Southern states in the antebellum years, along with projects devised at different times by both southerners and northerners who sought to free the United States of its black population. Ironically, the same Amazon described in the scientific travel literature of the naturalists as the quintessential earthly paradise, the most accomplished example of the sublime in nature, also became the object of some of the most destructive and reactionary projects to be hatched in the mid-nineteenth century. In discourses alternating between proposals of nebulous territorial, commercial, and diplomatic interests, on the one hand, and descriptions of lush landscapes and exotic animals in a seemingly innocuous travel literature, on the other, the Amazon in effect represented a focal point for the expansionist ideology that marked the second half of the nineteenth century.

Naturalist travel literature was organized according to well-established patterns, seeking to produce, in the words of Mary Louise Pratt, "a rationalizing, extractive, dissociative understanding which overlaid functional, experiential relations between people, plants, and animals," consolidating a descriptive paradigm that proposed "an utterly benign and abstract appropriation of the planet." In doing its work, the Thayer Expedition undertook the discursive appropriation of colonial areas, giving rise to a new and extremely effective form of conquest that Pratt has called "anti-conquest," alluding to the naturalist traveler's apparently pacific and reflexive character, as well as to the appropriation he undertakes through abstract classification.[21] In the travel literature, nature consists of the regions and ecosystems not yet dominated by Europeans, idealized in paradisiacal terms. This travel literature describes the landscape as uninhabited, timeless, and unoccupied, even by the naturalist himself. In describing the geography and identifying the flora and fauna, the naturalist structures an asocial narrative in which the presence of Europeans and of natives remains absolutely secondary, even though this presence constitutes a constant and essential aspect of the journey. Nineteenth-century travel writers thus acted as if they were the last, privileged Adams traipsing through the earthly paradise, naming its objects. On the traveler's heels, however, the footsteps of progress soon followed, the only possible and legitimate fate for pristine nature.[22]

Agassiz's activities followed the premises of this expansionist approach. After spending several months taking in the marvels of the unexplored world of the Amazon, Agassiz gave a talk at a farewell banquet in Rio de Janeiro, hosted by the American chargé d'affaires and attended by high ranking Brazilian officials.

19. Lawrence F. Hill, *Diplomatic Relations Between the United States and Brazil* (Durham: Duke University Press, 1932), especially chapter 4, "The Diplomacy of Two New Yorkers," pp. 146–176.

20. Hill, *Diplomatic Relations*, pp. 237–238.

21. Mary L. Pratt, *Imperial Eyes: Travel Writing and Transculturation* (London: Routledge, 1992), pp. 38–39. See also Maria Helena P. T. Machado, "A Construção do Olhar Imperial. Resenha do livro de Mary Louise Pratt," *Revista Brasileira de História*, São Paulo, 20:39 (2000), pp. 281–290.

22. Pratt, *Imperial Eyes*, pp. 50–52 and 120–131.

First, the professor expressed his gratitude for the support provided by the emperor-scientist Pedro II, who had graciously financed and facilitated the expedition's travel within Brazil. Agassiz then praised the wonders of the Amazon Valley and suggested that by bringing progress to the region, the many attributes of this earthly paradise would be duly enhanced. The first step would be to open the Amazon to international navigation as a means to develop the region. The Marquis of Olinda, a prominent Brazilian politician, agreed with this project and only lamented that the expedition's hasty departure would deprive Agassiz from witnessing the crowning of his efforts. Indeed, Agassiz's diplomatic initiative contributed directly to the imperial decree that was signed a few months after his departure, thus accomplishing what twenty years of aggressive American pressure were unable to achieve.[23] This mixing of tributes to the pristine world of the tropical forest with recommendations for the commercial development of highly predatory export activities and steamship navigation in effect echoed earlier propositions by American adventurers.

In the 1850s, for instance, naval officer William Lewis Herndon (with the collaboration of Lardner Gibbon) had traveled under the auspices of the U.S. Navy from the Andean slopes to the mouth of the Amazon, and his report of his adventures, *Exploration of the Valley of the Amazon*, reached a surprisingly broad public. The book's descriptions of mysterious lands and unsuspected riches inspired a number of young adventurers who read the account (published in 1854). Herndon's narrative fueled the imagination of young Samuel Clemens of Keokuk, Iowa, who later reminisced about his expectations in his autobiography:

> So I bought a ticket for Cincinnati and went to that city. I worked there several months in the printing-office of Wrightson and Company. I had been reading Lieutenant Herndon's account of his explorations of the Amazon and had been mightily attracted by what he said of coca. I made up my mind that I would go to the head waters of the Amazon and collect coca and trade in it and make a fortune. I left for New Orleans in the steamer "Paul Jones" with this great idea filling my mind. When I got to New Orleans I inquired about ships leaving for Pará and discovered that there weren't any, and learned that there probably wouldn't be any during that century. It had not occurred to me to inquire about these particulars before leaving Cincinnati, so there I was. I couldn't get to the Amazon. I had no friends in New Orleans and no money to speak of. I went to Horace Bixby and asked him to make a pilot out of me.[24]

In his planned adventure, Mark Twain expressed the idea that the Amazon could be simultaneously the scenario for exotic travels and the repository of unusual riches that were there to be snapped up by the first one to go there. His fanciful scheme resembled one suggested to James by Senhor Urbano, the *cafuzo* boatman who served as a guide on collecting expeditions, and whom James, in a display of ill humor with the discomforts of the voyage, once described as "an old darkey [who] seems stiff and queer." In time he and Urbano had become fast

23. Hill, *Diplomatic Relations*, pp. 236–237.

24. Charles Neider, ed., *The Autobiography of Mark Twain* (New York: Perennial, 1959), chapter XI. I thank Warren Monteiro for kindly locating this passage for me.

friends as they traveled the Solimões together in canoes, and Urbano proposed a sort of business partnership.

> *He almost immediately proposed to me to go home in January, and to return in May to Pará & thence to Manaos, with a large cargo of American goods, cloth knives &c. There he wd. await me & we wd. go together to his feituria on the Purus. In December I shd. go home again with a great cargo of indian rubber which I could sell with much profit. Whilst we were chatting the solemn sad dawn began to break and to show the woods standing standing, as if in a picture.*[25]

In contrast to the ingenuous and easygoing tone of Twain and James's imaginary and real adventures, Herndon's scheme envisaged the Amazon Valley as a means for the expansionist designs of the slave-owning South. In effect, Herndon's adventure reflected a broader movement involving commercial interests in the antebellum South, which sought to expand to new territories. One of the main spokesmen for this geopolitical theory was Lieutenant Matthew Fontaine Maury, who illustrated it with the image of an axe thrown into the waters of the Amazon that would float into the ocean and be carried by the maritime currents towards the Caribbean ("this sea of ours," according to Maury), finally reaching the mouth of the Mississippi.[26] In a letter to Herndon, his friend and brother-in-law whose Amazon expedition lent support to his theory, Maury argued that the Amazon was closer to Florida and to the Mississippi than it was to Rio de Janeiro, Brazil's capital, and therefore it should be controlled by the Southern states.[27] These ideas sought to trace "this sea of ours" from the Gulf of Mexico to the Amazon, a region naturally belonging to the South, and it was up to the southerners "to settle and to revolutionize and republicanize and Anglo Saxonize that Valley."[28]

It was Louis Agassiz, however, who completed the final step in guaranteeing the opening of the Amazon to free navigation. Ever since he arrived in the United States from his native Switzerland, he had maintained strong contacts in the South. Traveling through the Amazon in the months that immediately followed the Confederacy's surrender, Agassiz seemed quite distant from his earlier contacts. Yet this ostensibly neutral man of science was an ideologue of racism. On its visit to the Amazonian Eden, the Thayer Expedition scoured the region, examining its fish, its geological formations, and its mestizo inhabitants, who were photographed as examples of racial degeneration for Agassiz to illustrate the dangers of miscegenation. In this way the leader and the members of the Thayer Expedition directed their message to the former slaveholding South, pointing out the horrors of hybridism. Furthermore, upon his return to the United States, Agassiz probably helped to encourage American emigration to Brazil, which included several groups of Confederates. In their memoirs, a few of the immigrants remarked that Agassiz's optimistic ideas on the colonization of the Amazon proved to be a decisive factor in their decision to leave the South and settle in Brazil, more specifically in the Amazon.[29]

25. William James, Brazilian Diary 1865–1866, Notebook 4.

26. M. F. Maury to W. G. Sims, May 1849, quoted in John P. Harrison, "Science and Politics: Origins and Objectives of Mid-Nineteenth Century Government Expeditions to Latin America," *Hispanic American Historical Review*, 35:2 (1955), pp. 187–188.

27. M. F. Maury to W. L. Herndon, 20 April 1850, transcribed in full in Donald Marquand Dozer, "Matthew Fontaine Maury's Letter of Instruction to William Lewis Herndon," *Hispanic American Historical Review*, 28:2 (1948), p. 217.

28. M. F. Maury to W. L. Herndon, 20 April 1850, in Dozer, "Matthew Fontaine Maury's Letter," p. 217.

29. On Agassiz's promotion of Brazil as a promised land for immigration, see Louis Agassiz, "La vallée des tropiques au Brésil," *Revue Scientifique* 6:2 (1874), pp. 937–943. On the settlement of Confederates, see Eugene C. Harter, *The Lost Colony of the Confederacy* (Waco: Texas A&M University Press, 2000), p. 49. For greater details on Southern interests in nineteenth-century Amazonia, see Machado, *Brasil a Vapor*, chapter 1.

Despite all the publicity surrounding the expedition and the promise of a revolutionary study of creation of the natural world, Agassiz never published any significant work resulting from his trip to Brazil. Elizabeth Cary Agassiz, on the other hand, who had served as a sort of chronicler of the expedition, assembled her notes and integrated them into a narrative entitled *A Journey in Brazil*. First published in 1868, the book achieved notable success among the general public and was reprinted eight times by 1869, although it lost much of its readership in the years that followed. Written in a colloquial tone, it is mainly a travel narrative, with abundant descriptions of the landscape and of local customs. Elizabeth Cary's approach seems consistent with what one would expect from a well-educated and, to a degree, liberal, bourgeois woman of New England. Her description of life in the tropics shows an adventurous spirit, a picturesque style, and polite discretion. At the same time, however, the book serves as a vehicle for her husband's highly reactionary viewpoints, which makes him, in that sense, the true author of the book. Interspersed among narrative descriptions is evidence of the constant intervention of Louis Agassiz in footnotes, addenda, and appendices, seeking to consolidate the superiority of masculine and scientific concerns (science, politics, diplomacy) over the "unpretentious" account written by his wife. Hence *A Journey in Brazil* should be analyzed as a work in which Elizabeth actively promotes her husband's voice, while hiding her own.

William James's ideological position, as it appears in his writings, clearly collides with the one evident in the Agassizes' book. Of course, since James was just a student and volunteer collector, he was more free to write what he was thinking, without any great concern for the possible repercussions of his opinions, which in principle were to remain within restricted and familiar confines of his correspondents. Thus it would be naive to compare the respective journeys in simple, mechanical terms, since they were experienced from radically distinct perspectives. Nevertheless, although James occasionally allowed himself to be seduced by the picturesque of a tropical voyage, and as a result repeated familiar formulas within the travel narrative genre, he broke through the formulaic approach in some of the more reflective and spontaneous passages of his writings. Such passages show his capacity to allow himself to be captivated by the excursion, surrendering to his experiences no matter how challenging or uncomfortable they may have seemed.

Thus, for example, although during the trip James clearly empathized with Elizabeth Agassiz—whose sociable attributes of New England's upper crust he not only shared but also admired—as he forged a friendly relationship with this polished and polite woman, he nonetheless adopted a critical distance from what he considered to be Elizabeth's excessively conventional and artificial view of the journey.

> *From Coutinho's I went to Mrs Agassiz's room. The excellent but infatuated woman* will *look at every thing in such an unnatural romantic light that she don't seem to walk upon the solid earth. She seems to fancy that we are mere*

figures walking about in strange costume on a stage with appropriate scenery &—
pas plus difficile que ça. She said to me—all turbid and angry with the thought of
going again to the mosquitoes & piuins of the cursed Solimões to whom I flattered
myself I had bid an eternal adieu, in the most enthusiastic manner:— "Well,
James, you will have a very nice time, won't you. I envy you." Oh silly woman![30]

As the author sharply commented, Mrs. Agassiz subscribed so resolutely to the role ascribed to women of the enlightened bourgeoisie that she had condemned herself to a totally artificial and romantic view of reality, which not only kept her from enjoying the journey but also from actually experiencing it:

Mrs. Agassiz is well & a very good woman but like most of her class in Boston so
bound to make the most of her opportunities and so bent upon "realizing" that she
is in the tropics as to prevent her having fun. She writes most voluminously. I
know not what will come of it, but I fear there are too much description.[31]

James's frustration with Mrs. Agassiz's apparent incapacity to surrender herself to the challenges of a journey into the unknown world of the tropics appears in another letter, written in 1868, when James was studying in Dresden. He had just come across a copy of *A Journey in Brazil*, and while he found it to be pleasant reading, he was not at all convinced by its contents:

Young Thies came in last night bringing me Mrs. Agassiz's book which he had
borrowed from the dentist. I looked through it for an hour or so, and was very
much pleased, having expected to find it bulkier & duller. I think much more
might have been made of it though—she can't describe landscape, or in fact
anything, worth a damn.[32]

In another passage in the same letter, commenting on Goethe's remarkable wisdom, James observed that the path to true knowledge depended on one's absolute surrender to experiencing Nature beyond the subjective judgments or prejudices that veiled the human ability to discern.

But over and above these natural gifts he had a deep belief in the reality of
Nature as she lies developed and a contempt for bodyless formulas. Through every
individual fact he came in contact with the world & he strove and fought without
ceasing ever to lay his mind more & more wide open to Nature's teaching—more
& more to efface those subjective standards which we all are born with he seems to
have hated as if it were the very brand of original sin within us.[33]

In James's gloss on Goethe, humanity's true original sin resided in the subjectivity or the lack of authenticity in the body of judgments established by the society we are born into, which are inculcated into us at a tender age, and which we embrace as true experience. Although James wrote this passage later than the

30. William James, Brazilian Diary 1865–1866, Notebook 4.

31. William James to Alice James, Manaus, 6 Nov. 1865. James's comment on Elizabeth Agassiz's epistemological limitations is close to Sara Suleri's analysis of English women in the colonial world of the nineteenth century, especially with reference to India, with the picturesque and the amateur appearing as the only legitimate channel for female expression: "From the extensive body of journals, memoirs, letters, and fiction written by Anglo-Indian women, it becomes evident that outside the confines of domesticity, one of the few socially responsible positions available to them was the role of female as amateur ethnographer. They could sketch landscape and capture physiognomy as long as they remained immune to the sociological conclusions of their own data, entering the political domain in order to aestheticize rather than to analyze." Sara Suleri, *The Rhetoric of English India* (Chicago: University of Chicago Press, 1992), p. 75.

32. William James to Thomas Wren Ward, Dresden, 24 May 1868, Skrupskelis and Berkeley, eds., *The Correspondence of William James (1856–1877)*, vol. 4, p. 309.

33. Ibid., p. 307.

period under study, he seems to have struggled with this notion already during his travels in Brazil. In spite of the highs and lows of James's Brazilian experience, this is why the impressions he left of his travels bear witness to his efforts to remove the blinders imposed by the colonialist, exoticizing, and masculine approach to travel, seeking instead to surrender dangerously to an experience that defied the limits allowed or prescribed to a male traveler to exotic lands.

Travel literature of the time tended to exoticize and eroticize the native other, who seemed to be always available in the asymmetric encounters of colonial travel, and whose relations with the travelers were seen as socially acceptable forms of relieving the excessive restrictions of Victorian morality that were perilously challenged by the sensuality of nonwhites. During the expedition, Agassiz showed interest in studying the local population and began to put together a photographic collection documenting the "Brazilian races." In *A Journey in Brazil*, Agassiz commented on this undertaking in an appendix titled "Permanence of Characteristics in Different Human Species." Given that the Brazilian population exhibited a high degree of miscegenation, it provided an ideal laboratory to study the consequences of different types of mixture in the constitution of individuals. Intending to illustrate the composition of the Brazilian population, Agassiz first requested Augusto Stahl, a professional photographer based in Rio de Janeiro, to assemble photographs of Africans in the city, classified by Agassiz as "pure racial types." This resulted in two sets of photographs: portraits and scientifically oriented physiognomic studies of African ethnic types, although it also included photos of some Chinese living in Rio de Janeiro. All the subjects in the physiognomic set appear nude and in fixed positions (front, back, and profile). A third series of photographs was produced in a makeshift studio in Manaus, for which one of the student members of the expedition, Walter Hunnewell, served as photographer. This set documented "mixed" or "hybrid" Amazonian "racial types."

At his base in Manaus Agassiz established the notorious Bureau d'Anthropologie, site of the controversial photographic series of Amazonian mixed-race types, using mostly mestizo women. In one of the most often cited passages of his Brazilian diary, James clearly establishes a critical distance from the unethical procedures adopted by Agassiz, who used his prestige and authority as a scientist to convince the natives to allow themselves to be photographed nude. Although James explicitly referred to this episode in his diary, neither he nor any other member of the expedition ever commented on it in public. In effect, the episode caused so much discomfort that the photographs collected by Agassiz during the Thayer Expedition remain, for the most part, unpublished to this day.[34] In *A Journey in Brazil*, Elizabeth refers to the photographic studio in her usual dispassionate tone, casually mentioning her husband's scientific interest in obtaining physiognomic documentation on hybrid Amazonians, in order to classify the variety present in the local race mixture. The only detail that the author mentioned was the supposed superstition among the local population, which held that photographs robbed the subjects of their vital energy and could even result in the

34. The Agassiz Photographic Collection is housed in the Peabody Museum at Harvard University. Currently I am studying the possibility of publishing these photographs.

Brazil through the Eyes of William James

death of those who had their pictures taken.[35] In a certain sense this perception proved accurate, for the photographs that have survived from the Bureau d'Anthropologie still witness the violent appropriation of bodies and souls in the name of science.

James's diary entry about the photographic studio hints at the discomfort of the prominent Brazilian politician Tavares Bastos, who witnessed a photographic session upon arriving to meet with Agassiz:[36]

> *I then went to the photographic establishment and was cautiously admitted by Hunnewell with his black hands. On entering the room found Prof. engaged in cajoling 3 moças whom he called pure Indians but who, I thought as afterward appeared, had white blood. They were very nicely dressed in white muslin & jewelry with flowers in their hair & an excellent smell of pripioca. Apparently refined, at all events not sluttish, they consented in the utmost liberties being taken with them and two without much trouble were induced to strip and pose naked. While we were there Sr. Tavares Bastos came in and asked me mocking if I was attached to the Bureau d'Anthropologie.[37]*

Here James expressed embarrassment at a scene in which the suspicion of manipulation and abuse of power loomed large. What is notable in this diary entry is the author's ability to recognize the nuances of tropical society. He appreciated that the women who allowed themselves to be photographed were dressed elegantly, exhaled a pleasant scent, and therefore were assumed "civilized," no matter what color they were. Furthermore, James noted that they were only partially Indian and, consequently, they were also partly white. In his perception of race mixture, theories of hybridism and degeneration were absent. James stood apart from the predominant approach voiced on the Thayer Expedition, thus revealing his intellectual independence. What seemed intriguing and even disturbing to him was the possibility of civilization coexisting with a more relaxed perception of the body, whereby women—and men—allowed themselves to be photographed nude. This is not to say that James had remained unscathed by the sensual or even erotic experience of tropical travel. Indeed, the journey afforded this Victorian, self-aware intellectual the opportunity to experience an unexpected range of emotions and sensations. But instead of subscribing to the usual perception of the other as simply different, James challenged himself to test the authenticity of experience.

The Expedition and Its Route

Although the Thayer Expedition's main objective was to explore the Amazon basin, it actually took a much longer route. Departing from New York on April 1, 1865, Agassiz's party arrived in Rio de Janeiro three weeks later, on April 22. The group spent the first three months of the journey on excursions in the Rio area and in preparing for the more ambitious portion of the expedition. During this

35. Elizabeth Cary Agassiz, *A Journey in Brazil* (Boston: Ticknor and Fields, 1868), pp. 276–278.

36. Tavares Bastos' connection to the Thayer Expedition has to do with the fact that he was the principal (if not lone) Brazilian intellectual to defend the opening of the Amazon to foreign vessels. He subscribed to American liberal thought and to free navigation proposals, which drew him to Agassiz during the Swiss scientist's trip. Greater details can be found in Machado, *Brasil a Vapor*, chapter 3.

37. William James, Brazilian Diary, Notebook 4.

initial stage, while Professor and Mrs. Agassiz met with the emperor in pleasant social gatherings, received honors from the foreign community, attended banquets offered by the elite, and visited outlying coffee plantations, William James remained in Rio collecting and preparing mollusks, but also recovering from a bout with smallpox, which nearly killed him.

For the next stage, the expedition split up into three groups, with Hartt and Copeland heading up the coast for Northeastern Brazil, in what was to be an independent and very productive research endeavor.[38] A second group, involving St. John, Allen, Ward, and Sceva, also went to the Northeast, exploring the interior. The main group, led by Agassiz and including William James, left for Belém (Pará), at the mouth of the Amazon, on July 25, stopping off in several cities in the Northeast along the way, including Salvador and Maceió. There the expedition acquired some new members: D. Bourget, a French naturalist residing in Rio, and Major João Martins da Silva Coutinho, a Brazilian army engineer. The emperor, Dom Pedro II, had designated Coutinho to serve as guide to the expedition, since he had experience as a geologist and naturalist in his explorations of the Purus River, in the Amazon. In Pará, Talismã Figueiredo de Vasconcelos, an official from the Amazonian Steamship Company, joined the crew, later becoming James's lone companion on more than one solitary collecting expedition on the upper Amazon. From Pará, the steamer *Icamiaba*, which the emperor himself placed at the expedition's disposal, transported the group to Manaus, exploring parts of the Amazon basin along the way. At Manaus the expedition transferred to the steamer *Ibicuí*, which carried the expedition on further voyages along the upper Amazon and Negro rivers.

James joined various collecting expeditions, either with other members of the expedition or alone with local guides. Paddling up Amazon tributaries in dugout canoes, he undertook adventurous side trips during which he had to adapt to local conditions and to establish direct contact with the riverside populations. James described these collecting forays as the best and perhaps only part of the journey that truly interested him, in spite of the drudgery of collecting and the many inconveniences and dangers involved.

On a first expedition, in August–September of 1865, James accompanied Newton Dexter and Talismã on an eight-day exploration of the Tapajós River, beginning at Santarém. In September–October, the young adventurer went on a second collecting trip. The party set out from the river town of Tabatinga, on the left bank of the Solimões River (upper Amazon) and near the current border between Brazil, Peru, and Colombia, over 1,600 kilometers upriver from Manaus, capital of the Province of Amazonas. In São Paulo de Olivença, Louis Agassiz, along with part of the expedition (including James), established a base camp. A few days later, James set out once again with Talismã on a collecting venture, exploring the Içá and Jutaí rivers for three weeks, before meeting with the main body of the expedition in the town of Tefé. Finally, on a third collecting expedition, James set out from Manaus in November in the company of Sr. Urbano. This expedition, which explored the left bank of the Solimões river

38. On Frederick Hartt, see Marcus Vinícius de Freitas, *Hartt: Expedições pelo Brasil Imperial 1865–1878/Expeditions in Imperial Brazil* (São Paulo: Metalivros, 2001), pp. 52–117.

and Lake Manacapuru, situated around 90 kilometers from Manaus, proved to be the adventure that most influenced James's state of mind, as witness his extensive journal entries on his experiences as a traveler, collector, and houseguest of his guide's family, whom he came to like immensely. The Thayer Expedition went back to Rio de Janeiro the following year and finally returned to the United States on July 2, 1866.[39] William James, however, had already abandoned the journey in December of 1865, returning at that time to Cambridge, Massachusetts.

Profile of Louis Agassiz, sketch by William James, 1865.

The Nature of Contemporary Science

To appreciate more fully James's impressions, ideas, and observations of nature and society during his journey, it is first necessary to consider the multiple significance of the Thayer Expedition itself. Within the context of the expedition, the charismatic and controversial figure of Louis Agassiz looms large, for it was this Harvard professor's scientific, social, and political interests that shaped James's frame of reference.

When Louis Agassiz disembarked in Rio de Janeiro, capital of the Brazilian Empire, in April of 1865, he was far from his debut as the charismatic European savant who had first set foot in Boston in the 1840s, and whose early lectures at the Lowell Institute on the "Plan of Creation in the Animal Kingdom" became the sensation of the winter of 1846–47, drawing audiences of as many as 5,000 people, curious to hear the famous professor speak on the laws of nature and on how the Divine Creator had inscribed his designs on the natural world.[40] What had changed by the 1860s was that the professor no longer enjoyed the unanimous acclaim he had commanded in the 1840s.[41] Not that Professor Agassiz had lost his charm or rhetorical effectiveness. Young William James, too, was among those seduced by Agassiz's charisma, enthusiastically soaking up the professor's lectures at the Lowell Institute in the early 1860s, following a family stay in Europe. His enthusiasm was shared by his father, Henry James Sr., whose Swedenborgian convictions and reflections on science and religion allowed him to sympathize with Agassiz's preaching, especially insofar as the professor's approach seemed to reassert the possibility of maintaining a bridge between science and religion.[42]

Over the two decades between his arrival in Boston and his trip to Brazil, Agassiz undertook a series of activities that catapulted him to the top of the scientific, social, and even political hierarchy of New England's society. His success with the lay public, his wide acceptance among American scientists and within New England's intellectual circles, and his good relations with prominent entrepreneurs resulted in his being named, in 1847, Professor of Zoology and Geol-

39. H. Higuchi, *An Updated List*, http://www.oeb.harvard.edu/thayer.htm.

40. Lurie, *Louis Agassiz*, p. 126.

41. This sketch of Agassiz is based on his main biography, Lurie's *Louis Agassiz: A Life In Science*, and on Louis Menand's indispensable *The Metaphysical Club: A Story of Ideas in America* (New York: Farrar, Straus and Giroux, 2001), especially the chapters "Agassiz" and "Brazil."

42. On the religious current developed by the Swedish mystic Emmanuel Swedenborg and Henry James Sr.'s conversion, see, for example, Howard M. Feinstein, *Becoming William James* (Ithaca: Cornell University Press, 1999), chapter 4, "A Conflict of Will," pp. 58–75.

ogy at Harvard's recently established Lawrence Scientific School, an operation underwritten by textile entrepreneur Abbot Lawrence and his associate, John Armory Lowell. Dedicated specifically to science, this school introduced modern methods of scientific studies to one of the nation's most traditional universities.[43] Conceived primarily to promote practical sciences, the Lawrence School soon attracted young men from New England's elite "Brahmin" families, whose educational and ideological training came to bear the mark of Agassiz. The Jameses, in spite of their Irish origins, had secured a place among New England's principal families. In 1861, with his father's support, James enrolled in the Lawrence School, become Agassiz's student, and accepted his professor's invitation to join the Brazil expedition in 1865.[44]

To be sure, New England's intellectual environment proved especially permeable to the kind of approach Agassiz had to offer, considering the region's Transcendentalist movement in the nineteenth century, whose evocation of the divine in both Nature's nature as well as in human nature conferred a religious dimension to man's approach to the natural world and revealed the divine both within and outside of human nature. As Barbara Novak has pointed out, while the Trinity of God, Man, and Nature lay at the foundation of nineteenth-century thought, "Nature itself was illuminated by another Trinity: art, science, and religion."[45] From a belief that the splendid hand of God was revealed in the natural landscape, art and science emerged as vocabularies for a religion whose principles rested not only on the Platonic permanence of forms, but also on a romantic vision that represented the consubstantiation of the grandiose. In evoking the mystery of time immemorial, when God had inscribed the history of the world, natural sciences like geology, which attempted to determine the age of the earth while studying the myriad forms and qualities of rocks, along with natural history, which unveiled the variety and complexity of living beings, each unique and conveying a message, developed as relevant paths to the divine. Thus science reasserted its vocation as a sort of natural theology placed at the service of mankind. From another perspective, art also disclosed divine marvels by presenting sublime visions of natural landscapes and scenery.

Founded in 1859, the Museum of Comparative Zoology constituted one of the key moments in Agassiz's rise to prominence in America and was his most ambitious project. Modeled after the great European natural history museums, the Museum of Comparative Zoology sought to project the United States as a country capable of putting together collections on an international scale, in a scientific museum that was to be both a teaching and research institution. In order to get things started, Agassiz placed his own collection, which he had painstakingly put together over the years, at the university's disposal. It was housed at first in a precarious wooden building on Kirkland Street, at the edge of the main campus. He also included thousands of specimens sent by amateur collectors who admired the professor's dedication to the cause of science. Even Henry David Thoreau, not easily swayed by fashionable causes, found it worthwhile to collaborate with Agassiz's grandiose intellectual project and sent him a sample

43. Lurie, *Louis Agassiz*, pp. 132–140.

44. Paul Jerome Croce, *Science and Religion in the Era of William James: Eclipse of Certainty, 1820–1880* (Chapel Hill: The University of North Carolina Press, 1995), pp. 85–86.

45. Barbara Novak, *Nature and Culture: American Landscape and Painting, 1825–1875* (New York: Oxford University Press, 1995), p. 47.

Brazil through the Eyes of William James

turtle.[46] Agassiz also began to purchase valuable European collections, especially during his trip to the Continent in 1859. Ultimately, he hoped to create an institution in Cambridge on the same scale or even larger than the Smithsonian Institution or the Academy of Natural Sciences. He envisaged a collection that would cover the entire world.[47] Pursuing his goals relentlessly, Agassiz inaugurated his museum in the fall of 1860, in a building constructed specifically for that purpose, financed by the hundreds of thousands of dollars raised by subscription among New England commercial and industrial entrepreneurs.

The certainties underlying Louis Agassiz's academic and social success had begun to weaken, however. In the mid-nineteenth century, roughly from the 1840s to the 1870s, several critical new issues confronted the New England intellectuals. The first pitted the static idealism underlying creationism against the dynamic ideas concerning the transformation of nature, culminating with the theory of evolution and its religious and philosophical implications. A second set of issues derived from the critical problem of the social and scientific standing of race, whose theoretical implications informed both the abolitionist movement as well as the political decisions regarding the future role of African-Americans in a slave-free society. Both sets of issues were firmly present in New England and were hotly debated within the region's universities, especially at Harvard, where Louis Agassiz figured as a prominent faculty member and William James as a student, first at the Lawrence School, in 1861, then in the Medical School, from 1864 to 1869, when he graduated at last, and later, from 1873 on, as a professor of physiology, psychology, and finally philosophy.

In his grandiose conception of the natural world's order and destiny, Agassiz drew together disparate elements. Although he had been trained in the 1820s at Zurich, Heidelberg, and Munich, universities whose primary focus centered on *Naturphilosophie*, he soon turned against this orientation, adopting that of French naturalist Georges Cuvier. Its elements of empirical analysis drew him away from the principles of abstraction and generalization derived from idealism. Demonstrating a special talent for naturalist studies, the young scholar had already achieved his first important success in 1829. Agassiz undertook a detailed study of the fish specimens collected by Johann Baptist von Spix, who had accompanied Carl Friedrich von Martius on an Austrian expedition to Brazil between 1817 and 1820. The collection had not yet received scientific attention, owing to von Spix's premature death in 1826. Young Agassiz's study was so precise that it resulted in his first scientific publication, *Brazilian Fishes*, qualifying him for more ambitious endeavors.

Agassiz had long admired the geological and paleontological work of Cuvier, and one of his greatest aspirations was to work with this naturalist, whose theories and classification systems, grounded on empiricism, best suited his interests. By 1832, when Agassiz began to conduct research at the National Museum of Natural History in Paris—the celebrated Jardin des Plantes—with Cuvier's blessing, he adopted the French scientist's analytical system. Cuvier's approach denied any relationship between different species, while proposing a

46. Lurie, *Louis Agassiz*, p. 146.

47. Ibid., pp. 212–251, especially 216.

classification schema dividing the natural world into four static, unrelated branches. In interpreting the natural world in this non-dynamic way, Cuvier's explanatory system assumed minute description of all observed beings, and since each species was considered to be unique in itself, knowledge of one species did not allow the scientist to draw inferences about any other species. Furthermore, in Cuvier's view, the world had suffered many catastrophes that had wiped out entire species, to be replaced by others introduced by divine creation. Thus, not only from a synchronic but also from a diachronic perspective, there could be no connection between the beings inhabiting the earth. Agassiz subscribed to his mentor's system because it ratified the idealists' view of the natural world's static character, while at the same time it demonstrated the critical importance of empirical research.

As a scientist of his time, Agassiz developed a posture vis-à-vis science and religion that today seems contradictory, but which within the context of the nineteenth century had important repercussions on a broad spectrum of scientific, philosophical, religious, and even political positions. Thus Agassiz adopted scientific procedures that defended science's rational and independent character, but within an intellectual framework that ultimately reasserted the static and finalistic character of the natural world. In underscoring the importance of empiricism, Cuvier's approach had led to a considerable advance in the analytical methods guiding natural history, as demonstrated by Cuvier himself in his studies of comparative anatomy. In Agassiz's hands, however, the theory espoused by his mentor at the Jardin des Plantes gained explicitly metaphysical contours, for he never confined himself to the description and classification of observed specimens. Shifting from one interpretive plane to another in his lectures, Agassiz emphasized the existence of a divine plan that acted directly upon the natural world, in the form of successive catastrophes and recreations of the world. In this view, the scientist was to take advantage of his privileged position to reveal the divine plan through the scientific observation of nature. In elucidating God's design, the scientist was to perform an exegesis of the "Bible of Nature," showing the paths taken by divine omniscience and thus taking the place traditionally occupied by theologians and preachers. In short, while Agassiz decidedly subscribed to those who believed that empirical science provided the key to knowledge, he also sought to reconcile this approach with the metaphysical and religious task of interpreting the divine plan within the book of nature.[48]

Nonetheless, as he posited the preeminence of empirical evidence collected by way of scientific methods and analyzed according to rational conceptions, Agassiz defended the independence of science from the restrictions imposed by religious dogmas.[49] Indeed, his defense of scientific interpretation over religious explanation afforded him the necessary independence not only to discuss a glaciation theory that extended the age of the earth back thousands of years (thus denying the mere 5,000 years proposed by the Mosaic belief), but also to accept polygenesis, a theory espoused by American defenders of scientific racism, whose precepts were consistent with creationism.[50]

48. Ibid., pp. 31–70; Menand, *The Metaphysical Club*, pp. 97–116; and Lorelai Kury, "A Sereia Amazônica dos Agassiz: zoologia e racismo na *Viagem ao Brasil* (1865–1866)," *Revista Brasileira de História*, vol. 21, no. 41 (2001), pp. 157–172.

49. Stephen Jay Gould, *Time's Arrow, Time's Cycle* (Cambridge: Harvard University Press, 1987), p. 126.

50. Menand, *The Metaphysical Club*, pp. 97–116 and Lurie, *Louis Agassiz*, pp. 97–106; on Agassiz's work in geology, see especially pp. 99–100.

At the same time, Agassiz's views clearly adhered to pre-modern or Platonic principles that were founded on certainties, such as the existence of ideal types, and especially on the precedence of the divine plan over the reality of the natural world. For Agassiz, the species constituted "categories of thought embodied in individual living forms," and it was the naturalist's task to unveil "the thoughts of the Creator of the Universe, as manifested in the animal and vegetable kingdoms."[51] According to Louis Menand, as Agassiz embraced the theory of recapitulation, which held that ontogeny replicates phylogeny, his thinking also took on a profoundly hierarchical dimension; he believed that the more evolved beings had temporarily experienced more rudimentary stages, while life forms destined to remain inferior would remain static for the duration of their existence. Therefore, the chain of beings was organized along a hierarchical line of increasing complexity. At the same time, in seeking to demonstrate the preeminence of ideal types or fixed categories over change, Agassiz's thought itself remained static. Finally, in denying the possibility of connections between different species in both synchronic and diachronic terms, his thought remained essentially non-relational.

These aspects of Agassiz's ambitious conception of the world were precisely those that warranted his broad acceptance, especially among the general American public. The anguish with which his contemporaries sought to situate their beliefs in a world of rapid changes arose from the intense challenge to the old divisions and hierarchy of knowledge. Their world was shaking because of the emergence of new structures of thought and new forms of understanding the natural world. These concepts rested entirely on material theoretical premises, which constituted analytical systems with their own protocol where the divine plan no longer held any analytical value.[52] Profoundly oriented by Christian and Transcendentalist thought, but also transformed by industrialization and the expansion of railroads, New England proved to be a particularly fertile ground for the development of serious discussions on science and religion. During the period from the 1840s to the 1860s, many men of science and religion, who feared that a strictly laic interpretation of the world might triumph over a finalistic, millenarian Christian approach, attempted to establish that the acceptance of science and its progress, rather than being opposed to faith in God's design, actually reinforced it.

William James also had to face these great challenges in his youth, to begin with in his own home, since his father not only was given to mystical and philosophical speculations, but also was involved with Transcendentalists—especially Ralph Waldo Emerson—among whom reflections upon science and religion held an important place.[53] By all accounts, Henry James Sr. was a towering figure in James's life, one with whom he struggled furiously as he sought to discover his vocation and to establish himself in a solid situation that could be rewarding in both professional and financial terms. James Sr. has been described as very original in his ideas and attitudes, sympathetic to the religious ideas of Emmanuel Swedenborg and the utopian socialism of Charles Fourier, and at the same time

51. Louis Agassiz, *Contributions to the Natural History of the United States of America* (1857–62), quoted in Menand, *The Metaphysical Club*, p. 128.

52. Menand, *The Metaphysical Club*, pp. 106, 108, and 125–128.

53. Croce, *Science and Religion in the Era of William James*, pp. 61–65.

unstable emotionally and completely out of step with practical matters. Indeed, Henry James Sr. never really exercised a profession, living off the funds his father, William James of Albany, had left him rather reluctantly, after making a fortune in land speculation during the development of the Erie Canal in the early nineteenth century.

Having spent his life reflecting about God and the relationship between man and his maker without really showing much interest in testing his thoughts socially, Henry James Sr. developed a sheltered lifestyle, aloof from the challenges of a profession. Indeed, much had changed from the time he was an impetuous teenager who had suffered a traumatic accident with a hot air balloon, which led to the amputation of one leg and caused years of physical torment, and later a rebellious youth whose role as black sheep in the family almost cost him his inheritance. Yet he became an exemplary husband and dedicated father to five children; indeed, his incomplete social and professional standing afforded him sufficient time, energy, and funds to make his children's education his main activity.[54] William James, it should be noted, was not only Henry's oldest but also his favorite, the object of his father's greatest expectations.

Henry James Sr. seemed to visualize a new man as a model for his son, one who did not fear the divine punishment of a vengeful God and was free from the constraints of a society that seemed to place a premium on mediocrity. This model, however, proved rife with the same contradictions present in the life of its inventor. Henry James Sr. appeared to value cosmopolitanism, refined culture, modern scientific knowledge, and, in a general sense, a functional approach to life or to a profession. At the same time, he valued a mystical approach to existence, whose foundations stood in contrast to the scientific materialism emerging on the horizon, and he did not want his son to undergo the kind of specialized training that modern scientific knowledge required.[55]

Given his expectations for his oldest son, James Sr. waged a constant battle to control his education, over the possible influence that schools, teachers, and colleagues might wield. The main consequence of this struggle involved moving around in Europe and America, constantly changing schools and teachers, for whenever they began to produce results, Henry James Sr. would become quite critical and even remove his entire family as a result.[56] As William approached an age when he would have to decide on his vocational future, he had to face his father's standards, which were not practical, and perhaps even unattainable. Such standards no longer were in step with the increasing specialization required not only in the arts and sciences, but also in the broader labor market as it developed in the second half of the nineteenth century.

As a sensitive and ambitious youth who hoped to attain a professional standing that would offset his family's decreasing fortune, William James showed an early inclination towards the arts. Probably because of his father's opposition to the idea of his son's becoming a mere artist, James soon gave up pursuing a career in that field, although his artistic talents were real, as evident in the drawings he made during the Thayer Expedition.[57] Opting for the sciences, James sought to

54. On Henry James Sr., see especially Feinstein, *Becoming William James*, "Book Two: Father," pp. 39–102, and Linda Simon, *Genuine Reality: A Life of William James* (New York: Harcourt, Brace, 1998), chapters 1–3.

55. On this theme, see, among others, Croce, *Science and Religion in the Era of William James*, pp. 23–82, and Daniel Bjork, *William James: The Center of His Vision* (Washington, D.C.: American Psychological Association, 1997), pp. 37–52.

56. Simon, *Genuine Reality*, pp. 50–73.

57. According to Howard Feinstein, in *Becoming William James*, one of the focal points in the tension underlying James's professional life lay in his desire to become a professional artist, in the face of his father's opposition.

Brazil through the Eyes of William James

establish himself in a field of study and a possible specialization that not only could place him on the job market but would also meet his father's standards. This decision led him to enroll in Harvard's Lawrence School.

Although William James made steady efforts to map his vocational future, almost all the scholars who studied the life and works of the founder of Pragmatism agree that the main challenge of his life lay in defining his own professional field. Facing strong pressures to meet his father's idealized expectations, even though the older man himself was not a good model of professional success, William tormented himself for years, facing vocational uncertainties, bouts of depression, and health problems well into his thirties. And although he received a degree in medicine, he never intended to practice, since he was more inclined towards the philosophy of science than towards the practice of science.[58]

It is interesting to note that Agassiz's approach to science actually corresponded to James Sr.'s precepts in a general way, in joining scientific beliefs with creationist idealism. Furthermore, by the mid-1860s, Henry James Sr. had become an assiduous member of the Saturday Club, popularly known as "Agassiz's Club" in deference to its guiding preceptor. The group included some of New England's most prominent intellectuals, such as Ralph Waldo Emerson, Nathaniel Hawthorne, and Henry Wadsworth Longfellow, among others, all of whom met to discuss the most pressing issues of their times over dinner.[59]

Young James faced the problem of defining the boundaries between science and religion already as a science student at the Lawrence School, where, besides Agassiz, he encountered scientists promoting different perspectives, such as Jeffrey Wyman, who taught comparative anatomy and maintained an open dialogue with the doctrine of transformationism.[60] In 1861, when James enrolled in the Lawrence School, evolutionism was emerging as the most important topic of scientific discussion; at the same time, he participated in the lectures where Louis Agassiz asserted the principles of creationism, and also heard a series on "Methods of Study in Natural History," given by the naturalist at the Lowell Institute in September of 1861.[61] Although he admired Agassiz's talents, especially his rhetorical verve, his charming European accent, his encyclopedic knowledge, and his professional success, James identified with evolutionism from the start. His journal entries for 1863 are filled with observations that show a commitment to an empirical, materialistic approach to reality and deny the idealist beliefs in God's hand as the only explanation for nature. In 1865, he published a review of an article by Alfred Wallace, in which he clearly demonstrates his sympathy towards the idea of natural selection.[62]

Their divergent conceptions of science placed father and son on opposite sides in an arena in which the finalistic idealism of a pre-positivist science was pitted against the materialist and empiricist science of Darwin and his successors. This conflict constitutes one of the classic themes of William James's biographers as well as of scholars studying the intellectual history of the period.[63] Within an emerging world view based on the materialism of scientific protocol, William sought to explain how the human mind developed emotional mecha-

58. Bjork, *William James*, p. 86.

59. Menand, *The Metaphysical Club*, p. 99.

60. Allen, *William James: A Biography*, p. 83.

61. Croce, *Science and Religion*, pp. 120–121.

62. Bjork, *William James*, p. 51; William James, review of "The Origin of Human Races," by Alfred Wallace, in James, *Manuscript Essays*, pp. 206–208.

63. Daniel Bjork develops this argument in *William James*, chapters 4, 5 and 6.

nisms capable of capturing and digesting the experience of nature unmediated by a finalist assumption. Indeed, James found a place in modern science, but not as a scientist: his true interest, "the center of his vision," to employ Bjork's expression, was to analyze the process by which the mind, as it experienced the material world, engendered the psychological processes integrating knowledge within the subjective world of the individual. It should be noted that James's view of the world, while bearing the mark of materialist empiricism, remained the opposite of mechanicism. Rather, what interested James was to discover the feelings involved in rationality, as he well expressed later in his classic essay of 1879, *The Sentiment of Rationality*.

James grappled with the problem of the human mind's capacity to grasp reality on many other occasions. In a passage from his journal written in 1873, James clearly refers to his main preoccupation in the context of ontology, as he observes: "This great world of life in no relation with my action is so real!"[64] While these questions appeared in a more elaborate form only much later, as in his famous text, *The Stream of Thought* (1890), early manifestations show up in his travel notes during the Brazil expedition of 1865.[65] Although he did not fully recognize this intellectually at the time, James seems to suggest that he sought to face a world that was not related to the self, and to surrender to the experience of a journey to the tropics. Thus his involvement with the Thayer Expedition most certainly had a profound impact on his personal life, while at the same time it gave early expression to some of the ideas and philosophical positions that were to occupy a decisive importance in the formulation of his philosophical and ethical universe. James's participation in the Thayer Expedition played an important role in his formation in another sense as well. The expedition served as a stage for self-discovery through coping with the practical activities and the less glamorous aspects of work in the field of natural history; it also brought him closer to Agassiz and gave him a good chance to study that absorbing personality. Yet in his letters from Brazil, especially the early ones, the young traveler lamented his decision to make the trip, since he found himself relegated to perform merely manual and extremely boring labor involving the collecting and preserving of species:

> My coming was a mistake, a mistake as regards what I anticipated, and a pretty expensive one both for & on dear old Father & for the dear generous old aunt Kate. I find that by staying I shall learn next to nothing of Natural History as I care about learning it. My whole work will be mechanical, finding objects & packing them, & working so hard at that & in travelling that no time at all will be found to studying their structures. The affair reduces itself thus to so many months to spend in physical exercise. Can I afford this?[66]

In a negative way, his participation in the expedition showed him that natural history was not to be his main area of interest. Nonetheless, the journey gave him a chance to perfect the somewhat erratic education he had received with his

64. Excerpt from 1873 Notebook, cited in ibid., pp. 101–102.

65. *Stream of Thought* first appeared as a chapter in *The Principles of Psychology* (New York: H. Holt, 1910).

66. William James to Henry James Sr., Rio de Janeiro, June 3, 1865.

parents' frequent changes of address, country, schools, and teachers, in their search of a heterodox and cosmopolitan education.

> *I see moreover a chance of learning a good deal of Zoology and botany and now as we shall have a good deal of spare time; and I am getting a pretty valuable training from the Prof. who pitches into me right & left and wakes me up to a great many of my imperfections.*[67]

At times, though, James writes about Agassiz in a somewhat ironic and condescending tone:

> *I have profited a great deal by hearing Agassiz talk, not so much by what he says, for never did a man utter a greater amount of humbug, but by learning the way of feeling of such a vast practical engine as he is. No one sees farther into a generalisation that his own knowledge of details extends, and you have a greater feeling of weight & solidity about the movement of Agassiz's mind, owing to the continual presence of this great background of special facts, than about the mind of any other man I know.*[68]

Indeed, the discovery of an enormous quantity of new species was one of the most publicized results of the expedition. Creationism, Agassiz's fundamental belief, did not possess the analytical instruments necessary to establish a conceptual delimitation of species; every little difference was not to be considered as a variation, but rather as a characteristic describing an entirely new species. Classifying thousands of new species confirmed one of the scientific goals of the expedition, which was to contradict evolutionary theory by reasserting the static structure of the natural world. In a letter to his mother, James sarcastically commented on this constant parade of new species of fish, plants, rocks, and other objects collected on the expedition:

> *Agassiz is too happy for anything. I fear the Gods are bent upon his ruin—Since we arrived at Para 14 days ago he has found 46 new species of fish, and a total number of fishes greater than the collection wh. Spix & Martius made in the whole 4 years of their sojourn!*[69]

James expressed this same criticism in his journal through a fantastic drawing he called the *Triumphal ret[urn] of Mr. D. [Mr. Dexter] from Brazil*. This sketch is a critical comment on the expedition's ideological content, incorporating with humor each of the constituent aspects of the Thayer Expedition: the naturalist, the masculine, the colonialist, and the exotic. In the guise of a peculiar military procession, the "triumphal return of Dexter" (supposedly to Boston) portrays the victorious scientific colonialist undertaking in an exotic land, except that the composition is done in an irreverent form, not only confessing to James's deliberate separation from the collecting enterprise altogether, but also exposing the

67. William James to Mary Robertson Walsh James, Xingu River, Aug. 23, 1865.

68. William James to Henry James Sr., Rio de Janeiro, September 12, 1865.

69. William James to Mary Robertson Walsh James, Xingu River, August 23, 1865.

Brazil through the Eyes of William James

weaknesses of each of the participants. Leading the procession is Dexter conducting a horse-driven carriage. Behind him comes a succession of collected, conquered, and appropriated objects and people, but instead of glorifying the victorious character of a conquest, they take part in a carnival-like display of fetish objects, including a "Large Diamond from the Empire," which appears as a huge gem pulled by horses, "Poems by Mr. D.," and "New and hitherto unknown genera discovered and captured by Mr. D.," which feature various exotic animals, including a huge rhea on a leash, followed by an alligator, with an animal resembling a tapir with a pronounced snout close behind, and a small man trailing with a poster that reads "400000000 new species [of] Fish." Finally, in allusion to the eroticized and almost libertine character of the expedition, James includes some "Young and beautifull Indias in love with Mr. D." In front of the procession there is a more detailed composition with the caption "Portrait of Mr. D.," where Dexter appears on all fours, obviously drunk, with a bottle labeled "Old Tom" lying nearby.

Rather than reflect his frustrations with the circumstantial difficulties he faced on the expedition, James's derisive critique was rooted in an acute perception of the features that limited the enterprise as a whole. Indeed, Louis Agassiz faced increasing difficulties within the American academic environment as well as weakened health, circumstances which may have precipitated his decision to lead the journey to the southern hemisphere. Initially a mere vacation trip, Agassiz's first journey to Brazil ended up as his last great pyrotechnical performance (his second journey to South America, the Hassler Expedition in 1871–72, did not attain the same level of importance as the first). The expedition endeavored to confirm creationist precepts through its ichthyologic research and its study of glaciation in the tropics, in order to support Agassiz's hypothesis on the succession of climatic catastrophes, whose main consequences involved the destruction of all species and their recreation by divine will. The main conclusion meant to deny the validity of evolutionary theory.

In addition to evolution, another great ghost haunted Louis Agassiz, in fact haunted the Thayer Expedition from the beginning. This was the critical question of race and the expedition leader's commitment to racialism in its most virulent form, characterized by polygenism, hybridism, segregationism, and the policy of expelling African-Americans from a post-emancipation America.

The Science of Race

During Agassiz's golden years and those of James's youth, issues of slavery, abolition, and the future place of African-Americans erupted with great force in the United States. As a man of his times and as a prominent figure in intellectual circles, Agassiz voiced his opinions on these subjects from the time he set foot on American soil. The reactionary scientific position that he stubbornly clung to throughout his life undoubtedly cast a shadow on his career, but his commitment to racial theories that preached inequality and that underscored the pernicious

OPPOSITE: *"Triumphal Return of Mr. Dexter from Brazil," sketch by William James, 1865.*

character of miscegenation—also known as hybridism—proved tragic to his reputation, as his principal biographer has argued.[70]

Alongside his studies of aquatic fauna and geology, Agassiz also took up the study of human races. Ever since he arrived in the United States in 1846, the Swiss scientist became engaged in the debate over race. From the beginning he sided with the polygenists, that is, those who believed that humankind was formed from separate species involving more than one divine creation, a position he never abandoned. Later he embraced a theory of degeneration, which held that miscegenation involving different races led to a loss in fecundity and the degeneration of successive generations. This approach held that mixed races did not carry the best characteristics of their forebears, but rather that mixture allowed atavistic traits to surface, exposing the descendents of mixed unions to all the risks of a progressive degeneration. In the American context, Agassiz defended both the abolition of slavery and the segregation of races.

Practically since his arrival in Cambridge, Agassiz had become involved with some of the main exponents of a theory of racial inferiority. For example, Samuel George Morton and Josiah Nott, who published various racist studies based on craniometric analyses in the 1840s and 1850s, corresponded with Agassiz and hosted him on lecture tours attended by slaveholders and their sympathizers in the South.[71] Moreover, Agassiz made no mystery of his commitment to scientific racism. The idea that different human races had been created to inhabit specific zoological provinces, and therefore were suited to respond to the challenges of their respective environments, drew inspiration from polygenism and adapted itself perfectly to Agassiz's theory of creationism, whose main tenets rested on a static view of the natural world. He was also committed to a theory of degeneration due to hybridism, sustained in the United States by Josiah Nott, a physician from Mobile, Alabama, who argued that race mixture produced biologically inferior offspring with high rates of infertility. Both polygenism and degeneration naturally supported the creationist interpretation of the natural world, a position espoused by the Swiss naturalist all along.[72]

The triumvirate of Agassiz, Morton, and Nott promoted a racialist and polygenist approach, which defended segregation as it attacked miscegenation or "mulattoism," as the racialist scientists called it during that period.[73] Within the context of complex and contradictory ideas, tendencies, and positions on slavery and race that circulated in both the South and North during the years before and during the Civil War, Agassiz identified himself with two lines of racialist thought: that of the American School of Ethnology, and that of the Free Soil Movement. The latter movement drew inspiration from ideas associating a strong nationalism with white Anglo-Saxon supremacy on American soil, establishing racial homogeneity as a necessary condition for the survival of the nation. This formulation, which proved more common in the North than in the South (which ultimately depended on the labor of African Americans and therefore was less inclined to give it up), defended abolition but also saw collective emigration as the solution for the race issue throughout the United States, or at least envi-

70. Lurie, *Louis Agassiz*, p. 265.

71. Samuel George Morton, *Crania Americana; or, A comparative view of the skulls of various aboriginal nations of North and South America. To which is prefixed an essay on the varieties of the human species* (Philadelphia: J. Dobson; London: Simpkin, Marshall, 1839) and *Crania Aegyptiaca; or, Observations on Egyptian ethnography, derived from anatomy, history and the monuments* (Philadelphia: J. Penington, 1844). Josiah Clark Nott, *Types of Mankind: or, Ethnological researches, based upon the ancient monuments, paintings, sculptures, and crania of races, and upon their natural, geographical, philological and Biblical history; illustrated by selections from the inedited papers of Samuel George Morton . . . and by additional contributions from Prof. L. Agassiz, LL.D., W. Usher, M.D., and Prof. H. S. Patterson, . . .* (Philadelphia: Lippincott, Grambo, 1854).

72. Menand, *The Metaphysical Club*, pp. 97–116.

73. George M. Fredrickson, *The Black Image in the White Mind: The Debate on Afro-American Character and Destiny, 1817–1914* (Hanover, NH: Wesleyan University Press, 1987), pp. 86–87.

sioned the segregation of African-Americans in warm-weather or semi-tropical pockets throughout the South, where the blacks would remain as separate from the whites as possible, although their labor and lives would continue to be controlled by whites. In short, those who defended the idea that African-Americans were incompatible with civilization believed that the former slaves should be prevented from causing irreparable damages to the nation, whether through the legal prohibition of "mulattoism" (that is, mixed marriages) or the avoidance of any physical proximity between whites and blacks.[74] This was exactly the argument in Agassiz's famous letters responding to a query by Dr. Samuel Gridley Howe in 1863. Howe was then at the head of the American Freedmen's Inquiry Commission and had consulted Agassiz on interracial policies, including the prospects for survival of emancipated black and mulatto populations as a minority within the broader American population. Were they to survive as a separate race or were the African-Americans to be absorbed through miscegenation? If this happened, what could be expected of the hybrid population? Would this be a weak and degenerate population, destined to disappear because of the likely infertility that would devastate this population as miscegenation increased?

Sustaining Howe's dire predictions, Agassiz asserted that miscegenation was "contrary to the normal state of the races, as it is contrary to the preservation of species in the animal kingdom . . . Far from presenting to me a natural solution of our difficulties, the idea of amalgamation is most repugnant to my feelings." In addition, he specifically discouraged the universal extension of political rights to the freedman population, arguing that "[n]o man has a right to what he is unfit to use." As for mulattoes, Agassiz stressed that "their very existence is likely to be only transient, and that all legislation with reference to them should be regulated with this view, and so ordained as to accelerate their disappearance from the Northern States."[75]

Beginning in the 1810s, proposals for the "repatriation" or subsidized emigration of African-Americans to Africa, Latin America, and the Caribbean circulated in both the South and the North. One of the most popular projects, which began to circulate in the South during the 1850s and was appropriated, under a different format, by Northerners in the 1860s (including General James Watson Webb, plenipotentiary minister to Brazil during the Civil War), involved the transfer of American freedmen to Brazil, especially to the tropical provinces of the Amazon, where they would labor as apprentices for a certain number of years.[76] Not by coincidence, in consonance with his zoological province theory, Agassiz strongly advocated the idea that the black race had been created to occupy specifically tropical areas, zones that were totally inappropriate for the survival of whites.[77] It should be noted that these projects for large-scale transfer of African-Americans to colonial or peripheral areas often adopted the argument of ecological compatibility to tinge the efforts to expel blacks with a rosy hue of philanthropy: the black race needed to be rooted in its natural environment, that is, in areas with hot climates, since those were the only places that the race could prosper.

74. Ibid., pp. 130–164.

75. Louis Agassiz to Dr. S. G. Howe, Nahant, August 9, 1863, in Elizabeth Cary Agassiz, ed., *Louis Agassiz: His Life and Correspondence* (Boston: Houghton and Mifflin, 1885), chapter 20 (Project Gutenberg Ebook, http://www.gutenberg.org/etext/6078).

76. Hill, *Diplomatic Relations*, pp. 159–162.

77. Fredrickson, *The Black Image in the White Mind*, pp. 138–145.

From this standpoint, Agassiz's journey to Brazil takes on new meanings. Not only might Brazil offer a solution for America's internal race problem, but it also provided a laboratory in which the scientist could produce material evidence of the degeneration caused by mulattoism, which was so commonplace in Brazil's heavily mixed society. Indeed, his effort to assemble a significant photographic collection documenting pure races in Rio de Janeiro and hybrid races in Manaus, intended to serve as proof of the evils of hybridism on his return to the United States, remains to this day practically unknown and unpublished, given its overtly racist character. Hence it becomes clear that the Thayer Expedition to Brazil in 1865–66 was not exactly an innocent voyage of exploration. William James's participation in the expedition was situated precisely within this context, and he had to take a stand on the spiny problem of race, if not publicly, then certainly personally.

Not that these questions were entirely absent from James's life before his trip to Brazil: young William had in fact faced the great political issues of his time, which involved the racial question insofar as it revolved around the problems of slavery, abolition, and the future of a black and mulatto population in a free society. Once again, family influence was decisive. While apparently James had skirted the political upheaval of the early 1860s, opting not to enlist in the Union army for reasons that are not entirely clear, we do know that the agitation of the times affected him daily. In 1860, when the family had returned from Europe and established residence in Newport, James Sr. heeded Emerson's advice and sent his younger sons, Garth Wilkinson (Wilky) and Robert (Bob), to study at the Frank Sanborn School in Concord, Massachusetts. Of Transcendentalist inspiration and strongly committed to the abolitionist cause, the Sanborn School had played a leading role in the antislavery movement since the 1850s.[78] This involvement reached a high point in 1857, when John Brown traveled throughout the state in search of funds and other forms of support for what was to result in the boldest and bloodiest episode in the abolitionist struggle, the raid at Harper's Ferry in Virginia. While in New England, Brown met with some of the most prominent thinkers of the time, including Thoreau and Emerson, who pledged some form of support to the cause.[79]

Bob and Wilky supported the cause directly by enlisting to fight in the Civil War in 1862, even though neither was legally old enough to fight. Henry James Sr., who was against sending his older boys, William and Henry, to the battlefields, apparently agreed with his youngest sons' decision to enlist. Although the personal reasons underlying the father's agreement remain unclear, the participation of the young James boys in the conflagration was consistent with the family's stance vis-à-vis the issue of slavery. As Wilky later reminisced in 1888, his family believed that "slavery was a monstrous wrong, and its destruction worthy of a man's best effort, even unto the laying down of life."[80] Furthermore, both brothers served in regiments with pioneer black recruits: Wilky in the Massachusetts Fifty-Fourth, under the celebrated command of Colonel Robert Gould

78. Feinstein, *Becoming William James*, pp. 254–258; Perry, *The Thought and Character of William James*, pp. 18–21; and Lawrence Lader, *The Bold Brahmins: New England's War against Slavery (1831–1863)* (New York: E. P. Dutton, 1961), Chapter XVII, "John Brown and the Boston Plotters: 1857–1859," especially pp. 233–235.

79. Lader, *Bold Brahmins*, pp. 233–254.

80. Garth Wilkinson James, *Milwaukee Sentinel*, 1888, quoted in Feinstein, *Becoming William James*, p. 259.

Shaw, and Bob in the Fifty-Fifth. Both had first-hand experience with the ambiguities involved in having white and black soldiers fight alongside one another—ambiguities which led to open hostility against the recruitment of African-Americans, both in the northern cities and on the battlefields. Only seventeen at the time of his enlistment, Wilky had to defend himself with his gun drawn in the riots that erupted in Boston in 1863; just a few months later he was seriously wounded in battle and returned from the front with his life hanging in the balance. Yet although the James family took a stand in the struggle to end slavery, this did not mean they believed in equality between races. It would appear that Henry James Sr. held no doubts as to the intellectual inferiority of blacks, believing that they were driven predominantly by their "sensuous imagination."[81]

Indeed, the northern elite's commitment to abolition was in no way single-minded or free from ambiguities. Much to the contrary, several tendencies were in vogue during the decades that preceded the Civil War, in a political spectrum that ranged from a racialist defense of slavery to a romantic humanitarianism, perhaps the best example of which was Harriet Beecher Stowe's *Uncle Tom's Cabin* (1852). While these different positions clashed, beginning in the 1840s a common premise underlay all of them: the idea that the white and black races were fundamentally different from one another. Although from today's perspective (as George Fredrickson has noted) the similarities between the different tendencies and the dissemination of a universal race concept within political discourse tended toward a certain lack of distinction between overtly racialist and humanitarian tendencies, the romantic humanitarian tendency produced a body of beliefs and images concerning African-Americans that has wielded a considerable political impact. Representing various religious and political affiliations, the romantic humanitarian strain tended to associate blacks with positive traits, including tender and religious feelings (feminine qualities, according to some). These images may have been contaminated by paternalism and by the victimization of blacks, but were far less pernicious than those adopted by the racialists. Even though they produced impoverished stereotypes concerning the sentimental qualities of blacks, some humanitarian approaches praised relativism and emphasized the positive contribution of all races. While now the sentiments seem insufficient, they counterbalanced the lethal racialist and segregationist positions that began to predominate as the racial issue came to be discussed in an increasingly virulent manner.[82] Given its religious and political views and social ties, the James family certainly occupied a space somewhere on the wide spectrum of paternalistic, humanitarian abolitionism.

As many of his biographers point out, William James's trip to Brazil may have constituted his equivalent of the Civil War. In other words, his decision to undertake a lengthy, risky, and uncomfortable journey to the tropics, not to mention a separation from his family, may have been inspired by the need to replicate the crudeness of the battlefield experiences that his younger brothers had faced. Moreover, the trip also afforded him a healthy distance from the pressure of his

81. Henry James Sr., *Lectures and Miscellanies*, p. 69, quoted in Menand, *The Metaphysical Club*, p. 87.

82. Fredrickson, *The Black Image in the White Mind*, pp. 97–129.

family and his own uncertainty about choosing an occupation, which at that time tormented him. The experience surely took on a defining role in the elaboration of his ideas.

It seems likely that James participated in the expedition for personal reasons, although some admiration for Agassiz's charismatic appeal and rhetorical skills entered into his decision. In contrast to his mentor, however, he lacked a true commitment to the scientific and ideological project that oriented the expedition. Their personalities differed greatly as well. In contrast to James with his elegant and quiet style, Agassiz displayed a booming, charismatic, and captivating personality, whose bursts of eloquence revealed an iron determination, along with a certain proclivity towards self-promotion. And the entire Thayer enterprise reflected Agassiz's style from the outset.

Edward Lurie has noted that by the 1860s the Swiss naturalist saw himself as a man embodying the idea that science introduced from Europe would take root in the fertile American soil, and representing the kind of expansionist nationalism that characterized the nineteenth century. Hence Agassiz imagined himself as someone who was above any kind of restriction or criticism, adopting an authoritarian and exclusive approach to academic and scientific politics. Even though his enormous popularity was as high as it had ever been, his annoyance with the lack of academic recognition led him to embrace new opportunities with his characteristic eagerness. In a certain sense, the Amazon adventure allowed him to slip away from the academic arena with a bang, by giving him the opportunity to accomplish a journey that all the great naturalists had already completed, from Humboldt to Spix and Martius to Bates. In other words, he could now append to his already legendary public persona the romantic figure of explorer of tropical forests and wild rivers. Thus Agassiz, "the spoiled child of the country," as he once described himself to his mother, could now visit the earthly paradise.[83]

Tropical Nature through the Eyes of William James

A completely different perspective emerges in the letters and diaries written by William James during his journey in Brazil. From the moment I set eyes on these papers, I noticed the presence of an original spirit. Despite being a volunteer in a scientific collecting expedition, James seemed to enjoy intellectual independence. During the eight months of his sojourn in Brazil, spent mostly in Rio de Janeiro and in the Amazon, James scribbled letters to his family, wrote a brief (incomplete) narrative describing his trip to the Solimões River, maintained a journal, and sketched a series of drawings depicting scenes and people from the expedition, which express not only a critical consciousness but also a moral distance from the colonialist intellectual enterprise that also guided the expedition. Because of this, although James's Brazilian writings are well known to all the scholars who have studied this charismatic figure from the perspective of his intellectual biography—including Ralph Barton Perry, Gerald Myers, Howard

83. Louis Agassiz to his mother, March 22, 1865, quoted in Lurie, *Louis Agassiz*, p. 346.

Feinstein, Kim Townsend, Louis Menand, Paul Jerome Croce, Daniel Bjork, and many others—it is still worthwhile to point out, in the special context of the expedition, the special empathy that James displays in his observations on the tropical environment and the nonwhite populations that inhabited it.

Of course, James's Brazilian writings are not always, shall we say, illuminated by an empathetic and relativistic approach. He expressed many feelings and emotions in his letters and journal, beginning with his ambivalence about the significance of the journey itself. He narrated moments of boredom and restlessness, revealed his desire to go home as soon as possible, and expressed irritation with the lethargy and inefficiency of the natives. One might expect this from a young man facing a journey that endeavored to cover little known areas of South America and that separated him for the first time from a particularly absorbing family, placing him under the orders of a leader who was prone to erratic and tempestuous decisions, changed travel plans arbitrarily, and kept his subordinates always at his beck and call. In addition, James caught smallpox during the first months of his stay in Rio de Janeiro, with consequences that deepened his ill will towards the journey for months.

At other times, James simply succumbed to the exotic, as for example in his frequently cited letter to Henry James, dispatched from the "Original Seat of the Garden of Eden,"[84] in which he employs images derived from a standard repertory of descriptions of tropical nature:

> *No words but only the savage inarticulate cries can express the gorgeous loveliness of the walk I have been taking. Houp la la! The bewildering profusion & confusion of the vegetation, the inexhaustible variety of its forms & tints (yet they tell us we are in the winter when much of its brilliancy is lost) are* literally *such as you have never dreamt of. The brilliancy of the sky & the clouds, the effect of the atmosphere wh. gives their proportional distance to the diverse planes of the landscape make you admire the old Gal nature.*[85]

Later in the same letter, James appeals decidedly to the exotic, characterizing his surroundings as "inextricable forests" and referring to the local inhabitants as a naturalized component of the landscape:

> *On my left up the hill there rises the wonderful, inextricable, impenetrable forest, on my right the hill plunges down into a carpet of vegetation wh. reaches to the hills beyond, wh. rise further back into the mountains. Down in the valley I see 3 or four thatched mud hovels of negroes, embosomed in their vivid patches of banana trees.*[86]

These hyperbolic exclamations are quite consistent with conventional notions in the northern hemisphere regarding tropical nature. Many of James's biographers imagined the journey in just this way, citing and analyzing this letter as an illustration of the kind of intellectual and emotional experience evoked by the

84. William James to Henry James, Sr., Rio de Janeiro, July 15, 1865.

85. William James to Henry James, Sr. and Mary Robertson Walsh James, Rio de Janeiro, April 21, 1865.

86. Ibid.

lush and liberating world of tropical forests. Although James did not specify the exact location of this excursion, clearly it took place in the Tijuca Forest, only a few miles (not twenty, as James supposed, but around eight, as the Agassiz couple established in their *Journey in Brazil*) from the urban center of Rio de Janeiro, a pleasant location frequented by the upper crust of Rio's society on weekends for strolls and picnics. Although Tijuca Forest remains to this day an important reserve of impressive natural resources and rare beauty, it was and still is an urban forest, situated on the outskirts of the imperial capital in the mid-nineteenth century, a destination for foreign travelers and local elites, all fascinated with the naturalist interpretation. On that particular occasion, Agassiz's party stayed overnight at the Bennett Hotel, belonging to an Englishman and boasting modern amenities. As James noted, his visit to Tijuca was only a pleasant outing, although its profound effect is obvious in his admiration of the rich and varied vegetation of the Atlantic forest. It was not the full tropical forest experience, however: that came in the months that followed, when he went to the Amazon.

Conversely, James can also be surprisingly unconventional in demolishing the myth of tropical nature. He takes risks and is capable of empathizing with what he describes, including the native populations. He invites his readers to discover that Rio de Janeiro had a European air to it ("The streets in town & shops remind you so much of Europe"[87]), that the Amazon was relatively civilized ("This expedition has been far less adventurous & far more picturesque than I expected. I have not yet seen a single snake wild here"[88]), and finally, that the tropical environment was not all that mysterious, but rather somewhat tedious and repetitive ("here all is monotonous, in life and in nature that you are rocked into a kind of sleep"[89]).

Nevertheless, James's biographers have treated his trip to Brazil basically as a non-event, with the exception of one instance that is considered to be important in defining his future career. One of the most often cited passages expresses the young traveler's despair with the tribulations of the journey, his lack of interest in naturalist tasks, and his budding desire to dedicate himself to philosophy:

> I am now certain that my forte *is not to go on exploring expeditions. I have no inward spur goading me forward on that line, as I have on several speculative lines. I am convinced now, for good, that I am cut out for a speculative rather than an active life, & I speak only now of my quality, as for quantity I became convinced some time ago & reconciled to the notion, that I was one of the very lightest of featherweights. Now why not be reconciled with my deficiencies.*[90]

Aside from such brief glimpses into his future as a philosopher, James's Brazilian journey usually has been treated as a miscalculation or as another ill-fated project in his tormented intellectual and personal trajectory. In examining only one aspect of the journey, however, these studies have underestimated the impact of James's Brazilian experience by neglecting the framework of the Thayer Expedition and the context of nineteenth-century travel in Brazil.

87. Ibid.

88. William James to Henry James, Sr. and Mary Robertson Walsh James, Tefé or Ega, October 21, 1865.

89. William James to Mary Robertson Walsh James, Óbidos, December 9, 1865.

90. William James to Henry James, Sr. Rio de Janeiro, June 3, 1865.

Brazil through the Eyes of William James

Daniel Bjork is the only James scholar to attribute a deeper dimension to his subject's experience as a tropical traveler, as he remarks that beyond the more obvious aspects of the practical difficulties, James's Brazilian sojourn provided the backdrop for his first experience with psychological death and rebirth.[91] This sort of experience, which includes a first phase marked by depression and despair that might culminate in panic and loss of control, is followed by a rebirth stage, which has been interpreted as a fundamental moment for William as it was also for Henry James Sr., when he came in contact with the Swedenborgian faith.[92] The rebirth episode that scholars point to in William's case supposedly happened in April of 1870, when James, upon reading the work of French philosopher Charles Renouvier, gained sufficient inspiration to overcome his own depression and despair by means of the "will to believe."[93] For several biographers, this episode has been interpreted as a turning point in James's life, as he faced a universe deprived of reason, coining the phrase that would bring him back to life: "My first act of free will shall be to believe in free will."[94]

According to Bjork, the first part of the journey, which James spent mainly in Rio de Janeiro and which was affected by disease, a feeling of inadequacy, and other difficulties, constituted the first phase of the experience, that is, his lapse into depression. The key would then reside in the second phase of his liberating experience, that of rebirth, which came out of his interaction with tropical nature and occurred basically in the Amazonian context. This stage of the journey, during which James navigated rivers and observed the fertility of tropical forests, afforded him his first encounter with the deep symbolic aspects of lush tropical nature.[95] In this interpretation, it was the flow of winding rivers and the exuberant vegetation of the tropical forest that led James to identify the metaphor of water and its motion as a psychological principle.

The passage that Bjork uses to support his analysis is indeed a rich allusion to one of the fundamental themes in the Jamesian universe, the idea of the stream of thought, a basic metaphor in *Principles of Psychology*, first published in 1890:

After this it was decided to go over to a beach which lay opposite & spend the first part of the night. I suppose the beach had recently been connected with the left bank, but the river rising had already made it an island with a broad channel between it and the shore. I took a long walk over it & found neither gulls nor eggs but two enormous silvery trees which in their passage down had got their trunks across each other and then their branches catching the bottom had come to anchor in this spot. The river going down had left them, high & dry. No, not dry exactly for a deep pool had been excavated beneath them by the current which was now filled with green stagnant water & covered with minute flies. O to be a big painter for here was a big subject! Nothing could be more simple. The plain beach, the red West, the giant trunks with their crooked crowns & roots, (the largest could not have been less than 20 feet in circumference) the immense eddying stream & the thin far off line of forest. It was as grand & lonely as could be.[96]

91. Bjork, *William James*, chapter 5, "The Original Seat of the Garden of Eden," pp. 53–68.

92. Feinstein, *Becoming William James*, pp. 68–70.

93. In 1897, William James published his famous book of essays, *The Will to Believe and Other Essays in Popular Philosophy*.

94. Ralph Barton Perry defends this argument in his classic study *The Thought and Character of William James*, p. 121.

95. Bjork, *William James*, pp. 65–66.

96. William James, Brazilian Diary, 1865.

The scene, with its literally thousands of living forms interlaced in a constant and changing flow of life, seems to have captured James's creative imagination for good. The image imprinted on his mind during this solitary stroll at sunset on some small river island on the Solimões may have laid the groundwork for his creative elaboration of the processes involved in the psychological production of thoughts. From the outset James had concluded that he "hated collecting," referring to the purely menial aspect of his job. His aversion takes on a more significant dimension insofar as it applies to his rejection of a classifying and reifying approach to nature. The interwoven and complex nature of the jungle appears in James's writing in direct opposition to the "anti-conquest" narrated by nineteenth-century naturalists. In Bjork's view, this is why James might never have left Brazil: the meaning of this experience composed the base for a long and fertile reflection that filled his intellectual life. Starting with his idea of a stream of thought, James took his research in many directions, including a systematic study of mediumistic psychic phenomena.

Beyond his perception of tropical nature, James's travels in Brazil challenged him to establish a series of personal contacts, some strictly functional or social and others clearly affectionate (if not romantic), whose implications have not yet been explored. His observations and dealings with people relate to the general issue of race. Indeed, especially during the Amazonian stage, the trip forced James to develop a new social perspective as a result of his direct contact with local people, especially Amazonian mestizos, a group that was so maligned in Agassiz's hybridism.

Traveling throughout the Amazon, William James seized the opportunity to observe the relativism of human beliefs. For the young student the shift to the tropics also meant a shift in perspective. As he shared the living conditions of the riverside inhabitants, James came to think that their world was exactly what it appeared to be. Neither pessimistic nor optimistic, he seems simply to appreciate the discovery of other ways of living and thinking.

In daily contact with boatmen, guides, and servants, sharing canoes and spending nights with riverside families, James had the opportunity to become aware of social and cultural ways of life that were radically distinct from what he was used to. In order to gain understanding, he had to seek within himself the capacity to break free from the acquired knowledge, allow himself to dive into "this great world of life in no relation with my action," and expose himself to something new. In this sense, James's notes show that his personal experience unfolded in a direction quite distinct from that of the other expedition members —those, at least, who left some kind of written record, like Louis and Elizabeth Agassiz—who tended to judge, classify, and analyze the native population in terms of race, miscegenation, and a greater or lesser capacity to become civilized (which always meant "Europeanized").

James is at his best when he shows that he is capable of empathizing with the local inhabitants, guides, fishermen, and others, the Indians, blacks, and mestizos who accompanied the collecting excursions, often as his only companions. In one of his most luminous passages, he commented on a conversation he over-heard that day between his boatmen and a group of Indian women who con-ducted a canoe downstream on the Solimões River:

I marvelled, as I always do, at the quiet urbane polite tone of the conversation between my friends and the old lady. Is it race or is it circumstance that makes these people so refined and well bred? No gentleman of Europe has better manners and yet these are peasants.[97]

James noted the same cultural refinement and delicate manners governing his mestizo boatman's family, as Sr. Urbano not only guided the American stu-dent on his last collecting forays but also put him up for a few days. Upon arrival, James encountered two *cafuzo* (mixed-blood of African and Indian descent) women, smoking their pipes and chatting as they squatted over a rug in Amazo-nian fashion. Without making any derisive, picturesque, or derogatory com-ments, he wondered how the local people could spend hours and hours in a position that seemed so uncomfortable to foreign visitors, as they seemed more like "naked skeletons" than flesh-and-blood. A few days later, already accus-tomed to the family, James observed:

I now feel perfectly domesticated in this place & with these people. Never were there a more decent worthy set of gentry. Old Urbano especially, by his native refinement, intelligence and a sort of cleanliness and purity is fit to be the friend of any man who ever lived, how elevated his birth & gifts. There is not a bit of our damned anglo saxon brutality and vulgarity either in masters or servants. I am always reminded when the neighbors come in to visit Urbano of our family & the Tweedy family at Newport. Urbano & his gossips talk with just as much beauty & harmony or perhaps a good deal more than Tweedy & Father did, in an easy low slow tone as if all eternity was before them. I have never heard any swearing or any hyperbole or far fetched similes or extravagant jokes or steep piled epithets or chaffing such as we yankees delight in.[98]

James's journal entries and letters seem to suggest that as he became more involved in collecting expeditions and hence ever more involved in the daily life of the river folk, he began to develop psychological tools that allowed him to capture the subtleties of ways of life usually neglected by foreign travelers as ir-relevant or at least incomprehensible beyond the usual picturesque mode.

James's empathetic notes include some about his romantic involvement with the seductive *moças* (young women) of the Amazon. Certain passages, expressed in a humorous tone, allow us to imagine a timid young Victorian discovering prospects and taking small risks. For example, the brief English, Portuguese, and Tupi vocabulary in his diary is suggestive in that sense. The very first entry, a phrase in Nhengatu, is surprisingly revealing: "*Serendéra ére mendáre potáreséra seirúma?*" We might imagine the young traveler trying out that question on the

97. Ibid.

98. Ibid.

cafuza and Indian girls in remote places, as his English translation reads: "My dear, will you marry me?"

James reveals even a little more when he declares his love for the beautiful Jesuína, whom he met at a dance in Santarém:

> *Ah Jesuina, Jesuina, my forest queen, my tropic flower, why could I not make myself intelligible to thee? Why is my Portuguese only "suited to the precisions of life", and not to the expression of all those shades of emotion which penetrate my soul. After spending an hour at Jesuina's side & doing my most eloquent, she avowed Tal that she had understood "absolutely nothing" of my talk. She now walks upon the beach with her long hair floating free, pining for my loss.*[99]

99. William James to Alice James, Santarém, August 31, 1865.

The image of this forest queen who captured James's heart is very different from the objectifying images of young Amazonian mestizo women photographed by Hunnewell, under Agassiz's orders. Once again James's notes collide with the scientific racial discourse of the Bureau d'Anthropologie, which carried the pessimism of hybridity theory. James, in contrast, expresses his strong attraction to the riverside inhabitants, as he saw that "this great world of life in no relation with my action is so real," and we may well imagine the intimate conflicts facing the young traveler in his immersion into the unknown.

Indeed, James immersed himself into Amazonian life so well that during the final stage of the trip, only a few weeks before leaving for the United States, he would sleep in a hammock, converse from a squatting position, puff on a pipe, and live with few or no possessions, especially books, while the other life, far away in Boston, seemed terribly far away. This perspective is best expressed in his own words:

> *I have spent the last fortnight, since I wrote, very pleasantly, in this paradisaic spot in the house of a very nice easy going womanish kind of man, the post master, and am writing in this in the mellow evening light in this parlor, post office, spare room, which ever you please to call it, for it serves as all three. I speak Portuguese like a book now and am ready to converse for hours on any subject to be sure the*

natives seem to have a slight difficulty in understanding me but that is their look out, not mine, my business is to speak, and understand them. I am on the whole very glad this thing is winding up—not that I have not enjoyed parts of it intensely and regard it as one of the best spent portions of my life, but enough is as good as a feast; I thoroughly hate *collecting, and long to be back to books, studies &c after this elementary existence. You have no idea, my dearest Mother, how strange that home life seems to be from the depths of this world buried as it is in mere vegetation and physical needs & enjoyments. I hardly think you will be able to understand me, but the idea of the people swarming about as they do at home, killing themselves with thinking about things that have no conexion with their merely external circumstances, studying themselves into fevers, going mad about religion, philosophy, love & such, breathing perpetual heated gas & excitement, turning night into day, seems almost incredible and imaginary, and yet I only left it 8 months ago. Still more remarkable seems the extraordinary variety of character that results from it all—here all is monotonous, in life and in nature that you are rocked into a kind of sleep—but strange to say, it is the old existence that has already begun to seem to me like a dream. I dare say when I get home I shall have for a time many a pang of nostalgia for this placid Arcadia; even now it often suffices for me to see an orange tree or one of these mellow sunsets to make me shrink fm. the thought of giving them up all together.*[100]

This and other luminous passages remain outside the conventional, stereotyped repertory of tropical travel narratives. Here James is accepting the world that surrounded him, together with its cultural codes, on its own terms. For someone who had begun the trip with a terrible seasickness[101] and who soon discovered "[i]f there is any thing I hate it is collecting,"[102] the journey to Brazil ended up being quite productive. Revealing him to be an unconventional and empathetic traveler, James's Brazilian papers have yet to be subjected to a theoretical inquiry that is more appropriate to the kind of experience he lived and the kind of account he produced. It is in this spirit that I am setting forth a critical edition of this material. After all, amidst the suffering and deprivation that a tropical journey could cause in the mid-1860s, we find a distinctive approach in the first discovery of the other—the other whom James, not without some effort, pleasantly came to appreciate.

100. William James to Mary Robertson Walsh James, Óbidos, December 9, 1865.

101. William James to Mary Robertson Walsh James, Steamer *Colorado*, probably March 31, 1865.

102. William James to Henry James, Sr. and Mary Robertson Walsh James, Tefé or Ega, October 21, 1865.

Notes on the Establishment of the Text

In this edition of William James's Brazilian writings from 1865–66, I have transcribed the original manuscripts kept at Houghton Library, Harvard University. With the exception of two previously unpublished letters, I have carefully compared my transcriptions with the versions established in Ignas K. Skrupskelis and Elizabeth M. Berkeley (with the assistance of Wilma Bradbeer and Bernice Grohskopf), *The Correspondence of William James. William and Henry, 1861–1884*, vol. 1 (Charlottesville, 1992), and *The Correspondence of William James, 1856–1877*, vol. 4 (Charlottesville, 1995). I also compared my transcription of James's incomplete narrative, "A Month on the Solimoens," with the text established by F. Burkhardt, F. Bowers, and I. Skrupskelis in James's *Manuscript Essays and Notes* (Cambridge, MA, 1988), pp. 354–357. The full text of the "Brazilian Diary" is established here for the first time, although I compared some passages to the text partially reproduced by Carleton Sprague Smith in "William James in Brazil," *Four Papers Presented in the Institute of Brazilian Studies* (Nashville, 1951), pp. 97–138. The versions presented in this volume benefited greatly from the magnificent work done by others, especially Skrupskelis and Berkeley. Nevertheless it proved necessary to make some adjustments, especially with regard to names and terms written in Portuguese in the manuscripts.

It should be noted that some of the procedures adopted in the establishment of the text for this volume differ from previous versions, which were cautiously guided by technical considerations. The current version endeavors to facilitate access to the documents without, however, altering their original meaning. The small adjustments to the manuscript texts also simplified their translation into Portuguese, as it makes little sense to attempt to reconstruct, in another language, small lapses in spelling and punctuation that in no way interfere with the meaning of the text. In the Portuguese translation of these documents, I have sought to avoid introducing anachronisms while respecting nineteenth-century linguistic usages, always opting for a more neutral approach.

I have adopted the following procedures:

1. Passages intentionally crossed out by the author in the manuscripts are not included.

2. Most of the obvious abbreviations appear spelled out in full to facilitate reading. For example, "wh." becomes "which," "shd." becomes "should," "seemg" becomes "seeming," "mng." becomes "morning," "S.Am." becomes "South America," and so forth.

3. Words and passages underscored by the author in the manuscript remain underlined.

4. Terms written by James in Portuguese appear as he wrote them, in their nineteenth-century forms and with his own spelling errors. In the English version, when their meaning is not immediately obvious from the context, these terms are followed by a single-word definition in [brackets] and in some cases are explained in footnotes.

5. In the Portuguese translation of James's papers, terms originally written in Portuguese are italicized and retain the original spelling used by the author.

6. Terms and passages written in languages other than English or Portuguese have been kept in their original form and are not translated.

7. With the exception of spelled-out abbreviations, any other interference in the original text appears in brackets.

8. Explanatory notes have been kept to a minimum. I have included a *List of People, Places, and Terms* to serve as a guide to the many references that James makes.

Letters from Brazil

1. Letter to Mary Robertson Walsh James

Steamer Colorado, *going down the narrows*[1]
Friday 10:30 a.m. [probably March 31, 1865]

My dearest Mother

We have been detained 48 hours on this steamer in port on account of different accidents—I am just disturbed by the plaintive voice of the Rev. Fletcher, who calls "Steward" from his state room. He was half-killed last night by falling down a hatchway and cannot get up this morning. I go out to find him a steward and find that they are coming to anchor again—A dense fog is raging which will prevent our going outside as long as it lasts. Sapristi, c'est embêtant. Our comrades are pretty fair. <u>Hartt</u> of the Museum & <u>Seaver</u> the Hunter I think I shall like. I have not yet had much to do with the Prof. Dr. Cotting is a brick, and so is Mrs. Agassiz. The ship is a beauty, all but her seats, which are not of the luxurious quality <u>I</u> desiderate. I suppose the pilot will remain on board for many hours yet, so I need not close yet. There are in all about 35 passengers. I hope Harry is happy in the undisturbed sway of the 3rd. story. Let him load the machine with shot bags. Let him when he goes on his social rounds give my love to all the young females he sees. Methinks I see him, gazing with undazzled eye on the very fairest of them all, like an epic self-contained, as he is. Give my best love to Aunt Kate & Alice, who will, I suppose, be with you before this letter.—8:30 P.M.—Here we are anchored in the same old place off Staten Island with Fort Lafayette off our port bow, not to move till clear weather comes. It has rained and fogged incessantly all day, but the wind has somewhat abated this evening, and I hope, as the season is fickle, that the sun may come out to morrow. The day on the whole passed very pleasantly. Another good fellow, Copeland, of the engi-

1. The paddle-wheeled steamer *Colorado*, en route to California, was held up at the Verrazano Narrows before setting out on April 1, arriving at Rio de Janeiro on April 23. See note by Ignas Skrupskelis, *Correspondence of William James*, vol. 1 (Charlottesville: University Press of Virginia, 1992), p. 9.

[Playful portrait of Newton Dexter]

Playful portrait of Newton Dexter, sketch by William James, 1865.
"There is a sunburnt & big jawed devil named Dexter from Providence with us . . ." (William James letter [probably March 31, 1865].)

2. James refers to General William Tecumseh Sherman (1820–1891), commander of northern troops notorious for their destruction of southern plantations and cities during the late campaigns of the Civil War, which was coming to a close at the time of this letter.

neering dept. of Lawrence Scientific School is of the party. The Professor has just been expatiating over the map of South America and making projects as if he had Sherman's army[2] at his disposal instead of the 10 novices he really has. He may get some students at Rio to accompany the different parties, which will let them be more numerous. I'm sure I hope he will, on account of the language. If each of us has a Portuguese companion, he can do things twice as easily. The Prof. now sits opposite me with his face all aglow holding forth to the Captain's wife about the imperfect education of the American people. He has talked uninterruptedly for 1/2 hour, at least. I know not how she reacts; I presume she feels somewhat flattered by the attention however. This morning he made a characteristic speech to Mr. Billings, Mr. Watson's friend. Mr. B. had offered to lend him some books. Ag: "May I enter your state room & take them when I shall want them, Sir?" Billings, extending his arm, said genially: "Sir, all that I have is yours!" To which, Agassiz, far from being overcome, replied, shaking a monitory finger at the foolish generous wight: "Look out, Sirr, dat I take not your skin!" That expresses very well the man. <u>Offering</u> your services to Agassiz is as absurd as it would be for a S. Carolinian to <u>invite</u> Gen. Sherman's soldiers to partake of some refreshment when they called at his house. Seaver, the hunter is a very original man indeed. I have little doubt that had he started properly in life, he would stand high in Science. As it is, with all his knocking about the world, he has picked up a deal of exact scientific knowledge, & what is more, has thought. I only wish Hyatt were along and we were actually in motion. Still if we were in motion, my dearest old Mammy, I should not be able to send this letter to you, and it must be as pleasant for you to hear from me when I am <u>quasi</u> departed as it is for me to be able to say a word to you. There is a sunburnt & big jawed devil named Dexter from Providence with us, who is a crack shot & has hunted all over the U. S. I dare say he will do good service, though I don't know much of him personally. He is rich. I have determined to keep a diary and shall begin to night. I will write you another word in the morning. Good night, old Mother, Father, Harry, Aunt Kate & Alice. Mille baisers

Saturday 6.30 A. M. The morn has broken effulgent. A light nor-west wind, with a blue sky flecked with white. The sailors are weighing anchor & singing. They are a grotesque looking set of men. I believe we are off at last, really.—

Brazil through the Eyes of William James

9 o'clock Just coming to Sandy Hook. Ship beginning to jump lively. One feels one's-self growing heavy & light alternately. My native land, adieu! Adieu, my dearest family. I hope to see you well before very long. Vogue la galère! Vogue la sea-sickness! Vogue la Vie! I have just eaten a tremenjus breakfast, it being my last chance for a long time. You can send my letters, this one included to Wilky & Bob. Good bye. Love inexpressible from your affectionate.
W

—At this moment Prof. passes behind me and says: "Now to day I am going to show you a little what I will have <u>you</u> do." Hooray! I have not been able to get a word out of the old animal yet about my fate. I'm only sorry I can't tell <u>you.</u> Adieu.

2. *Letter to Henry James Sr. and Mary Robertson Walsh James*

At Sea
Friday night April 21st. [1865]

My dearest Parents
Every one is writing home to catch the steamer which leaves Rio on Monday. I do likewise, although, so far, I have very little to say to you. You cannot conceive how pleasant it is to feel that to morrow we shall lie in smooth water at Rio & the horrors of this voyage will be over. O the vile Sea! the damned Deep! No one has a right to write about the "nature of Evil" or to have any opinion about evil, who has not been at sea.[3] The awful slough of despond into which you are there plunged furnishes too profound an experience not to be a fruitful one. I cannot yet say what the fruit is in my case but I am sure some day of an accession of wisdom from it. My sickness did not take an actively nauseous form after the first night & second morning, but for 12 mortal days, I was, body & soul, in a more indescri[ba]bly hopeless homeless & friendless state than I ever want to be again. We had a headwind and tolerably rough sea all that time. The "trade winds" which I thought were gentle zephyrs are hideous moist gales that whiten all the waves with foam. I suppose I ought to write you a iridescent account of our sail over the tropics; but the tropic Atlantic certainly is just like the northern sea. I thought the sky would be of a deep prussian blue over a sea of the same color, with spice laden winds, and birds of paradise; nautili & flying fish; porpoises & bonitas, phosp[h]orescence at night rivalling the moonlight, & all that kind of stuff. Neither skies nor sunsets nor sea are of any livelier hues than with us. We have seen a few little flying fish skip, but they are not near as interesting as toads at home. On one or two nights there has been phosphorescence, but never more, if ever so much, as I have seen at Newport. As for the Southern Cross & the clouds of Magellan, they are very 3rd rate affairs. The Ocean is a d-d wet, dis-

3. Here James plays with the title of his father's book, *The Nature of Evil* (1855). See note by Skrupskelis, p. 104.

agreeable place anyhow, is my conclusion; you can't make a silk purse out of a sow's ear. The main incidents on board have been Agassiz daily lectures. Bishop Alonzo Potter, with his 3rd wife is with us. He and Prof. furnish as good an illustration of the saying: "You caw me & I'll caw you", as I ever saw. Though I think Agassiz will be left a little in the debt of the worthy Bish. unless he makes it up to morrow. The Bish. tells me he knows father & father spent some days in his house when he came to Boston years ago. He has read Substance & Shadder & tho' disagreeing with the doctrine, admires the ability displayed & the very fine style.[4] Last Sunday he preached a sermon particularly to us "savans" as the outsiders call us, and told us we must try to imitate the simple child like devotion to truth of our great leader. We must give up our pet theories of transmutation, spontaneous generation &c., and seek in nature what God has put there rather than try to put there some system which our imagination has devised &c &c (Vide Agassiz passim.) The good old Prof. was melted to tears, and wepped profusely. He has profoundly impressed both the Capt., Mr. Billings, (Watson's friend) who is grand panjandrum of the California University, and the Bish. And I am sure the words of the latter were as heartfelt as anything in such a wooden man can be—Good night! dearest, dearest family! I will write more to morrow

Sunday Evening. Darling Family. Yesterday morning at 10 o'clock we came to anchor in this harbor, sailing right up without a pilot. No words of mine, or of any man short of Williams the divine can give any idea of magnificence of this harbor & its approaches.[5] The boldest grandest mountains, far and near, the palms and other trees of such vivid green as I never saw any where else. The town "realizes" my idea of an african town in its architecture and effect. Almost every one is a negro or a negress, which words I perceive we don't know the meaning of with us; a great many of them are native Africans & tattooed. The men have white linen drawers and short shirts of the same kind over them. The women wear huge turbans and have a peculiar rolling gait that I have never seen any approach to elsewhere. Their attitudes as they sleep & lie about the streets are picturesque to the last degree. Yesterday was I think the day of my life on which I had the most outward enjoyment. 9 of us took a boat at about noon & went on shore. The strange sights, the pleasure of walking on terra firma, the delicious smell of land, compared with the hell of the last three weeks were perfectly intoxicating. Our portuguese went beautifully, every visage relaxed at the sight of us & grinned from ear to ear. The amount of fraternal love that was expressed by bowing, & gesture was tremendous. We had the best dinner I ever eat. Guess how much it cost. 140$000 reis.[6] literal fact. Paid for by the rich man of the party. The brazilians are of a pale indian color, without a particle of red and with a very aged expression. They are very polite & obliging, all wear black beaver hats at glossy black frock coats, which makes them look like épiciers endimanchés. We all returned in good order to the ship at 11 P. M. and I lay awake most of the night on deck listening to the soft notes of the vampire outside the awning. (Not knowing what it was, we'll call it the vampire). This morning Tom Ward & I took another

4. William jokingly refers to Henry James Sr.'s book *Substance & Shadow* (1863). Bishop Potter knew James Sr. since 1829, when Henry dropped out of college and ran away from Albany to Boston. See Louis Menand, *The Metaphysical Club* (New York: Farrar, Straus, and Giroux, 2001), p. 129, and Howard Feinstein, *Becoming William James* (Ithaca: Cornell University Press, 1984), pp. 54–55 and 170–71.

5. This is probably a reference to dissident Puritan clergyman Roger Williams (c. 1603–1683), founder of Providence, Rhode Island.

6. 140$000 (one hundred forty milreis) was worth about US$80.00 at 1860s exchange rate. On the exchange value of Brazilian currency in dollars during the nineteenth-century, see Stanley Stein, *Vassouras*, 2 ed. (Princeton: Princeton University Press, 1985), p. 293.

Women carrying water buckets, sketch by William James, Rio de Janeiro, 1865. "Almost every one is a negro or a negress, which words I perceive we don't know the meaning of with us . . ." (William James letter. At Sea (Rio de Janeiro harbor) April 21st. [1865].)

cruise on shore, which was equally new & strange. The weather is like Newport. I have not seen the thermometer. The Emperor sent for Prof. Agassiz this afternoon and we are now anxiously waiting for the Prof.'s return to hear the result of the interview. We are waiting on the ship until some arrangement cheaper than a hotel can be scared up on shore. I think we may stay at Rio 2 months. But the future is quite undecided. I fancy the work <u>here</u> will roll up continually before the Prof. If he finds glacier marks on the mountains behind Rio, he will not need to go to the Andes, and maybe not then to the Amazon. Still, omnia exeunt in mysterium. He tells me he wants me to work upon the polyps & jelly fish here at Rio. I have been much exercised on the voyage about how to return home. While at sea Dexter a great big chap from Providence, Hunnewell & my self, who all suffered about equally from seasickness, swore we should return by the Pacific to Panama & thence over the isthmus to New Orleans so as to abridge the voyage. Now there may be a steamer line established this winter from Rio to N. Y. If not a third way home would by french steamer from Pernambuco to Bordeaux and home by Cunarder. I'll take what turns out to be the cheapest way, (except sailing vessel). The streets in town & shops remind you so much of Europe. In an excellent bookstore filled with french scientific & philososphical works this morning & stimulated by the European atmosphere of things, I had such a yearning towards the sinful but human old continent as made me almost burst my skin. Yes-

terday I took a bath in a marble sarcophagus, in a little square stuccoed & frescoed room in a moist court with palm trees. I could have sworn I was in Pompeii. Still dear old easy home is the place of the future. One of the finest things about Agassiz is his genuine <u>faith</u> in our future. Will you tell Lafarge that I am sorry I did not take the money he offered, to buy feathers flowers &c, for him as I find Rio is the market and I may have no surplus of my own. I shall therefore make a draught upon him, which mr. Davis, the banker here, will cash. I will draw $60 in gold. And will write to him. Agassiz just in, delighted with the Emperor's simplicity & the precision of his information, but apparently they did not touch upon our material prospects. He goes to see the Emperor again to morrow. Agassiz is one of the most fascinating men personally that I ever saw. I could listen to him talk by the hour. He is so childlike. Bp. Potter who is sitting opposite me writing asks me to give his best regards to father. I am in such a state of abdominal tumefaction from having eaten bananas all day that I can hardly sit down to write. The bananas here are no whit better than at home but so cheap & so filling at the price. My fellow "savans" are a very uninteresting crew. Except Tom Ward I don't care if I never see one of 'em again. I like Dr. Cotting very much and Mrs. Agassiz too. I could babble on all night but must stop somewhere. Dear old Father, Mother, Aunt Kate, Harry & Alice! you little know what thoughts I have had of you since I have been gone. And I have felt more sympathy with Bob and Wilky than ever from the fact of my isolated circumstances being more like theirs than the life I have led hitherto. Please send them this letter. It is written as much for them as for any one. I hope harry is rising like a phoenix from his ashes, under the new regime. Bless him. I wish he or some person I could talk to were along. Thank Aunt Kate once more. Kiss alice to death. I think Father is the <u>wisest</u> of all men whom I know of. Give my love to the girls, especially the Hoopers. Tell Harry to remember me to T.S.P. & to Holmes.
Adieu
Your loving
W. J.
Give my love to Washburn

3. Letter to Alice James

Rio—Exchange Hotel
April 27th. '65

My dearest darling Alice
The U. S. Ship Onward is under sailing orders for home from here, and a Mr. Harris, Storekeeper thereof, has kindly offered to take charge of any small parcel I would like to send. I profit by the occasion, to execute the Tappan's commission. Rio is the market for all curiosities I will address the <u>objets</u> to you & ask you to transmit them to Ellen Tappan. I have marked the birds that are hers. Some

are for you. 4 are marked? 2 for each of you; settle yourselves which. Of course you can swap the others if you like, but the Tappans for their money ought to have 15 of the 22. The Tappans must also have the big beetle, and the manta, one of the blue butterflies in the other box, one dozen of these beetles *[beetle drawing in the ms.]*, 1/2 doz. *[insect drawing in the ms.]*, 1/2 of the other beetles, & the red wing from a hat. What remains is for you, only I wish, if Miss Ellen Hooper will deign to take it you would give her the other blue butterfly & give Miss Clover Hooper a dozen of the beetles *[another beetle drawing in the ms.]*. I'm sorry I could not get a good blue butterfly for Miss Ellen H., but the season, which only lasts a fortnight finished 1 month ago, & all the best ones have already been "expédiés en Europe". There is only one man here who keeps them to sell. Perhaps I can get her a better one later. I have spent just $20.00 for the Tappan's things. I don't know whether they are as good as Ellen expected, but I thought she would be pleased to get them so soon so I got what I could find. Tell Ellen that there are no minerals to be bought in all Brazil. The brazilian minerals are in no way more beautiful than ours. But I will try to collect her some & bring them with me. The things I send you amount to very little, but I can't afford much now, so take them while waiting. The stock on sale here is very small. Tell Lafarge I can buy him some rather interesting photographs (for him) for some of his money, & will send his things by the next chance. You know, chérie, that you can get a bird stuffer to put eyes in your birds & spread their wings & tails. Ah! chérie, chérie de Balle, que je t'aime. Kiss all the family for me. I will put this in the box, but I will write again this week by the Colorado. I wrote via Bordeaux on Sunday. That letter should reach you before this package. Everything is promising here. My dying words my dearest Alice are, je t'aime!
Your loving bro.
W. J.

4. Letter to Henry James

Encampment of Savans
Rio de Janeiro
May 3rd. 1865
9 P.M.

My dearest Harry

Another chance to write home presents itself; the Colorado has been detained here by accident to her machinery till now nearly 2 weeks have elapsed, so I can send by her. Although we have been here so long, we have only just begun to get systematically at work. I confess that the unchartered freedom did me tire. I had to stay a week at the hotel, which was very dear and bad. Many of the party are there yet. My life for 8 or 9 days has left a pretty unique impression of unlimited perspiration; unlimited itching of the skin caused by fleas & mosquitoes, and worst of all, on both cheeks and one side of neck, by virulent ring-worms which appeared on board ship & which "still wave" with undiminished fire; great repletion & consequent discomfort produced by the excellent french cooking of the various restaurants which I have felt it my duty to try, about town before settling down to any one; considerable swipy-ness of evenings there being absolutely no place to sit at the hotel and nothing to do but "go around", & partake of cooling beverages. (Do not think, I beg, however, that I have ever been intoxicated) Now I think all that "factitious life" is over for good. We have a laboratory established over Mr. Davis's store,[7] and we have three bedrooms just off it, in which 6 of us sleep. Tom Ward is my chum. I wish I had a drawing or photograph of our premises to send you. They are truly picturesque. The laboratory surrounds a great well which is covered by a sky light to illuminate the two lower stories. 4 very wide arched windows without sashes open into our work shop from the well & give us light *[sketch of window in the ms.].* The walls are all of stone about 3 feet thick covered with rough. All our furniture in our rooms are our trunks beds, & some nails. In the shop, some barrels, boxes & planks. Tom has a cot. I have slept in my hammock for the last 2 nights & find it very agreeable indeed. *[sketch of floor plan in the ms.].* Our water is contained in great red earthen jars & we drink out of earthen beakers such as you see upon the stage, holding a quart each. Prof. has given me marine critters of the bay (except fishes) while I am here, which is delightful, but it will cut me off of most of the excursions which the other men will make while we are here. You can imagine nothing which will equal the profusion of the lower forms of life here at low water. I shall keep on now working as steadily as I can, in every way & trying to be of as much use as I can to the Professor. Altho' several bushels of different things have already been collected, <u>nothing</u> has been done which could not have been done just as well by writing from Boston. To morrow, however 3 excursions are going off. Professor is a very interesting man. I don't yet understand him very well. His charlatanerie is almost as great as his solid worth; and it seems of an unconscious childish kind than you can't condemn him for as you would most people. He wishes to be too omniscient. But his personal fascination is very remarkable. I don't know whether after all, our expedition will accomplish as much as it promised to. Prof. himself is a first rate captain to be sure & can organize splendidly. But of his 11 assistants, 3 are absolute idiots; Tom Ward, Dexter & myself know nothing; of the 5 who know something, one is superannuated & one in such feeble condition that the least exertion renders him unwell. Remain 3 whole men. I don't want to find fault with anyone but merely show that the real strength of the party is by no means proportioned to its size; so that it will not be able to do as much work as many would expect from merely hearing the number of people of which it was composed. It is as well however not to speak of this abroad. It may turn out very well; all I fear is that people are rather inclined to be too sanguine about it.

7. Elizabeth Agassiz, in *A Journey in Brazil* (Boston: Ticknor and Fields, 1868), p. 59, locates this laboratory on Rua Direita, "the principal business street of the city."

Tuesday May 10th.

My dearest family. The steamer sails to morrow, so I am forced to finish now the very stupid letter which I began a week ago. I am sorry to be obliged to write to day, for my physical being is in the process of undergoing that convulsion which we must all go through before being acclimatized, better sooner than later. I suppose I shall be about again to morrow. I have been so hard at work as to have had not a moment's time to write or read, not even a moment to study portuguese. On Sunday 4 of us ascended a mountain called the Corcovado, near here. The finest view I ever saw—the mountain having a narrow summit, from which three sides went sheer down. The sea and mountains and clouds, & forests, together, made a scene which can be neither imagined nor described, so I think I shall not attempt to say anything about it. The affluence of nature here is wonderful. The ease with which the vegetation invades every thing, with which moss grows on every wall a few years old for instance, and weds what is artificial to what is natural, makes every thing very beautiful & very different from the colorless state of things at home. The color of the vegetation is peculiarly vivid. I have not been into the virgin forest yet. Prof. told me yesterday he was going to send four of us overland to Para, one, a geologist the others must settle among themselves who shall go. I think it probable now that Tom Ward & I will make two. The 4th. is undecided. If you take a map of Brazil you will see the province of Minas Geraes, a little north of Rio; we go through that to the Rio San Francisco. After going down that River some distance two, probably Tom & no 4 cross over to the river Tocantins & go down it to Para, while the other two, probably St. Johns & myself, go further down the river & then go up over land into the Province of Ceara in which Prof. wants some geological work to be done. Prof. has told us nothing about it. All I know is, it will be a tough journey about 5 months mostly on muleback. How we can transport collections, I know not, as the country is most uninhabited & very little travelled. The Emperor wanted to send Agassiz over that route for the moral effect on the Brazilians, but it is much too long a journey for him to take. Something is said of the Emperor furnishing transportation & an escort. I hope he will. I wish I could tell you something definite about it at this date, for if I start, you will probably not hear from me, with the exception of my farewell letter, which will go by Europe, for many months. I think that I shall probably return home after the end of this journey, if I make it without going to the Amazons. I shall have seen enough on the journey. Since seeing more of Agassiz, my desire to be with him, so as to learn from him has much diminished. He is doubtless a man of some wonderful mental faculties, but such a politician & so self-seeking & illiberal to others that it sadly diminishes one's respect for him. Don't say anything about this outside, for heaven's sake, as my judgment is a very hasty one. Dexter is a very good fellow, and I get on very well with Tom Ward, who though inclined to question the use of what he is doing, is very active & tough, and a most pleasant company. I never saw such physical energy. He already knows all the country round about. We have discovered a delicious little restaurant kept by a french family, a la bourgeoise where the cooking is perfect & every thing marvellously cheap. Good eating is the forte of the people of Rio, but things are very dear almost every where. I guess I will stop. I wonder what you are all doing now. It is at Rio 5 P.M. I suppose you are just sitting down to dinner or waiting for the bell, as it must be about 3 o'clock in Boston.

Oceans of love to every one of you. F., & M., & A.K., & Harry, & Wilky, & Bob, and the sweet clean faced Alice. You've no idea how I pine for war news. When I get home I'm going to study philosophy all my days. I hope this letter has not a somber tone. If it has it is owing to my digestive derangement. I have only written to day for sheer necessity. I never looked forward to any thing with more pleasure than to the making of this overland journey. Good bye! beloved family. I hope Harry is getting strong. Give my love to T. S. P., the Lafarges & every one of my friends. Once more, adieu. I sent the things I bought for the Tappan's by Mr. Harris, of the U. S. ship Onward. He said he was going to Cambridgeport & would send the box to father. Perhaps it won't get to you till after this letter does. Adieu
Your loving
W. J.

5. Letter to Henry James Sr.

Hotel da Europa
Rio de Janeiro, June 3rd.'65

My dearest old Father
& my dearest old everybody at home—I've got so much to say that I don't well know where to begin—I sent a letter home, I think about a fortnight ago, telling you about my small-pox, &c, but as it went by a sailing vessel it is quite likely that this may reach you first. That was written from the maison de santé, where I was lying in the embrace of the loathsome goddess, and from whose hard straw bed, eternal chicken & rice, and extortionate prices I was released yesterday. The disease is over, & granting the necessity of having it, I have reason to think my self most lucky. My face will be not marked at all, I think, although at present it presents the appearance of an immense ripe raspberry, being covered with red tubercles which will not be absorbed the Drs. say for some weeks to come. My scabs are drying or dry, & in 4 days I expect that the last of them will have fallen off. My sickness began 4 weeks ago to day. You have no idea of the state of bliss into which I have been plunged in the last 24 hours by the first draughts of my newly gained freedom. To be dressed, to walk about, to see my friends & the public, to go into the dining room & order my own dinner, to feel my self growing strong & smooth-skinned again, make a very considerable reaction. Now that I know I am no longer an object of infection, I am perfectly cynical as to my

appearance and go into the dining room here when it is at its fullest having been invited and authorized thereto by the good people of the hotel. I shall stay here for a week before returning to my quarters, altho' it is very expensive, but I need a soft bed instead of a hammock, & an arm chair instead of a trunk, to sit upon, for some days yet. I am very sorry that my sickness has cost me so much money, nearly $200.00. The <u>maison de santé</u> which was absolutely the only place it was praticable to go to, took advantage of the situation & stuck me to the tune of ten dollars a day. I was there 18 days, and was accommodated poorly enough. I have no idea how I caught it. It is in the air of Rio & the deaths, especially among negroes are numerous daily.

In my last letter, I said something about coming home sooner than I expected. Since then I have thought the matter over seriously & conscientiously every day, and it has resulted in my determining so to do. My coming was a mistake, a mistake as regards what I anticipated, and a pretty expensive one both for & on dear old Father & for the dear generous old aunt Kate. I find that by staying I shall learn next to nothing of Natural History as I care about learning it. My whole work will be mechanical, finding objects & packing them, & working so hard at that & in travelling that no time at all will be found for studying their structures. The affair reduces itself thus to so many months spent in physical exercise. Can I afford this? first, pecuniarily? No! Instead of costing the $600 or 700 Agassiz told me 13 months of it would cost, the expense will be nearer the triple that amount.

Already my sojourn at Rio, excluding my sickness has come to more than $100, and I have not lived extravagantly. It is an excessively dear place, none of the party has spent any less, & several have spent a great deal more. Poor old Thayer will draw a long face when the bill comes in. I suppose Agassiz thinks that, the deed being done, if Thayer can't stand it, other generous pockets will be opened. I have no doubt they will. In the meantime A. allows no money consideration to disturb his mental repose. Agassiz told me the other day that when my money gave out he would supply the deficit drawing it I suppose from the fund to which he had a claim for the aged assistant Anthony, (whom mother will remember having seen at the Lowell Institute) whose physique has entirely given way, (which was to have been expected) & who is going home. I refused because <u>secondly</u> I can't afford the excursion mentally, (tho' that is not exactly the adjective to use). I said to my self before I came away, "W.J. in this excursion you'll learn to know yourself and your resources somewhat more intimately than you do now, & will come back with your character considerably evolved & established". This has come true sooner, and in a somewhat different way than I expected. I am now certain that my <u>forte</u> is not to go on exploring expeditions. I have no inward spur goading me forwards on that line, as I have on several speculative lines. I am convinced now, for good, that I am cut out for a speculative rather than an active life,—& I speak only now of my <u>quality,</u> as for <u>quantity,</u> I became convinced some time ago & reconciled to the notion, that I was one of the very lightest of featherweights. Now why not be reconciled with my deficiencies. By accepting them your actions cease to be at cross purposes with your faculties, and you are so much nearer to peace of mind. On the steamer I began to read Humboldt's Travels. Hardly had I opened the book when I seemed to become illuminated. Good Heavens! When such men are provided to do the work of travelling, exploring, and observing for humanity, men who gravitate into their work as the air does into our lungs, what need, what <u>business</u> have <u>we</u> outsiders to pant after them and toilsomely try to serve as their substitutes? There are men to do all the work which the world requires without the talent of any one being strained. Men's activities are occupied in 2 ways: in grappling with external circumstances, and in striving to set things at one in their own topsy-turvy mind. You must know, dear Father, what I mean, tho' I can't must[er] strength of brain enough now to express my self with precision.—The grit & energy of some men are called forth by resistance of the world. But as for my self I seem to have no spirit whatever of that kind, no pride which makes me ashamed to say "I can't do that." But I have a mental pride and shame, which, altho' they seem more egotistical than the other kind, are still the only things that can stir my blood. These lines seem to satisfy me, altho' to many they would appear the height of indolence & contemptibleness: "Ne forçons point notre talent,—Nous ne ferions rien avec grâce—Jamais un lourdaud, quoi-qu'il fasse,—Ne deviendra un galant".[8] Now all the time I should be gone on this expedition I should have a pining after books and study as I have had hitherto and a feeling that this work was not in my path and was so much waste of life. I had misgivings to this effect before starting, but I was so filled with enthusiasm, & the romance of the thing seemed so great that I stifled them. Here on the ground, the romance vanishes & the misgivings float up: I have determined to listen to them this time. I said that my act was an expensive mistake as regards what I anticipated, but I have got this other <u>edification</u> from it. It had to be got some time & perhaps only through some great mistake; for their are some familiar axioms which the individual only seems able to learn the meaning of through his individual experience.—I don't know whether I have expressed my self so as to let you understand exactly how I feel. O my dear affectionate wise old Father, how I longed to see you as I lay there with the small-pox first revolving these things over, & how I longed to confer with you, in a more confiding way than I often do at home. When I get there I can explain the gaps. As this letter does not sail till next saturday (this is Sunday) I will stop for the present, as I feel quite tired out.

Wednesday June 7th. Dearest Folks I find the steamer leaves to morrow instead of Saturday, so I must finish my letter to day. Since Sunday my eyes which thitherto had been perfectly strong, have given some signs of sensitiveness, so I dare not write at any length. I am sorry for I had hoped to write a good long letter to aunt Kate by this steamer. The crowning joy of my first day's deliverance was the getting a letter in the evening from her with a few lines from Father enclosed. The letters she writes of, as having been sent by a sailing vessel have not yet arrived, but as she is now 56 days out I suppose they will turn up in the next 10 days.

8. James quotes from one of La Fontaine's fables, "L'âne et le petit chien" ("The Ass and the Little Dog").

Brazil through the Eyes of William James

I dare not trust my self in a sailing ship on account of my hell-born Idiosyncrasy, so I shall have to return by way of Europe. The French steamer for Bordeaux, which leaves on the 24th. has every berth taken, but I may get one through the backing out of some one. If not I shall have to wait for the Southampton Steamer of the 8th of July, and take the first Cunarder home, which will bring me home in the latter 1/2 of August. Agassiz has treated me very well, and agrees cordially to my going home tho', of course I am a pair of hands lost to him. He is an extraordinary being, having with all his foibles, a greater personal fascination than any one I know.

Love to the Boys, the lovely girl, Harry the statuesque, darling Mother & Aunt Kate and dear old Dad. Tell Harry, if he dines again at the Hoopers to keep my image green in their memory by giving them my love. There is no need of telling any one that I am coming home. But if you do, I absolutely forbid anything to be said about my motives. They are no one's business. If pushed, you can say you don't know, or that I had seen all I wanted & did not care about prolonging it. I have seen, in fact, a most extraordinary & lovely country, & it has been worth a long journey, but my life, sickness apart, has been one of mere physical exercise & sensuality. Adieu, my dearest family, à tantôt.
Yours W.J.

6. Letter to Mary Robertson Walsh James

Rio July 6th [1865]

My dear Mother
Our departure has again been delayed owing to the seizure of the coast steamers for war-purposes. The poor Brazilians are meeting reverses at the hands of those Paraguayan bandits.[9] We shall not probably be off before the 22nd. It is too bad, for we are all sick of this expensive & dirty Rio. I have been very busy for a week past packing up collections, as we expected to leave for Pará to day. I am well but need country air & exercise. I shall start for a place in the interior as soon as we know the date of leaving, and any how will go this afternoon by R.R. to a hill embosomed vale named Tijuca to pass the night and have a couple of walks. Nature here is an earthly paradise—where there are paths cut for you to walk in—you can no more penetrate the woods than you can enter into a stone wall. I send you a picture which Hunnewell took of the little boarding house at Tijuca. I got your letters by the Maggie Louise 3 days ago. The news was old, but the hand writing most acceptable. No letters by the steamer which came in on the 2nd, so I suppose I shall have to wait 6 or 8 weeks more. I can not write longer on account of my neuralgic pain in my left eye which forces me to be cautious tho' the Doctor says it is nothing serious. I sold my Zoology to one of the fellows who is in the interior for $25.00, so I beg you to ask Urbino to send for the following: <u>Niemeyer:</u> Handbuch der speciellen Pathologie und Therapie. 2 vols. 8°. Please don't

9. Reference is to the War of the Triple Alliance (1864–1870), which Brazil, Argentina, and Uruguay waged against Paraguay, in one of the bloodiest conflicts in South American history. James clearly takes sides with the Brazilian Empire, which launched a fierce propaganda campaign against the Paraguayans, characterizing them as bandits and their leader, Francisco Solano López, as a ruthless *caudillo*.

neglect it as I want to have it as soon as I return. Dr. Nägeli has lent it to me here, & I need it.—Adieu my dearest family, especially Alice, whose image appears so beautiful & clean faced among these Brazilians.
Your loving
W. J.
Love & blessing to Harry

The Brazilians are not so polite after all. The word which I took to mean agreeable in my passport means simply elongated. Bah!

7. *Letter to Henry James Sr.*

Rio July 8 [1865]

Dear Father
I write at the last moment. Dr. Nàgeli (who is a perfect brick) took me to <u>the oculist</u> of the place this morning. He assures me that my eyes are splendid, & he thinks the trouble is "neuralgia" the only symptom of a slight intermittent fever produced by a condition of anaemia consequent on my smallpox. I hope that is secundem artem enough. He assures that I need fear <u>nothing</u> as to my sight. I write this to allay any anxiety which my letter may have caused.
Bless you, one & all
Yours affectionately
W.J.

8. *Letter to Henry James*

Original Seat of Garden of Eden
July 15th. [1865]

Darling Harry
This place is not 20 miles from Rio, which damnable spot I left this morning at six and now (2 P.M.) am sitting on a stone resting from my walk and thinking of thee and the loved ones in Bosting. No words, but only savage inarticulate cries can express the gorgeous loveliness of the walk I have been taking. Houp la la! The bewildering profusion & confusion of the vegetation, the inexhaustible variety of its forms & tints (yet they tell us we are in the winter when much of its brilliancy is lost) are <u>literally</u> such as you have never dreamt of. The brilliancy of the sky & the clouds, the effect of the atmosphere which gives their proportional distance to the diverse planes of the landscape make you admire the old Gal nature. I almost thought my enjoyment of nature had entirely departed, but here she strikes such massive & stunning blows as to overwhelm the coarsest appre-

hension. I am sitting on a rock by the side of a winding mule-path. The mule-path is made over an "erratic drift" which much delighteth Agassiz, but makes it truly erratic to the traveller.[10] On my left up the hill there rises the wonderful, inextricable, impenetrable forest, on my right the hill plunges down into a carpet of vegetation which reaches to the hills beyond, which rise further back into mountains. Down in the valley I see 3 or four of the thatched mud hovels of negroes, embosomed in their vivid patches of banana trees.

The hills on both sides & the path descend rapidly to the shores of a large lagoon separated by a forest clad strip of land from the azure sea, whose surf I can hear continuously roaring at the distance. Would I could get so far, but the road is too long. A part of the path hither lay through an orange thicket where the great hard sweet juicy fruit strewed the ground more then ever did apples the good old Concord turnpike. Out in the sea are a few rocky islands on which a few palm trees cut against the sky & give the whole a tropical look. How often my dear old Harry would I have given every thing to have you by my side to enjoy the magnificent landscape of this region. As for the rest I don't enjoy so much— But I will write more before the next steamer—Au revoir at present
[sketch map of the coast in the ms.]

9. Letter to Henry James

Rio de Janeiro
July 23rd.'65

My dear old Harry
The French Steamer which arrived 5 days ago brought me letters from you and father written while the Perkinses were in the house. You cannot tell how much I enjoyed them. But by them you say you had just received my first, written exactly 3 months ago. It is very discouraging to have to wait such a time for an answer. I feel as I could write page after page this morning, for I pine for human intercourse, but my eyes imperatively say no! Blast them! At last the various postponements are over & we start for Para day after to morrow without fail, which will bring us 1500 miles or more nearer home.[11] I have no idea what kind of a time we shall have there. I anticipate however a better one on the whole than we have had here, cheaper & simpler living, even richer, if more monotonous scenery. I enclose a slip I wrote to you the other day. Since then I have seen some more scenery & been on two large plantations in the interior. Very interesting. I pine for some conversation of an intellectual character, & I can't read. Would I might hear your articles on Goethe & Arnold. Would I might hear Father's on Faith & Science or his letter to E. P. on Johnson's drunkenness[12] would I might hear Chauncey Write philosophize for one evening, or see Lafarge, or Perry or Holmes, or Washburn. After working at the Cooper's trade all day the only thing I can do in the evening is to go to a place called the Alcazar, a sort of French Café

10. In a letter to Harvard professor Benjamin Peirce two months earlier (May 27, reproduced in *Journey in Brazil*, pp. 86–89), Agassiz himself remarked, upon seeing the "great number of erratic boulders" at Tijuca: "Yesterday was one of the happiest days of my life."

11. Scheduled for early July, the trip was delayed because the steamer *Cruzeiro do Sul* had to transport troops to the front in the Paraguayan War. The group set out for Pará on July 25, according to E. Agassiz, *Journey in Brazil*, p. 126.

12. James Sr.'s article appeared, unsigned, in the *North American Review*, vol. 101, no. 209 (Oct. 1865), pp. 335–378. His letter to the *New York Evening Post* (E.P. in the manuscript) has not been located, according to Skrupskelis, p. 11. The reference is to President Andrew Johnson (1808–1875), who took office following Lincoln's assassination in April 1865. Sometimes accused of excessive drinking, Johnson led a troubled administration, facing the challenges of post-Civil War Reconstruction and a Congressional vote to impeach him.

Chantant or "Bouffes" which becomes finally even more dismal than silence & darkness. But I <u>must</u> stop. Thanks for your letters 50 times. Love to all Great & small.

Your affectionate bro.

W. J.

10. Letter to Henry James Sr. and Mary Robertson Walsh James

Bahia July 28th

My dearest Parents

We have overhauled the Bordeaux mail packet at this place & I seize the opportunity to write you <u>one</u> line to tell you I am well and spanking on to Pará with a stern breeze, not a bit sea sick. This is the queerest up & down hill place I ever saw. I wish Mother were here to enjoy the sights. No time for more as I confide the letter to a French actor who is just going on board.

Adieu affectionately

W.J.

I have written another letter by the same steamer from Rio.

11. Letter to Mary Robertson Walsh James

August 23rd. 1864 [i.e. 1865]
In the Xingu River
(If you don't know where that is look on the map)

My dear Mother

I wrote the day we arrived at Para a note to Aunt Kate in which I reiterated what I had written before, viz. that I should be home in October. That was merely the date to which I had postponed the early departure I had resolved upon in Rio. I am very sorry if I have disappointed you by making you hope to see me too soon—but now that the real enjoyment of the expedition is beginning & I am tasting the sweets of these lovely forests here, I find it impossible to tear myself away & this morning I told Prof. that I would see this Amazon trip through at any rate. My eyes are getting better and as I begin to be able to look at objects without dreading a jumping toothache in one of them for half the night, I arouse myself from the dismal potatoe-existence I have been leading for the last three months & begin to feel as if there were a little of the human being left in me— Still in these ashes glow their wonted fires.[13] I see moreover a chance of learning a good deal of Zoology and botany now as we shall have a good deal of spare

13. James makes a play on a line from "Elegy Written in a Country Churchyard," by Thomas Gray (1716–1771). The original line reads "E'en in our ashes lie their wonted fires." Cf. note by Skrupskelis, *Correspondence*, vol. 4, p. 113.

time; and I am getting a pretty valuable training from the Prof. who pitches into me right & left and wakes me up to a great many of my imperfections. This morning he said I was "totally uneducated". He has done me much good already & will evidently do me more before I have got through with him.—25th. Mrs. Agassiz is one of the best women I have ever met—Her good temper never changes & she is so curious and wide awake & interested in all that we see, and so ever busy & spotless that she is like an angel in the boat. Our party now consists of the Agassiz's, Dexter, Thayer, Hunnewell, a Frenchman named Bourget whom the Prof. picked up in Rio, Mr. Burkhardt, an Americano Brazilian named Talisman, who was contributed to the Party at Para by the Amazon Steamboat Co. and Major Coutinho, a brazilian engineer sent by the Rio Government to be Agassiz's guide, altogether a very large & a very agreeable party. Dexter & Hunnewell I like particularly. Dexter has led a very rough life but is as noble and good hearted a fellow as ever lived & it does ones heart good to see him work. Hunnewell I like more & more ever[y] day. I begun by considering him the most dismal companion I had ever seen, but there's nothing like beginning with a little aversion [14]—As Mrs. Agassiz says, the hardship & privations of the trip seem ever to fade farther as [we] move. We have now a beautiful little new steamboat for our exclusive use as far as Manaos. After that we take in passengers to Tabatinga, and after that we don't know yet how we shall advance, but to Tabatinga, we have a most bounteous table supplied gratis and can stop when and where we please. Brazilian hospitality surpasses everything I ever dreamt of. Every day so far we have stopped at some village or hamlet and made a hunt in the woods & a fish. Agassiz is too happy for anything, I fear the Gods are bent upon his ruin—Since we arrived at Para 14 days ago he has found 46 <u>new species</u> of fish, and a total number of fishes greater than the collection which Spix & Martius made in the whole 4 years of their sojourn! The reason is that he gets everyone to help him.—The heat is nothing, one hardly thinks of it. The ther-

14. According to Skrupskelis, *Correspondence*, vol. 4, p. 113, James makes reference to Richard Sheridan's famous line from *The Rivals*, " 'Tis safest in matrimony to begin with a little aversion."

mometer is from 90 to 96 every day from 1 to 4 o'clock, but all the rest of the time it is delightfully cool. At no time has the heat had that close dead suffocating character of a very hot day at home. There is all ways life in the air. The nights are almost cold. We all sleep in our hammocks on deck under the awning & pity poor people at home who have to use beds. Decidedly a brazilian hammock is _the_ couch for warm weather.

26th. After writing the above yesterday we had breakfast & after breakfast we reached a village called Monte Alegre, where we have been remaining until just now (4 P.M.) The place is situated in a narrow channel or a sort of bayou. The _river_ is yet nearly 40 miles wide in this place and we have been sailing between the islands which fill its course (I mean the Amazons, The Xingu where the first part of this letter was dated, we only went up for a few miles & then came back). While at this blasted Monte Alégre we have been initiated into one of the hardships viz. mosquitoes. You literally never dreamt of anything like the quantity that were on board last night. Poor Dexter altho' he had a net, had to pace the deck all night long, & I got about 1 1/2 hours sleep. The shore is a very pretty place, woods & marshes, I have been shooting to day & yesterday and killed some vary curious birds. Every evening all most we have seen lovely herons & egrets flying along the shores. The forests here are lovely, not as grand and tangled as those about Rio, but more soft and smiling and much more penetrable. We are now sailing so close to the shore that one might almost touch the branches. There are fewer climbing parasites here than there were at Rio and hardly anything like those massive curtains of dark interwoven vines which swing there from tree to tree & made the woods so imposing. We have seen no wild monkeys yet, nor any snake, but lots of parrots and parrakeets. The boat is filled with tame monkeys & tame parrots which have been accumulated at different places where we have stopped. On the whole the appearance of nature here is not exactly what the magic word tropical suggests to our inexperienced minds at home. It is barring the palm trees to which you soon get accustomed like very rich & fertile home scenery. It is certainly very beautiful, and the evenings, after dinner, when the fresh breeze blows and the moon grows bright, and the herons fly along the shore, are not to be forgotten.

27th. During the night we have arrived at Santarem, a pretty little town or village. Dexter, Tal and I are going up the Tapajos in a canoe for 8 days to collect some fish &c. while the Prof. [and] party go ahead. We overtake them at Manaos. It is now 5:30 A.M. But we have lots to do this morning, so I must wind up this letter, which the down steamboat will take this afternoon. Now that my eyes grow better I shall be able to write & keep you informed of what we are doing. Heaven knows when I may hear from you for I suppose you have stopped writing for some time in the expectation of my return. If Harry would keep his promise & send Father's letters to E.P. about Johnson's ebriety, I would take it very kindly. I wish you could send the N. American too. Heaps of love to every one of the family, not excluding Alice whose milk white form forever haunts my memory and beckons me home. Give my love to the blessed boys, if they are home. I have no idea now where any one of them is. Adieu, Adieu,

Yours W.J.

Send letters by sailing vessels to Para, care of. Mr. James Bond.

12. Letter to Alice James

August 31st [1865]

My dearest little Alice
Do you know where the river Tapajos is? If not look it out on the map. I am writing this to thee in a canoe on the said river about 50 miles up, the men at present being engaged in poling the boat down against the wind close to the right bank. Now that thy little mind has an accurate idea of the place where we are, I will tell thee how we came here. We came up in a Steamer to Santarem all together. At Santarem Prof. Agassiz told Dexter, a Brazilian named Talisman Figuereido de Vasconcelles whom we call Tal for short, & myself that a collection of the fishes of Tapajos would be extremely interesting and he wished we would try it. Accordingly we left the Steamer with a barrel of biscuit & a number of bottles of wine & ale contributed by the captain and some kegs & cans half full of alcohol to put the fishes in. We all considered it a very foolish expedition because the Prof. only gave us 8 days to do it in, and no collection worth a cent can be made in that time; but the Prof. is very apt to do things in that rash manner. Tal succeeded in a very few hours in getting a big canoue with a sort of cabin in the stern, with 4 Indians & a white man as captain. We laid in a big provision of beef which was cut into strips salted and formed the principal ornament of the ship the second day, being hung in festoons in the sun all over the vessel to dry, likewise some butter, pickles, dried fish, <u>farinha de mandioca,</u>

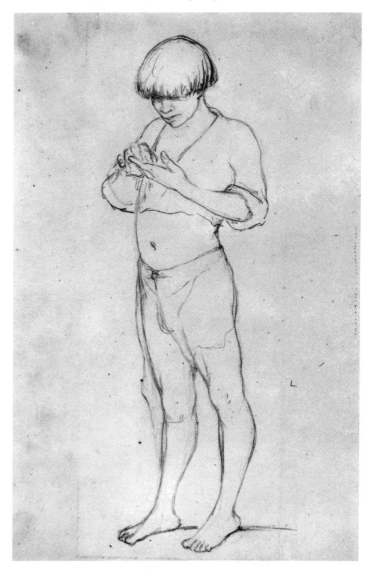

Indian boy standing, sketch by William James.
"... so Tal went on a hunt for another & succeeded in kidnapping from his employer a wild Indian boy ..."
(Letter to Alice James. August 31st [1865].)

rum for the men, a bunch of bananas, and a basket of oranges. One of our men, as usual, deserted, before we were ready to start, so Tal went on a hunt for another & succeeded in kidnapping from his employer a wild Indian boy, who cowered in the cabin till we were out of sight of the city, lest he should be found out. The boy has acted so far as cabin boy. His blue black hair flows over his eye brows, but he is a real willing young savage & we hope, by keeping him low & weak to make an excellent servant of him for all the time we are on the Amazons. He is at present engaged with a pin picking a "bicho" as it is called from the foot of the Illustrious senhor Talisman. The "bicho" or jigger is a delectable beast that burrows in the skin of your foot here and if not taken out in time [will] make a great sore.

Sept. 1st. My darling Bal! Alack! Alack! This is the first day of autumn, the day on which the crowd flies away from cool old Newport. Oh what would not I give to be there now paying a visit to the Tweedies or perhaps to Lafarge which would be still better. I have no idea at present where any of you loved ones are—probably, dear old Dad & Mother are at good old 13 Ashburton, and poor old literary Harry, the blest boy, is perhaps e'en now at Newport enjoying the sky & the breezes. Aunt Kate's whereabouts and that of the unctuous Wilk & the hopper-grass Bob I can form no conception of—nor of thine, O Bal. O Bal, Bal, when I once see thee again won't I treat thee to drinks & to ice cream. I'll clasp thee close & I'll call thee fair, I'll kiss the dew from thy shining hair &c, &c. What would not I give at this moment for a few of dear old Father's energetic expletives, or mother's cool remarks. Heigh ho! when will the day come? as Bob used to say. What would the blessed mother say if she saw me now with nothing on but shirt & trousers, both in a frightfully dilapidated state, with shaven head & fuzzy chin & hacked up hands, & sunburnt feet, & cheeks bloated with the remains of my small pox. I haven't looked into a book for well nigh three months, I haven't a companion who is in the least congenial with my tastes, I haven't yet received more than 4 or 5 letters from home. In short I am a mere wreck & I feel like an utterly abandoned miserable creature; but notwithstanding I endeavor not to bate one jot of heart nor hope as father says,—will make it all up again when I get home if I am ever so happy.—Well, a truce to this. Since I wrote yesterday we have made some distance down the river. It is now about 10 A.M. We have anchored our canoe about 1/4 of a mile from a small village about 20 miles above Santarem. This morning at daybreak Dexter started off with his gun, & Tal & I, with the old patron of the canoe, went to the village to see if we could find any fish or any information about catching fish in the region. We found the village a very pretty and picturesque collection of houses entirely covered with yellow dry palm leaves which looked beautiful. But most of them were empty, nothing but a few curs & tame monkeys prowling about. We found that most inhabitants were off at a distance cultivating their mandioca fields. Those that remained, chiefly half breed women smoking pipes and spitting around, smiled derisively at our proposition of buying fish, bananas pineapples, or any thing. It seems the poor creatures never have enough of any thing to satisfy their own wants much less enough to sell to strangers.—As far as fishing is concerned this has been a wild goose chase. We came back from the village took a bath in a beautiful crystal water on the sandy beach, took a cup of coffee which our wild young José boiled for us in a pan over a fire made on the sand, Tal went to take a walk. Dexter went to shoot, & I ran around for some time in the hope of catching insects or other beasts, but with hardly any success. The 3 men who compose the crew have been off fishing since daybreak & are not yet back. Just before I began to write José brought into the canoe cabin some of the dried fish roasted on a stick which, with a biscuit & a sufficient amount of beer, formed our breakfast—Having thus bridged over the interval from yesterday to today, I will now resume my account of the earlier part of the adventurous cruise. We left Santarem at about two o'clock with a strong wind up River, and had made about 15 miles before night-fall. The river is of transparent greenish water, entirely different from the yellow muddy Amazons. The right bank along which we sailed being lined every where with beautiful beaches made of an almost white sand, out of which grow great trees & bushes. In some places the forest is thick & high for a long distance, in others it is low & scrubby. In some places there are graceful little palms in great numbers, in others none. The opposite shore is just visible as a blue line, and up the river there is no land in sight; it is hard to believe you are not out at sea. As far up as we went, about 70 miles, there was no apparent narrowing of the stream. The first night we came to on a beach where we built a fire & made some coffee & roasted some meat. The moon was 4 or 5 days old. I went about the beach with a lantern & caught several big toads who were making the night melodious with their song & a number of small beetles. We managed with difficulty to sling our three hammocks in the canoe cabin where we passed the night. Next morning before dawn we were under way again. We overtook an Indian family in a canoe with their household go[o]ds. We bought from them a pineapple & a parroquet. About three o'clock all the eastern sky grew black and thunder was heard growing louder & louder. As the storm swept over the river the water under the cloud assumed a livid green color more beautiful than you can imagine. We were just arriving at a kind of little cove formed by two spits of sand with bushes & palm trees on them. We had just time to take down the foresail & unstop the foremast when the squall struck us. Tal & Dexter jumped into the cabin I threw my shirt after them. Down came the rain, split went the mainsail—its splitting probably saved the canoe which began to scud out to the middle of the river. The old pilot lay in the bottom of the boat scared to death. Out jumped Tal & Dexter stark naked & got the anchor overboard. Then began the high old time. The air grew fearfully cold and the rain stung our naked bodies like small shot fired from a gun. I never suffered more pain since Father used to spank me with a paper cutter in fourteenth street, nor hardly ever more cold. In about 15 minutes the storm was over & we made for the cove all hands shivering so as to shake the canoe all over. Once aground we all jumped into the water which felt almost hot from the violence of the rain, and it would have amused you much to have seen 8 men with their clothes on sitting around the bank, with their heads just out of water, like frogs cooing & rejoicing at the temperature. The broiling sun soon came out however and dried us. We found on top of the hill embedded in banana trees an Indian house, or hut rather, made of poles and palm leaves & fastened together with ropes of vine. The door was carefully closed with thorns & matting, the proprieter with his family being probably gone on an excursion of some weeks. We cut down the door, brought up our hammocks & duds and took up our abode in the house for the 2 days & a half we remained. I forgot to say that when we landed there were two indian canoes on the beach with no occupants. The two men who were in the largest had run into the forest on our approach thinking we were come to impress them into the army.[15] The 2 women & children stayed however, with the whole population of the other canoe, viz: an aged savage, his pretty young wife & 3 beautiful naked children, and we found them all together up at the house. The Indians I have seen so far are very nice people, of a beautiful brown color with fine black hair. Their skin is dry and clean looking, and they perspire very little so that on the whole I think they are better looking in that respect than either negroes or white men, who in this climate are always sweaty & greasy looking. They file their front teeth to a point; they have

15. James noticed, on more than one occasion, the fear generated by Brazil's brutal recruitment practices for the Paraguayan War, which weighed heavily on poor mestiço, Indian, and Afro-Brazilian populations.

Brazil through the Eyes of William James

short necks very broad shoulders & deep chests, and their feet resemble this *[drawing of a foot with splayed toes in the ms.].* All the Indians I have yet seen are christians & civilized, and when it [has] been calm our canoe men have been whistling for the wind & asking St. Lawrence to make it blow stronger. <u>Sept. 2nd.</u> Good morning, sweet babe! once more I salute thee from afar. At the risk of making the heaviest letter ever written I will go on with my narrative, as it will probably amuse you to know just what I am about, & these few days are but a sample of the several months to come. During the time we stayed on the point we engaged the old Indian to stay & fish for us. Both he, and his little boy, who was fit for a statue, shot several fishes with their bow and arrows, and threw poison in the water to get others, but the luck was very poor. We bathed several times a day, shot some birds, found a few insects in the wood and on the beach, lounged in our hammocks in the blazing noontide, eat our coffee & dried fish, talked & perspired for 2 days and then started down stream, with very little of a collection for the Prof. Tonight we shall be back at Santarem & the day after to morrow take the steamer up the river to Manaos where we overtake the rest of the party. <u>Sept. 4th. Santarem</u> O Bal Bal! je t'embrasse. I forgot to tell you how the indian family slept at night—t'will amuse thee—t'was on the bare beach. They had 4 posts driven into the sand. And from them swung 4 dirty old grass hammocks, those of the 2 children being miniature ones, and the baby sleeping in the mother's. There was a small fire smoking in the midst. There was nothing over their heads to shelter them from the rain which poured down in a heavy shower one of the nights we staid at the place and they presented a very wild & picturesque appearance on the desolate bleak beach, in the moonlight. Sept 5th. On board Steamboat going up to Manaos. I was interrupted yesterday in my letter. When we got back at Santarem we found the Gallant Gaul, & Hunnewell who had been camping there while we went up the river, ensconced in a great big house all to them selves. They had been more successful in their collecting than we, and we found the house besieged all day by naked brats of all ages from 12 down bringing lizards, shells, wasp's nest, insects &c. Bourget rewarded them by sundry big circles of copper which the English call "dumps", which are the only small change here, silver being as scarce as it was during our war. *[drawing of a circle with the inscription "I have just traced the outline of a dump here" in the ms.].* We have to carry great bags of them about with us. The two days we spent at Santarem we were entertained at the house of an excellent old gentleman, Colonel something or other, who was overwhelmingly polite & embraced us at parting as if we were his long lost brothers, who had appeared for a moment & were then torn rudely from him again forever. Upon my word, I almost feel humiliated at the hospitality and amiability we find wherever we go, without being able to make the least return for it, or even to utter our thanks in intelligible speech. At Brazilian tables we grin and bow a great deal, try a Portuguese sentence, flounder about in it & then give it up, & end by conversing among ourselves without paying any more attention to our hosts. If any Brazilian ever comes to Boston, Bal, I shall consider it my imperative duty to place our whole house night & day at his disposal, & to make all my family & my friends' families his slaves during the time of his stay. This hospitality & the free, open, careless way of living here are very delicious. The absence of clothing and the independence of furniture, all that you require being your hammock & a roof over your head in case it should rain, make you feel at home any where you may go. These hammocks are delicious. If I have any money I will certainly bring several of them home with me. As I write now on the deck of the steamer, this is what I see when I look up.

[drawing of the deck of the steamer with the hammocks] I make you a kind of perspective view of the deck. Heaven grant you may understand it. It is only one half of it. We swing our hammocks as you see they are of the most delicate hues & when the moon shines & the people are all swinging by a thread as it were, the scene looks like fairy land. We are now lying off a place called Obydos which you will find on the map. it is about 2 P.M. The heat is awful, none of us but the Gallant Gaul, Bourget, have dared to go ashore for there is no shade & the ground is one blaze of light & heat. The light here is even worse than the heat. Hot as it is now, however, we are sure of having as cool an evening and a night as any one could wish. We are getting into the mosquito country now, & don't they bite! There are ever so many different kinds of them & you can distinguish them by the feeling.—The night we spent at Santarem we had a ball given in our honor by some lovely Indian maidens, friends, of the old Indian lady who lived in the basement of the old moss covered thick walled house where we dwelt. It was in a large palm leaf house with a beautiful hard dirt floor. There was a young negro swell who played on the lute for music, and the refreshments consisted, not of ice cream, no such luck, alas! but of an immense black bottle of Portuguese wine, & two tumblers. It was quite a picturesque scene & I wish harry & lafarge might have been its witnesses. The only illumination was a lamp of the primeval model with a twist of yarn for wick, which smoked & flickered & sent the shadows floating over the walls, of beautiful poles and leaves, & hung with the strange household utensils, among others a Connecticut clock. The damsels are very pretty with splendid soft black hair. In their combs they wear 2 kinds of white (Sept. 6th.) flowers of the most wildly melodious perfume. We danced the regular home quadrille & polka with another stiff awkward "square" dance whose name I have forgotten. We talked, gesticulated, fraternized in short, & passed a very merry evening. It is disgusting in the last degree to live in a country & feel yourself a foreigner, to be prevented by the trammels of a foreign tongue from giving vent to the thoughts that arise in your soul, & these damsels screamed & laughed with derision at our mistakes. Ah Jesuina, Jesuina, my forest queen, my tropic flower, why could I not make myself intelligible to thee? Why is my Portuguese only "suited to the precisions of life", and not to the expression of all those shades of emotion which penetrate my soul. After spending an hour at Jesuina's side & doing my most eloquent, she avowed Tal that she had understood "absolutely nothing" of my talk. She now walks upon the beach with her long hair floating free, pining for my loss.—This evening we reach Manaos & see again the princi-

pal light of modern science. Perhaps in this very boat there may be letters from home which we shall get at Manaos. Heaven grant it maybe so. Here, my beloved Alice, I will stop this long descriptive letter. I trust it may give you some idea of our mode of life. Heaps of love to every one in the house. Oh for the happy day of return

Your loving brother

Wm. James

13. Letter to Henry James Sr.

Steamer Icamiaba
River Solimões
Sept. 12 '65

My dearest Daddy

Great was my joy the other evening on arriving at Manaos to get a batch of letters from you (May 25th. & June 22nd—I had got an intermediate one at Rio) from Mother (June 21st.) from Billy & Ellen Washburn & from T. S. Perry. I could do no more then than merely "accuse" the reception. Now I can manage to sweat out a few lines of reply. It is noon and the heat is frightful—we have all come to the conclusion that for <u>us</u> at least there will be no hell hereafter. We have all become regular alembics, & the heat grows upon you I find. Nevertheless it is not the dead sickening heat of home. It is more like a lively baking, and the nights remain cool. We are just entering on the mosquito country, and I suspect our suffering will be great from them & the flies. While the steamboat is in motion we don't have them but when she stops you can hardly open your mouth without getting it full of them. Poor Mr. Burkhardt is awfully poisoned and swollen up by bites he got 10 days ago on a bayou. At the same time with the mosquitoes the other living things seem to increase so it has its good side. The river is much narrower, about 2 miles wide perhaps or 3, (I'm no judge) very darkly muddy & swirling rapidly down past the beautiful woods & Islands. We are all going up as far as Tabatinga when the Prof. & Madam with some others go into Peru to the Mountains while Bourget & I will get a canoe and some men & spend a month on the river between Tabatinga & Ega. Bourget is a very dog, yapping and yelping at every one, but a very hard working collector & I can get along very well with him. We shall have a very gipsy like, if a very uncomfortable time. The best of this river is that you can't bathe in it on account of the numerous anthropophagous fishes who bite mouthfulls out of you. Tom Ward <u>may</u> possibly be out & at Manaos by the time we get back there at the end of October. Heaven grant he may, poor fellow! I'd rather see him than any one on the continent. Agassiz is perfectly delighted with him, his intelligence & his energy, thinks him in fact much the best man on the expedition. I see no reason to regret my determination to stay. On the con'trary, as Agassiz says. As I began to use my eyes a little every day I feel like an entirely new being. Every

Photographic portrait of Louis Aggasiz.

thing revives, within & without, and I now feel sure that I shall learn. I have profited a great deal by hearing Agassiz talk, not so much by what he says, for never did a man utter a greater amount of humbug, but by learning the way of feeling of such a vast practical engine as he is. No one sees farther into a generalisation than his own knowledge of details extends, and you have a greater feeling of weight & solidity about the movement of agassiz's mind, owing to the continual presence of this great background of special facts, than about the mind of any other man I know. He has a great personal tact too, and I see that in all his talks with me he is pitching in to my loose and (Sept 17) superficial way of thinking. I have said a great deal against him which, if repeated to strangers, would generate an impression that I dislike him very much. This is not at all the case so I wish you would repeat none of it. Now that I am become more intimate with him & can talk more freely to him, I delight to be with him. I only saw his defects at first, but now his wonderful qualities throw them quite in the background. I am convinced that he is the man to do me good—He will certainly have earned a holiday when he gets home. I never saw a man work so hard. Physically, intellectually & socially he has done the work of ten different men since he has been in Brazil; the only danger is of his overdoing it.

Our plans have been changed once more. Prof. has very rightly backed out of the Peru expedition, & determined to send Coutinho for the geology & me for the fishes &c. Hooray! None of the party will have had a more interesting share of the work, although the travelling is rendered very arduous by heat mosquitoes, & starvation. 15 days of it are on foot carrying our provisions & 6 barometers (!!!) with us. We shall go as far as Urimaguas in the Peruvian steamers, and from thence by canoe, horseback and foot to Rioco, high up on the first Cordillera beyond Moyobamba, which place you find on the map.[16] The major is a funny dapper little dandy, but a first rate engineer, and speaks french not much better than I speak portuguese, but we shall get along splendidly together. I will write from Urimaguas again.

I am beginning to get impatient with the brazilian sleepiness & ignorance. These indians are particularly exasperating by their laziness & stolidity. It would be amusing if it were not so infuriating to see how impossible it is to make one hurry, no matter how imminent the emergency. How queer & how exhilarating all those home letters were with their accounts of what every one was doing, doing, doing. To me, just awaking from my life of forced idleness, and from an atmosphere of Brazilian inanity, it seemed as if a little window had been opened and a life giving blast of one of our October nor-westers had blown into my lungs

16. James refers to the Peruvian towns of Yurimaguas, Moyobamba, and Rioja, situated in the transitional zone between the Amazonian floodplain and the eastern slope of the Andes. This trip never took place.

Brazil through the Eyes of William James

for half an hour. I had no idea before of real greatness of american energy. They wood-up the steamer here for instance at the rate (accurately counted) of 8 to 12 logs a minute. It takes them 2 1/2 hours to put in as much wood as would go in at home in less than 15 minutes.—Every note from home makes me proud of our country. I wonder how mr. Russel feels about the "Bubble".[17] I have not been able to look at the papers, but I have heard a good deal. I do hope our people will not be such fools as to hang Jeff. Davis for treason.[18] Can any one believe in Revenge now? And if not for that what else should we hang the poor wretch. Lincoln's violent death did more to endear him to those indifferent & unfriendly to him, than the whole prosperous remainder of his life could have done; and so will Jeff's if he is hung. Poor old Abe! What is it that moves you so about his simple, unprejudiced, unpretending, honest career? I can't tell why, but, "albeit unused to the melting mood"[19], I can hardly ever think of Abraham Lincoln without feeling on the point of blubbering. Is it that he seems the representative of pure simple human nature, against all conventional additions?—I liked your letter about Johnson immensely. Thank heaven there was some body to write it, that there is sometimes a voice who will utter the honest truth of his heart, unshamed by all this practical & traditional rubbish, which composes the whole universe for most people. Good bye. I can write no more by this mail. I have written to T.S.P. & Ellen Washburn. Agassiz pays my travelling expenses to Peru. I have about $100.00 left which will last me some time. If they don't bring me home I will borrow the deficit from Dexter. I am very glad I have stayed. Oceans of love to all.
Address: James B. Bond Pará.
Your loving son W.J.

14. Letter to Henry James Sr. and Mary Robertson Walsh James

Tabatinga 18th. [September, 1865]

Dearest Parents; Woe is me. The Peru plan like so many other of our designs has fallen through. The annual revolution has just broken out, the running of steamboats is uncertain, our letters of recommendation from the governor to the authorities, which were our only means of getting men, are about as useful as letters from A. Lincoln would have been in Alabama a year ago; the people, villanous robbers and cut throats at the best of times, are more unsafe than ever for neutral travellers—in short Coutinho, anxious as he is to go, decides that the thing can't be did at present. Bourget is left alone at Tabatinga. The rest return to Ega except Tal & I who get out at the first stopping place and try to canoe it down spending a month on the road. The great difficulty is in getting men. These two months are harvest time here, and all the Indians are camped on the mud beaches catching turtle & a big fish called Pirarucu which is the beef of the country. Offering them money does not tempt them, for they can do nothing

17. James refers to a controversial remark by Lord John Russell (1792–1878), British Foreign Secretary who was sympathetic to the Confederate cause: "the great Republican bubble in America had burst." Cf. Skrupskelis, *Correspondence*, vol. 4, p. 124.

18. Jefferson Davis (1808–1889) was President of the Confederacy during the Civil War. Following Appomatox, Davis was imprisoned and humiliated until his release in 1867. He never stood trial.

19. James quotes William Shakespeare's *Othello*.

with it, every man being as rich as his neighbor & understanding the use of no luxury. Besides that, when you do get them they have a way of running off into the woods if they take exception to any of your ways which routs all your plans. We are just weighing anchor for the down course as I write. Tabatinga is a flourishing city composed of 5 houses 5 hovels a flagstaff and 2 cannon. It is populated by 1 white man, the "Administrador" of the Custom house[20] and a number of Indians & several billion mosquitoes & flies. I spent eleven hours yesterday, without food clothing or shelter except the mosquitoes, taking barometric observations quarter hourly. I am pretty well bitten up.—A thing has happened here which is rather amusing. We have taken on board this little bit of a boat 5 more naturalists in addition to our party. They are the remains of a large expedition equipped by the Spanish government to explore South America.[21] They have been all through the Andes been shipwrecked, are the most shabby, bearded, jaundiced looking set of roughs you ever saw. They have brought down a very large collection from up the Rio Napo to Tabatinga and are now at last bound home. You ought to see the crafts in which they have spent the last two months & to which they now bid good bye. Picturesque enough—2 rafts with palm leaf houses built on them covered with monkeys & parrots and each with a smudge smoking in the evening at the front to drive off mosquitoes. Beside their voyage ours seems like a holiday excursion. By Jove, I honor them. 3 had such broken down health that they went home, 1 died & the 4 others have gone to California. Altho I do not now think about the matter one way or other, it is well to foresee all possibilities; and by the time Prof. is ready to return to Rio I may be doing and gaining so much as to feel inclined to follow him. A necessary element in the decision I shall then have to make, will be your opinion. So I wish you would write as soon as you get this letter and tell me what you think of it. Prof. will be out at Pará probably in January. He expects to find there letters empowering him to stay until the Autumn in South America. I should have free passage down to Rio, and if the steamers are running by that time, from Rio to N.Y. and I think quite likely, if I went down in January I should become a beneficiary of the expedition. In which case my expenses would be limited to pocket money. But at the worst I am pretty sure that $500 gold would cover every expense. Besides that there is your feeling about having me away from you for another so long space. But please write dear Father & Mother & tell me just how you feel. The more exactly I know the easier it will be to decide. I have gone through a good deal of blueness so far produced by my sickness, but am now beginning to see that the voyage has been an excellent thing for me & to enjoy it more and more every day. Good bye. Love to dear old Aunt Kate, Harry and Alice. Does the latter continue to wish she was dead? Mille baisers to her. Write to care of James B. Bond, Pará, by sailing vessel if there are no American steamers then

Ever your affectionate

W. J.

20. Tabatinga was the last Brazilian town on the Solimões before entering Peru. The customs official (*Administrador da Mesa de Rendas*) at the time was Manoel Alfredo Ferreira da Cruz, who signed an official border agreement between the two countries in July 1866. Vice-Presidential report of Sept. 5, 1866 (Manaus, 1867), p. A-5. Center for Research Libraries, Brazilian Government Digitalization Project, Provincial Presidential Reports (http://brazil.crl.edu/bsd/bsd/u094/index.html), accessed January 2006.

21. This expedition was part of the Comisión Científica del Pacífico, which covered the Pacific coast, the Andes, and the Amazon from 1862–1866. Elizabeth Agassiz identifies four of the members in *Journey in Brazil*, p. 208. On the expedition, see Robert Ryal Miller, *For Science and National Glory* (Norman: University of Oklahoma Press, 1968).

15. Letter to Henry James Sr. and Mary Robertson Walsh James

Teffé or Ega October 21st. [1865]

My dearest Parents

I arrived here 3 days ago from my canoe voyage and found letters from Father, Mother & Wilky who had just heard through T. Ward of my sickness at Rio. It almost broke my heart to see how troubled you had been about it & what unnecessary anxiety it had given you. I almost wish I had concealed the whole affair from your knowledge till it was well past. Actually it was nothing—I now look back upon it as one of the pleasantest and quaintest experiences of my life. It has left my face absolutely unmarked, so that Agassiz declares it could have been no small-pox, but only a mild case of varioloid. My health at present is probably better than it ever was in my life. I have observed with surprise during the past month the almost instantaneous way in which the numerous cuts, scratches & bites I have received, have healed. I never felt in better spirits, nor more satisfied than I do now with the way in which I am spending my time. I feel that I am gaining a great deal in every way. I wish I could send this letter home by telegraph so as to neutralize instantaneously the effect of some of my past letters, which I recollect for some time after my sickness were calculated to make you think I was discontented. The fact was that my blindness made me feel very blue & desponding for some time. I only rejoice that I was saved from acting on my feeling; for every day for the last 2 months I have thanked heaven that I kept on here & put the thing through, instead of going prematurely home. Of course by the time this reaches you, you will be quite at rest on my account, but I would give a great deal to be able to run up Time's stream and send this letter home 4 months ago, as I know from the tone of your letters how much anxiety you must have been feeling. Good heavens! how I would like to see you all and reassure you in person.

—I left the party at São Paulo the 20th of last month & got here the 16th of this, having gone up two rivers, the Içá and Jutay, and made collections of fishes which were very satisfactory to the Prof. as they contained almost 100 new species. On the whole it was a most original month and one which from its strangeness I shall remember to my dying day; much discomfort from insects & rain, much ecstasy from the lovely landscape, much hard work and the heat, a very disagreeable companion, Talisman, the very best of fare, turtle & fresh fish every day, and run-

Man napping in a canoe, sketch by William James (courtesy Houghton Library).
"The Prof. told me last night that I was to go in a canoe with a negro gentleman to a lake somewhere below here to fish . . ." (Letter to Alice James, Nov. 6th.)

ning through all a delightful savor of freedom and gipsy-hood which sweetened all that might have been unpleasant. We slept on the beaches every night and fraternized with the Indians who are socially very agreeable, but mentally a most barren people. I suppose they are the most exclusively practical race in the world. When I get home I shall bore you with all kinds of stories about them—I found the rest of the party at this most beautiful little place in a wonderful picturesque house. It was right pleasant to meet them again. The Prof. has been working himself out & is thin & nervous. That good woman, Mrs. Agassiz, is perfectly well. The boys, poor fellows, have all their legs in an awful condition from a kind of mite called "muquim" which gets under the skin and makes dreadful sores. You can't walk in the woods without getting them on you & poor Hunney is ulcerated very badly. They have no mosquitoes though here. Since last night we have had every thing packed—our packing work, its volume, its dirtyness, and its misery, is wonderful. Twenty nine full barrels of specimens from here and hardly one tight barrel among them. The burly execrations of the burly Dexter when at his cooper's work would make your hair shiver—but when a good barrel presents its self, then the calm joy almost makes amends for the past. Dexter says he has the same feeling for a decent barrel that he has for a beautiful woman.—When the steamer comes we are going down to Manaos, where we expect the gunboat which the government has promised the Prof. Dexter & Tal go up the Rio Negro for a month. The rest of us are going to the Madeira River in the steamer. I don't know what I shall do exactly but there will be probably be some canoeing to be done, in which case I'm ready; tho' the rainy season is beginning, which makes canoe travelling very uncomfortable. We shall be at Pará by the middle of December certainly. I am very anxious to learn whether the New York & Brazilian steamers are to run. We may learn at Manaos, where there is also a chance for letters for us, and American papers. Why can't you send the North American with Father's and harry's articles? It would be worth any price to me.

22nd Oct. on board the old homestead. viz. Steamer Icamiaba The only haven of rest we have in this country, and then only when she is in motion, for when we stop at a place the Prof. is sure to come around and say how very desirable it would be to get a large number of fishes from this place, and willy nilly you must trudge. I wrote in my last letter something about the possibility of my wishing to go down South again with the Prof. I don't think there is any more probability of it than of my wishing to explore Central Africa. If there is any thing I hate it is collecting. I don't think it suited to my genius at all, but for that very reason this little exercise in it I am having here is the better for me. I am getting to be very practical, orderly and business like. That fine disorder which used to prevail in my precincts & which used to make Mother heave a beautiful sigh when she entered my room, is treated by the people with whom I am here as a heinous crime, and I feel very sensitive & ashamed about it.—The 22nd of October—what glorious weather you are having at home now and how we should all like to be wound up by one day of it. I have often longed for a good black sour sleet sloshy

Brazil through the Eyes of William James

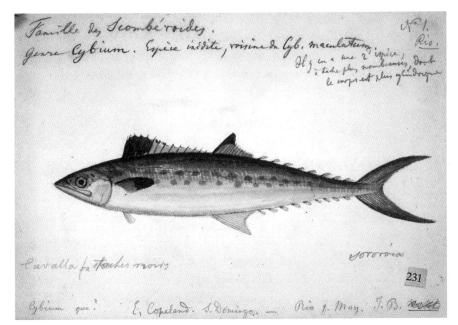

Winter's day in Washington Street—O the bliss of standing on such a day half way between Roxbury & Boston & having all the horse cars pass you full. It will be splendid to get home in mid-winter and revel in the cold. I am delighted to hear how well Wilky is and to hear from him. I wish Bob would write me a line— and only one letter from Alice in all this time. Shame! Oh! the lovely white child how the red man of the forest would like to hug her to his bosom once more. I proposed, beloved Alice to write thee a long letter by this steamer describing my wonderful adventures with the wild indians & the tiger & various details that interest thy lovely female mind, but I feel so darned heavy & seedy this morning that I cannot pump up the flow of words and the letter goes on with the steamer from Manaos this Evening. This expedition has been far less adventurous & far more picturesque than I expected. I have nor yet seen a single snake wild here. The adventure with the tiger consisted in his approaching to within 30 paces of our mosquito net & roaring so as to wake us and then keeping us a wake most of the rest of the night by roaring far and near. I confess I felt some skeert on being suddenly awoke by him, tho' when I had laid me down I had mocked the apprehensions of Tal about tigers.[22] The adventure with the wild Indians consisted in our seeing two of them naked at a distance on the edge of the forest. On shouting to them in Lingoa Geral[23] they ran away. It gave me a very peculiar and unexpected thrilling sensation to come thus suddenly upon these children of Nature. But I now tell you in confidence, my beloved white child what you must not tell any of the rest of the family, (for it would spoil the adventure) that we discovered a few hours later that these wild Indians were a couple of mulattoes belonging to another canoe, who had been in bathing. I shall have to stop now. Do you still go to school at miss Clapp's. For heaven's sake write to me, Bal. Tell harry if he sees Bancroft to tell him Burkhardt is much better, having found an Indian remedy of great efficacy. Please give my best love to the Tweedies, Temples, Washburns,

22. Here James uses "tiger" in the generic sense, probably referring to an *onça*, or Amazonian jaguar.

23. *Língua geral*, also called *nhengatu*, is a dialect based on the Tupi-Guarani language and used throughout the Amazon in the nineteenth century.

Lafarge's, Paine, Childs, Elly Van Buren and in fact every body who is in any way connected with me. Best of love to Aunt Kate, Wilk & Bob, Harry & all the family. I pine for Harry literary <u>efforts</u> and to see a number or so of the "Nation". You can't send too many magazines or papers care of James B. Bond Pará.
Ever your loving
W.J.

16. Letter to Family

Manaos, Rio Negro
[november, 1865?]

We got in last evening & found letters from Father & Bob—who had news, first of my intended return, then of my resolution to stay. I am glad you think no more of my sickness. I have only one instant of time. The Prof. is used up completely by his hard work. He has got papers which I had no time to read, having been so busy attending to cargo, all the other chaps being laid up. I also had a nice letter from Clover Hooper & a very nice one from Looly Shaw from Zurich. Our gunboat arrived last night from Para but brought no letters. Please tell Harry to write & <u>Please</u> send N. American Review. I am beginning to read & starve for matter. Hail Columbia, Glory Hallelujah! The steamers are running; & to Parà—the way home looks clear, communications with the rear opened, thank heaven, till January! Good bye.
Your affectionately
Wm. James

17. Letter to Alice James

Manaos Nov. 6th [1865]

Alice James, sketch by William James.

My Dearest Bal

Meu innocente amor,
Meu amor primeiro![24]

Last night as I swung in my fairy like hammick in the verandah here on the banks of the Rio Negro, with the moonlight streaming down upon me through the orange trees & the banana trees, I thought of thee, & composed the following verses, in imitation of an early english ballad.

24. In English, "My innocent love, My first love!" The reference, if any, remains obscure.

viz:

O happy wind, that bloweth North
From where my love abideth
Blow me a kiss from her sweet jawth
To tell me how she tideth!

The word "jawth" may require a little explanation. It is a slight alteration of the word jaw, no other word seeming to rhyme as well, & the letters <u>th</u> being added to make the rhyme more perfect.

I find myself this morning torn by conflicting emotions. The steamer arrived from Parà in the night, & brought letters for every one but me, and the fellows are all sitting around now with their laps covered with manuscript, and every now and then, giving a snort of delight or slapping their thighs with pleasure, and insulting my misery with their glee. I <u>did</u> resolve not to write home and never to go home, at first, but it has just occurred to me that the lack of letters might arise from your expecting me home in October, so I relent. I have no news to tell you and nothing to say. I don't know whence arises a perfect indisposition to write which I have had ever since I have been on the Amazons. We have been lying still here at Manaos for a fortnight, there being no alcohol.[25] The delay has been fortunate for the Prof. who was entirely run down by his hard work and needed rest. I have been laid up with sore legs too which are just getting well. Produced in the first instance by piùm bites & then aggravated, I suppose, by our almost exclusively oily & animal diet, and the heat. Strange to say, with the exception of wheat flour, imported from the U.S. & rice, you can hardly get a vegetable to eat here. The "tropical fruits" are the greatest humbug you ever dreamt of. The only fruits you can get here are plantains, which you get very sick of, & pine apples. The latter to be sure are splendid, juicy as oranges, as big as a beaver hat, and so sweet that you never think of putting sugar on them. They only cost 12 cents but there are very few to be had. Mrs. Agassiz is well & a very good woman, but like most of her class in Boston so bound to make the most of her opportunities and so bent upon "realizing" that she is in the tropics as to prevent her having much fun. She writes most voluminously. I know not what will come of it, but I fear there is too much description.—Nov. 7th Lovely White Child! Yesterday breakfast broke in upon me, and after breakfast dear old Hunney brought me in a letter from dear old Billy Washburn which had turned up somewhere. I spent the morning in writing to him. This morning I went to a cascade near here and collected 2 grasshoppers. Since breakfast have been giving the finishing touches to a dozen barrels, which go to Parà by this steamer, & writing,—to Bond, and am now at liberty to address you. The Prof. told me last night that I was to go in a canoe with a negro gentleman to a lake somewhere below here to fish while he goes in the fearfully uncomfortable gunboat the government has given him up the Rio Purus. I start the 9th or 10th, I suppose it will last a fortnight. I feel in that happy condition of equilibrium when it makes not a hair's difference what I do

25. Here James refers to the alcohol needed for preserving the fish specimens. Cf. Agassiz, *Journey in Brazil*, p. 276. It was during this interval, according to Elizabeth Agassiz, that the professor decided to undertake his "study of the various intermixture of races" by setting up a "photographic saloon."

or leave undone. We have been very idle here & I have been able to read a little. Dexter & I with the Agassiz's made a most picturesque excursion to a lake near here, 3 days gone nothing but fishing, sailing, eating & drinking & dancing with the indian maidens.[26]—The most picturesque time I've ever had. I don't know cherie de Balle what has got into me, but I can [not] write any longer. If this letter catches the Parà steamer, it will reach you in 15 days. Just think! You can't Imagine how we all of us long to be home, or how I long to see Harry & to read his articles. You <u>must</u> send them & Father's to James B. Bond Parà. Give my love to the dear Watson's, every thing in Boston seems hallowed. Remember me affectionately to Ellen, <u>our</u> Ellen, I mean. & to the Tweedies. I am in hopes February will see us home. I think I shall hardly bring home any presents as I can find none. Love to Aunt Kate, and to all
Your loving bro.
W.J.

18. Letter to Mary Robertson Walsh James

Obidos December 9. 65

My darling old Mamma
I seize a moment before the Steamer arrives to write you just one line which may possibly reach you a fortnight before I do myself. I am just returned from a short canoe trip for the everlasting old story, <u>fish,</u> having had a small luck owing to the premature rise in the river. I have now but two weeks more work before me & then the sabbath. I am expecting Hunnewell down in this steamer to be my companion. I have with infinite trouble succeeded in getting three men, and a good canoe & tomorrow we shall start up the River Trombetas together. I have spent the last fortnight, since I wrote, very pleasantly, in this paradisiac spot in the house of a very nice easy going old womanish kind of man, the postmaster,[27] and am writing this in the mellow evening light in this parlor, post office, spare room, which ever you please to call it, for it serves as all three. I speak Portuguese like a book now and am ready to converse for hours on any subject—to be sure the natives seem to have a slight difficulty in understanding me but that is their look out, not mine,—<u>my</u> business is to <u>speak,</u> and understand <u>them.</u> I am on the whole very glad this thing is winding up—not that I have not enjoyed parts of it intensely and regard it as one of the best spent portions of my life; but enough is as good as a feast; I thoroughly <u>hate</u> collecting, and long to be back to books, studies &c after this elementary existence. You have no idea, my dearest Mother, how strange that home life seems to me from the depths of this world buried as it is in mere vegetation and physical needs & enjoyments. I hardly think you will be able to understand me, but the idea of the people swarming about as they do at home, killing themselves with thinking about things that have no connexion with their

26. James probably refers to a public ball given in honor of Brazilian politician Tavares Bastos (who had visited the photographic studio at that time), held at the Provincial President Antônio Epaminondas de Melo's "palace" in Manaus. Elizabeth Agassiz described the occasion in *Journey in Brazil* (pp. 279–81). In a private letter to Mrs. Thayer, Elizabeth went into greater details about how "Ren" Thayer danced with "the darkest partners he could find." Elizabeth Cary Agassiz to Mrs. Thayer, Manaus, 8 November 1865, Museum of Comparative Zoology, BMU 2761.10.1.

27. James became friends with this postmaster's son and wrote to him in Portuguese relating his stay in Óbidos. It was his last letter before returning to the United States (see letter at the end of the Diary).

merely external circumstances, studying themselves into fevers, going mad about religion, philosophy, love & sich, breathing perpetual heated gas & excitement, turning night into day, seems almost incredible and imaginary, and yet I only left it 8 months ago. Still more remarkable seems the extraordinary variety of character that results from it all—here all is so monotonous, in life and in nature that you are rocked into a kind of sleep—but strange to say, it is the old existence that has already begun to seem to me like a dream. I dare say when I get home I shall have for a time many a pang of nostalgia for this placid Arcadia; even now it often suffices for me to see an orange tree or one of these mellow sunsets to make me shrink from the thought of giving them up all together. At one time this was so strong that I could hardly bear to think of not going back to the superb old Rio with the Prof. and revis[i]ting all those places on the coast which I could enjoy so little when we passed them, owing to my eye. But it's all over—and I thrill with joy when I think that one short month and we're homeward bound. Welcome ye dark blue waves! welcome my native slosh & ice & cast iron stoves, magazines, theaters, friends & every thing! even churches. Tell Harry that I long to see him & hear him, & read him as one sea sick longs for land; and Father, I never knew what he was to me before, & feel as if I could talk to him night & day for a week running, and the idea of the soft charms of Alice, Aunt Kate & yourself seems almost too good for this world. I hope very much old Wilk & Bob will both be at home, for I love them as never before. Give my love to all my friends male & female, in the house & out, Tweedies, Temples, Lafarges, Perry, Washburn, Paine, Watsons every one in fact and believe me my darling mother ever yours—W.J.

P.S. It is now night—not a mosquito, but a perfumed air, filled with the music of the insects frogs and whip poor wills, the stars are beating time together, I am writing by a yellow wax candle, in shirt sleeves & linen trowsers on a tiled floor, with every door and window open—How different from your circumstances at this moment—what they <u>may</u> be, I frequently amuse my self by imagining, but can never know what they are. Good bye! before January is over!

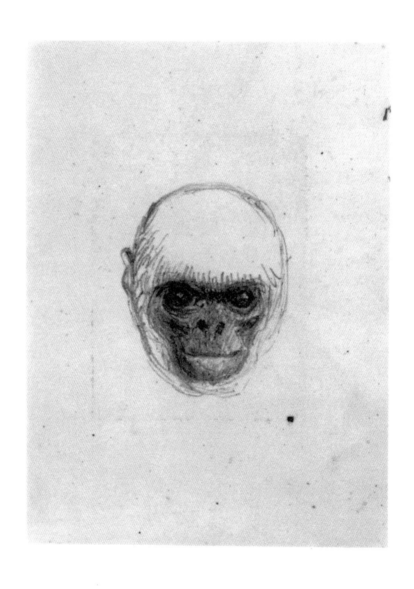

Brazilian Diary

Accordingly I went and found the major lying in his hammock, apparently very sick with the Signor Urbano. A good looking cafuzo with much more black than indian blood in him of about 60 years old, dressed in a shiny suit of black alpaca. I could not make out from Coutinho whether he was to be my host or only my pilot but understood that he was to take me as far as his house a 3 days canoe journey up the Solimões, and then I was to start alone with some of his indians to the Lake Manacapuru and do the fishing. Prof. told me he understood nothing about the matter & I must settle it all with the major & the gentleman.

Accordingly I came down to the beach with the latter who had, I found, a companion as brown as an indian but fm. his features appearing to be a <u>branco</u> [white], to examine his canoe. I found it too small to hold hardly any of my baggage. Seu U. [Mr. Urbano] went up again to the major's to get him to write to the chief of police for another montaria [canoe] while I returned to the ho[u]se. I found that Parkes & Thayer had bought two big pineapples of which I partook with great pleasure. While we were there a little boy came in from the washer-woman's with a message. Parkes took hold of him and began talking with him. He gave the name of his mother but when asked who his father was replied: "I've got no father, I think its my grandfather who is my father." A most characteristi-cally brazilian response. I made out a list of things I should want for the journey, including a net and gave it to Tal. At night we all loafed in our hammocks in the verandah listening to Dexter & Bourget sing. It's no use denying that for songs French beats English especially in the musical part of it. Poor old Burkhardt kept following Bourget's singing with a tremulous wail which was very amusing.

10 [NOVEMBER][1]

The goods arrived in the morning. Net, a box of soda crackers, farinha [manioc flour], pirarucu [dried fish], coffee, sugar, sardines, peas in tins, groceries, cachasse [cachaça, or cane brandy], ale, &c &c. I don't know whether I'm to feed the old colored gentleman or not. In the morning he came to the house and sent the barrels. A large full one, 2 small full ones & 6 small empty ones and the other

OPPOSITE: *Monkey, sketch by William James, 1865.*
"He wd. lie on his belly, looking unutter[a]ble reproaches at me & sweep the dust about with his hands till he almost buried himself in it . . ."

1. Elizabeth Agassiz refers to James's prospective expedition to Lake Manacapuru in her entry for November 9, 1865, *Journey in Brazil*, p. 282.

things down to the boat, and said we had better leave at 4 o'clock in the afternoon. I found that a boy had been at the house in the morning with a beautiful matta matta turtle. Bourget had bought it for Agassiz, but I prevailed on him to let me have it to take home to Wyman alive, if I can. I then went up & saw Coutinho who told me my companions were going with me to do the fishing and be with me all the time. I am rather sorry, for tho' I suppose I shall have materially a better time & do more work, I shan't be as independent, and I dread the necessity of talking my portuguese so many days. Besides the old darkey seems stiff and queer. From Coutinho's I went to Mrs Agassiz's room. The excellent but infatuated woman <u>will</u> look at every thing in such an unnatural romantic light that she don't [sic] seem to walk upon the solid earth. She seems to fancy that we are mere figures walking about in strange costume on a stage with appropriate scenery &—pas plus difficile que ça. She said to me—all turbid and angry with the thought of going again to the mosquitoes & piuins [biting flies] of the cursed Solimões to whom I flattered myself I had bid an eternal adieu, in the most enthusiastic manner: "Well, James, you will have a <u>very</u> nice time, won't you. I envy you." Oh silly woman!—I forgot to say that Coutinho had told me that the Prof. was going to stay in Manaos at least till the next down river steamer arrived, and would probably not go up the Rio Madeira himself. I asked how he was going to collect there. He said by a party sent from Manaos. I said there was no one to send but me. He said that I was the one whom the prof. had in view. I said I should like to go with Hunnewell, but not alone. It appears the Prof. wrote last night a very severe letter to the President about the captain of the Ibiquy[2]—I then went to the photographic establishment and was cautiously admitted by Hunnewell with his black hands. On entering the room found Prof. engaged in cajoling 3 moças [young women] whom he called pure indians but who, I thought as afterward appeared, had white blood. They were very nicely dressed in white muslin & jewelry with flowers in their hair & an excellent smell of pripioca.[3] Apparently refined, at all events not sluttish, they consented to the utmost liberties being taken with them and two without much trouble were induced to strip and pose naked. While we were there Sr. Tavares Bastos came in and asked me mockingly if I was attached to the Bureau d'Anthropologie. At 2 o'clock I went down to the house. Presently my colored gentleman came along and said it would be better to sleep the first part of the night & start at about 2 o'clock. He would come & knock at the door for me then. I willingly agreed. The Hotel keeper had promised at breakfast time to give us a swell dinner with a "pudim" [pudding]. But the dinner was as usual & the "pudding" as Dexter said "a very tight fit" for 8 for [of] us being about the size of a man's fist & no sauce. After dinner took a heartrending adieu of Parkes, Bourget & Thayer whom Dexter & Hunnewell accompanied on board while I went through the boiling heat to get some stores which I had forgotten. Returning, lounged with Burkhardt till Dexter & Hunney came, & we spent most of the evening talking about our future plans, what we should do on arriving at N.Y. i.e.: go on a regular bust, and how we should get from New York to Boston, I disliking cars, but preferring to get

2. Agassiz wrote this letter in French to the President of the Province of Amazonas, Antônio Epaminondas de Melo, on November 9, 1865. Vice-Presidential report of Sept. 5, 1866 (Manaus, 1867), p. A-345–46. Center for Research Libraries, Brazilian Government Digitalization Project, Provincial Presidential Reports (http://brazil.crl.edu/bsd/bsd/u094/index.html), accessed January, 2006.

3. Correctly spelled *priprioca* (from the Tupi words *piripiri* and *oca*), this native Amazonian plant species *(Cyperus articulatus L.)* has aromatic properties long used in perfumes and cosmetics by indigenous and mestiço peoples before being "discovered" by the modern cosmetics industry. See Peter Mann de Toledo, "A Lenda do Índio Piripiri," *Folha do Meio Ambiente*, 153 (Nov.–Dec. 2004).

Brazil through the Eyes of William James

home towards evening, &c. For one moment we got discussing it as if it were really to be done immediately. Blissful illusion but still of doubtful accomplishment. Heaven grant it may come to pass! Slept little owing to a sudden invasion of mosquitoes who sung but did not bite, and to the noise the cats made in the yard. At last I heard a faint tap at the door & the name Seu Guilherme [Mr. William] whispered. He seemed to have counted on my wakefulness. I struck a light rolled up my hammock shouldered it and a few remaining traps. Shook hands with Hunney, shut the front door, went down to the beach with Seu U. & in a moment we were off.

10TH.

The barrels & all my baggage were put in the police montaria which was a painted one, for a miracle and was paddled by two <u>rapazes</u> [young men] of the small thin variety [*small sketch of a profile*] dressed in coarse white cotton cloth with a third as steersman. The montaria in which we went was long and wider, (about 5 1/2 feet wide) than the one we had on our last voyage, but drew less water. The crew consisted of the senhores U. & M. [Urbano and Miguel] 4 indians & myself. One old indian of the regular respectable type, civilized but still a perfect indian had the helm, 2 others excellent stout fellows and perfect gentlemen paddled while the fourth lay sleeping on the <u>girau</u> or slatted floor of the canoe. Both my companions seemed to have thrown off their constraint of manner with their shoes & coats and we were soon chatting laughing & joking like old friends. A weight was already taken off my mind. The Sr. U. is a most humorous & intelligent old blade. He almost immediately proposed to me to go home in January, and to return in May to Pará & thence to Manaos, with a large cargo of American goods, cloth knives &c. There he would await me & we would go together to his feituria[4] on the Purús. In December I should go home again with a great cargo of indian rubber which I could sell with much profit. Whilst we were chatting the solemn sad dawn began to break and to show the woods standing, standing, as if in a picture. Surely no such epithet as the "jocund morn"[5] could ever have suggested itself to a dweller in these regions. The mysterious stirring of the fresh cool perfumed air, while the sky begins to lighten & redden & all the noises of the night to cease as the day birds begin their singing & crying, all make these early hours the most delicious of the whole day here. Down we went swiftly, the men rowing steadily with their big paddles along the left bank of the brown river. About sunrise we met a large montaria coming up close to the bank manned entirely by indian women 7 in all. The patroness a little old lady sat at the mouth of the toldo [canopy] smoking her pipe. As we met

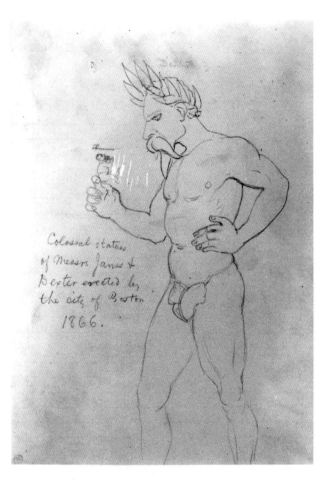

"Colossal Statues of Messers. James & Dexter erected by the city of Boston, 1866," sketch by William James.

4. In the Amazon, the term *feitoria* is used to describe a small riverside property with a clearing for agriculture. In addition to his role as *prático* or river pilot, Sr. Urbano probably doubled as a *regatão*, or river trader, who sold wares on credit to the *ribeirinhos* (riverside inhabitants), as suggested in the diary. For a description of this system and its relation to the growth of the rubber trade, see Barbara Weinstein, *The Amazon Rubber Boom 1850–1920* (Stanford: Stanford University Press, 1983, especially chapter 1).

5. "Jocund morn" is probably a reference to a line in Lord Byron's poem "Canto the Second."

we hailed her and stopped together. Altho' they spoke portuguese I could not make out whether all their men had gone to the war or whether they had stayed back for fear of being sent to the war. How can a population with such habits and aims as this care for the war or wish to enter the army? I marvelled, as I always do, at the quiet urbane polite tone of the conversation between my friends and the old lady. Is it race or is it circumstance that makes these people so refined and well bred? No gentleman of Europe has better manners and yet these are peasants. We bought some watermelons from the old lady & went on our way.

Presently we met another canoe and hailed it. Sr. M. asked where the man was from "if it were not bad to inquire". Strange manners for one accustomed to hearing boatmen talk to each other at home! As the sun rose I got under the toldo where there was only room for one and presently fell asleep. When I woke we had already entered a parana[6] forming a short cut to Solimões.

Landing on a mud bank we made coffee & roasted some pirarucu, & took a bath and then started again. Both my companions, altho' old friends evidently, called each other Signor, and likewise called the old indian who steered signor.[7] The man who had been asleep, had it appears a large abscess on the leg, which I was glad to open & thus display my professional skill. My companions went asking all manner of questions about America, as as usual gave the usual wail about the lack of population here, and the small help the government gave to internal improvements. Both are liberals to the utmost. They displayed the usual childish ignorance about our common matters and turned over some letters I had fm. home in my pocket with much admiration. Another thing which I have often remarked in these people they seemed more curious about geographical facts than any others. U. asked me the points of the compass. According to him they were north, south, west & southwest, and I don't think he believed me when I told him he was wrong. The parana was very narrow & pretty. At a place where there was a beautiful flat grassy bank that glittered like emeralds we hauled the net & caught a number of arauanas[8] which were reserved for dinner. At about 4 o'clock we came to the mouth of the parana & beheld again across over the swift swirling yellow river dotted with drifting timber the long low wild looking forest of the great old Solimões. With some trouble owing to the force with which the current swept round the bend we moored the canoe on the upper angle of the parana's mouth where there was a low clay bank crowned by the great rushes, made a fire & cooked our dinner [sketch of a fish on the upper part of page]. After this it was decided to go over to a beach which lay opposite & spend the first part of the night. I suppose the beach had recently been connected with the left bank, but the river rising had already made it an island with a broad channel between it and the shore.

I took a long walk over it & found neither gulls nor eggs but two enormous silvery trees which in their passage down had got their trunks across each other and then their branches catching the bottom had come to anchor in this spot. The river going down had left them, high & dry. No, not dry exactly for a deep pool had been excavated beneath them by the current which was now filled with

6. *Paraná* here refers to a navigable channel between rivers or one connecting the courses of the same river. In his letters James refers to these channels as bayous, while Amazonians also use the term *igarapé*.

7. James means *senhor*, or "mister."

8. Arauanã or Aruanã (*Osteoglossum* sp.), a 2–3 foot Amazonian river fish, breeds in November–December, which explains their abundance at this time. Manuela Carneiro da Cunha and Mauro Barbosa de Almeida, eds., *Enciclopédia da Floresta* (São Paulo: Companhia das Letras, 2002), p. 544.

green stagnant water & covered with minute flies. O to be a big painter for here was a big subject! Nothing could be more simple. The plain beach, the red West, the giant trunks with their crooked crowns & roots, (the largest could not have been less than 20 feet in circumference) the immense eddying stream & the thin far off line of forest. It was as grand & lonely as could be. I bid my friends good night & lay down on my india rubber blanket. But with the night the mosquitoes began to sing like the great organ of Boston. And there was no sleep till I got my net & rolled myself up in it.

ELEVENTH.

At about three o'clock A.M. to judge by the moon which had just risen I was awoke by the indians moving, and off we started. The canoes hugging the left bank as close as they could. Although I covered my feet & face I could not doze on account of the myriads of mosquitoes whose screaming almost drowned the noise of the paddles. Through the day we kept making very good headway. Breakfast and dinner of pirain & farinha.[9] And the men paddling almost without remission till 9 o'clock at night when we reach the "sítio" [property] of a french-man named Sr. Roberto. I never felt a greater sense of relief than in stepping off the mosquito laden canoe upon the bank in front of a big house where we were sure of being able to get some sleep. Sr. U. went up the bank which here formed quite a cliff, to the frenchman's house while we made a fire & cooked coffee on the beach. On top of the bank I could see the trees & shrubbery cleared away for quite a distance. Sr. Mig. told me that this was the richest & best kept sitio in this part of the country. Presently U. came back with a lamp & the key of the great barnlike looking house in front of which we stood. We entered rapidly with our hammocks and shut the door. It was a large mudwalled room, with a splendid palm roof & two great alembics [alambiques, stills] in it for distilling cachassa. The one lamp threw our great big black shadows flickering over the great dark walls & roof, and roused a multitude of bats which squeaked and flew about in every direction. I knocked one down with a stick & secured him for the barrel in the morning. Notwithstanding the bats I slept like lead all night. I don't think that even mosquitoes could have disturbed me.

TWELFTH.

Up before sunrise & went up to the Frenchman's house. Found him standing on top of the cliff awaiting us. I addressed him in French but he spoke only Por-tuguese till I told him for Heaven's sake to stop. A little thin blue eyed grey bearded man, who seemed delighted to see a stranger and talked with a willing-ness that warmed my heart. He stammered and kept tumbling into Portuguese just as I did when I first met Burkhardt—(a bull; I did not fall into Portuguese when I met B.) He said he was so unaccustomed to his own language he had lost all readiness with it. As I expect to see him again in my return to Manaos I will say nothing about his place or talk. He took us to his old tumbled down house and gave us coffee & a glass of cachass which though green, promised well, & seemed

9. *Pirai*, a Tupi word for small fish; *farinha* is manioc flour.

quite unable to stop talking. He begged me to stay all day. When we tore ourselves away my friends laughed for a long time on the way in which O Roberto stava gostando de conversar com o Seu Guilherme.[10] About two hours more paddling along the bank and we got to the "sitio" of my host. A high bank buried in disorderly verdure, great high grass, bananas, papaws, tobacco, spiny palms, a perfect sea of vivid green but no forest for 4 or 5 acres, which were laid out in his roça of mandioca.[11] Oh, heavens how to find time or language to describe for Billy Washburn or whoever reads this the physiognomy of this little country place. We first went up to a little house all off poles & palm leaves, clean & yellow as gold. I took my seat in a hammock. There were two old ladies squatting only as these people can squat (as if they had naked skeletons), on a mat in front of which was a half made hammock on its frame.

16TH. EVENING.

I am sitting writing this in front of the house of my excellent old friend Urbano. I fell behind hand so much in this dry kind of composition that I find it now quite impossible to make up my lost time, and can now only give a kind of general retrospect of the last 4 days. I now feel perfectly domesticated in this place & with these people. Never were there a more decent worthy set of gentry. Old Urbano especially, by his native refinement, intelligence and a sort of cleanliness and purity is fit to be the friend of any man who ever lived, how elevated his birth & gifts. There is not a <u>bit</u> of our damned anglo saxon brutality and vulgarity either in masters or servants. I am always reminded when the neighbors come in to visit Urbanno of our family & the Tweedy family at Newport. Urbano & his gossips talk with just as much beauty & harmony or perhaps a good deal more than Tweedy & Father did, in an easy low slow tone as if all eternity was before them. I have never heard any swearing or any hyperbole or far fetched similes or extravagant jokes or steep piled epithets or chaffing such as we yankees delight in.

10. James writes, in imperfect Portuguese, "Roberto was enjoying talking with Mr. William."

11. *Roça de mandioca*, a manioc garden planted in a plot prepared by the slash-and-burn method.

[The diary ends here, but the notebook includes several doodles and drawings, along with a poem written in someone else's hand, a few loose notes on remedies, a draft letter in Portuguese to a friend, and a small English-Portuguese-Língua Geral vocabulary. The poem and the loose notes are not reproduced here. The letter is translated below, followed by the vocabulary.]

Brazil through the Eyes of William James

My dear João[12]

In this letter I send the profile I promised. I don't know if you will like it. Mr. Hunnewell and I arrived in Pará in 3 days. We live with 4 other fellows in a very big house—BIG!

We found our deaf companion from the Tocantins who I had mentioned to you—He couldn't bring any collections because the horses died &c &c Very unfortunate. The Steamer from New York should arrive in 3 days. I will depart on it, but Hunnewell stays for two more months, to hunt on Marajo Island.

In front of the house where we live there are some very pretty girls. I am in love with one of them, but I cannot visit her—I can only look & sigh. Also very unfortunate! You can tell your father that here we are eating even less than in Óbidos. Here there is ice cream—You probably don't know what it is—If I could send you some; but that's impossible—it would become just water—very good idea. How are you? How is Titus? How is Óbidos? Is the sun still hot and the River still flowing? Will I ever forget that beautiful place, or the month I have spent at your Father's house, or pot-bellied João? Give my regards not only to H. but also to sir your Father and to madam your Mother. Give my regards also to Mr. Jeffreys.

Good-bye! My dear João. God bless You as well as Tito. I remain always your friend
William James

12. Rough draft of a letter written in rudimentary Portuguese by James in Belém (Pará), December 1865, addressed to João, son of James's host in Óbidos. The letter has many lines crossed out, which were not considered in the transcription. The translation does not reproduce all the grammatical errors.

comb	tiuáua
My dear, will you marry me?	Serendéra ére mendáre potáreséra seirúma?
Do you find many Cs.[13] on Solimões?	Chá purá rá ere té carapaná Solimões oropí
fogo [fire]	tatá
sol [sun]	curaçí
lua [moon]	iaçí
estrella [star]	iaçí tatá
Pleides	ceio çí
homem [man]	apuegaúa
mulher [woman]	cunhá
menino (baby) [baby boy]	taína
rapaz [boy]	curumí
rapariga [young woman]	cunhá mucú
grande [big]	uassú
pequena [small]	miraira
alto [tall]	pocú
baixo [short]	iatóca
casa [house]	oká
toldo [canopy on canoe]	panacaríka
azul [blue]	soquiri
verde [green]	iaquira
preto [black]	pichuna
branco [white]	tinga
amarella [yellow]	tauá
encarnado [red]	piranga
rocho [purple]	sombuíka
pedra [rock]	ita
madeira [wood]	uba
palmeira [palm]	pinaua
pakova [banana]	pakua
Qual e o caminho [Which way?]	Mauá ta pé
e longe [Is it far?]	a pé ka tú
dia [day]	ára
noite [night]	poitúna

13. James may refer to *carapanãs*, a generic Tupi term for small biting flies, as suggested in the phrase in *língua geral*.

*Manuscript — Tupi-Portuguese-English
Vocabulary, William James's Brazilian
Diary.*

116

rocho {	sombuika
pedra	ita
madeira	uba
palmeira	pinaua
pakova	pakua
Qual a caminha	maua ta pá
e longe	a pé ka tú
dia	ara
noite	poi tuna

115

Comb	tinaua
my dear, will	serendéra ere mendáre potáre
you marry me?	séra seiruma?
Do you find many	chá purá rá ere té carapaná.
Cs. on Solimoës	Solimoës oropí.
fogo	tata
sol	curaci
lua	iaci
estrella	iaci tata
Pleiades.	ceio ci
homem	apigaua
mulher	cunhá
menino baby	taina
rapaz	curumi
rapariga	cunhá mucú
grande	uassu
pequena	miraira
alto	pocú
baixo	iatoca
rasa	aká
talda	panacaríka
azul	soquiri
verde	iaguira
preto	puchuna
branco	tinga
amarella	taua
encarnado	piranga

[incomplete],

A Month on the ~~Amazon~~ Solimoens

If the reader will look on ~~the~~ a map of S. America Brazil
he will probably find the little town of San Paulo
d'Olivença marked on the right bank of the Solimoens
or upper Amazon, about   miles from the sea.
~~The first stage of my story.~~ At this town my story
begins. The little steamer Icamiaba which runs
monthly from Manaos, to near the mouth of the
Rio Negro, where the Solimoës changes into the Amazon
up to ~~that~~ mosquito populated Tabatinga ~~where~~ on
the Peruvian frontier, and back — stopped at
São Paolo just after sunset on the 21st of September 1865 — ~~bearing~~ ringing with her the most important detachment of a great North American
Naturalists Expedition, which for the past 6 months
had been over running Brazil and ransacking
her living treasures. He ~~with~~ part By ~~...~~

A Month on the Solimoens

If the reader will look on a map of Brazil he will probably find the little town of San Paulo d'Olivença marked on the right bank of the Solimoens or upper Amazon, about [blank] miles from the sea. At this town my story begins. The good little steamer <u>Icamiaba</u> which runs monthly from Manaos, near the mouth of the Rio Negro, where the Solimões changes into the Amazon up to mosquito-populated Tabatinga on the Peruvian frontier, and back—stopped at São Paolo just after sunset on the 21st of September 1865—bringing with her the most important detachment of a great North American Naturalists Expedition, which for the past 6 months had been overrunning Brazil and ransacking her living treasures. By a curious accident the Steamer had taken on board at Tabatinga another party of 4 Spanish Naturalists who had come down from the mountains & the Rio Napo, and after 3 years of wandering, were at last homeward bound. They formed part of a commission sent by the Spanish government to collect for the Museum of Madrid. One of their party had died & the two others had gone to california. They had been through sun & rain & snow & swamp in their wanderings had been shipwrecked & lost most all their personal property, were without money, and most grotesquely clothed in what had been saved from the wreck. They had come down from the Rio Napo on two rafts of the most picturesque appearance, with a low palm leaf house built on each, a "smudge" burning at each end to keep out the mosquitoes, & covered with monkeys, parrots and other pets. Never had I seen a more shaggy, stained, weatherbeaten, jaundiced set of men. And I have seldom felt like honoring men more. Beside their travels our expedition seemed like a holiday picnic. However, neither with them nor with the rest of our own party has the present narrative anything to do. Its heroes are but three in number, the Senhor T. [Talisman Figueiredo de Vasconcelos] who had joined us at Parà, an indian boy of about 18 named Jozé or R. whom we had so to speak kidnapped at Santarem on our way up, and the writer. At about 10 o'clock that night after the last slow falling log of wood had been counted into the steamer and the capstan began to rattle we pushed of[f] from her side in a

OPPOSITE: *Manuscript page from "A Month on the Solimoens."*

long dug out canoe containing our precious barrels, alcohol, fish hooks, pots & pans a 1/2 barrel of hard tack & a demi-john of lisbon wine, and made along the high shore for the "port" of the canoe. It was a dreary hour. The expedition had been decided upon at the last moment, several other more tempting plans having been of necessity abandoned—One of my friends on board as he squeezed my hand told me solemnly that he would rather go to a very bad place than be in my shoes for the next month—the stars were all muffled up in clouds & the night like ink, the mosquitoes resounded about us like a great church organ, and when just as we touched the land we saw our old floating home turning slowly round and traveling away, down the stream, when at the same time we saw the three indians whom we had engaged to land our baggage jump ashore & run away into the darkness up the hill, we felt as if our sun had set. However T. being a man of action, lost no time in jumping out after the indians, & while I stood listening overtook them and by the authority of his language & a heavy bribe additional to the original contract prevailed upon them to return. It took us about an hour, & several journeys up & down the rough & ravined & slippery hill in the dark to get all our impedimenta to its destination. This was the house of the "Subdelegado" of Police, Sr. Antonio, a little mulatto, and when he came out from an inner room rubbing his eyes, and helped us hang up our hammocks & mosquito nets in the parlor if such it might be called—we felt relieved. Here were [sic] passed our first night sheltered from the mosquitoes whose high pitched chorus outside the net made the inside seem all the cosier. The Amazonians have not the pleasures of domestic hearth which are so dear to us—and which form so important an element in our lives—but in the mosquito net, hardly domestic, but personal they have a faint substitute for it, and you listen while lapped in your hammock to the bloodthirsty howling thousands outside, with a feeling of positive achieved security the same kind as that with which at the big big blazing fireside in our winters you hear the icy storm at work out of doors (Edification). The room in which we slumbered away this first night was a good representative of its class—about 15 feet square, ceiled by nothing but the cool red tiles of the roof between which the sunshine trickles by day in many places, and at all times the breeze, with walls roughly plastered & whitewashed a hard earth floor with some palm leaf mats spread here & there upon it, large windows unglazed but with heavy wooden shutters, and no furniture but some trunks, a table, two chairs 4 hammocks & a water jar & calabash and a cheap picture of the miracles of our lady of Nazaré. The lamp a tin box filled with turtle fat, with a bunche of yarn hanging over one of its angles, for a wick, cast our big shadows flickering over the roof. At dawn we were up and our José made coffee for us. Notwithstanding the fertility of the country, the people here have rarely a sufficient stock of food to be able to feed conveniently their guests, & the senhor Antonio, far from offering us anything, gladly accepted some of our biscuit and wine.

Description of town. Here we had to wait till we could arrange a canoe & a couple of indians to paddle us. As it was the height of the fishing season, the river being at its lowest, almost all the inhabitants had abandoned the town for the beaches, and a number too were hidden in the woods to avoid being impressed into the army & sent to paraguay, leaving nobody but a few women, and 5 or 6 richer citizens. The subdelegado sent one of his boys on a journey in search of men for us, & every one we saw promised us no difficulty in finding a canoe. As it was doubtful how long we might be obliged to wait for men we had an entire house given us for our accommodation, a tumbledown ruinous old place, in which we were told the english naturalist Bates or senhor Henrique had lived when he stayed at são Paulo. Here we stayed until the evening of the 23rd. The old padre or priest of the place asked us to take our meals with him, and I spent much of my time at his house, smoking the eternal bark cigarette and trying to understand his talk with T. He was a fat old gentleman whose main pleasure in life seemed to talk scandal about his neighbors [and] fellow beings up & down the whole river, both in the town & out of it. He had a very handsome family of nearly white <u>god</u>children so called for courtesy to the cloth, whose mother cooked our dinners of turtle & fried plantains for us under the palm leaf shed in the yard. Tied to one of the posts of this shed was perhaps the best friend I found in the place, viz a very large or rather long <u>coiatá</u> or spider monkey—This genus monkey, called by naturalists ateles from its thumbs being wanting, is to judge from the specimens I met much the most interesting of South American quadrumana. It stands about two feet & a half high when on its hind legs, is covered with a coarse black hair, and his long tail has the last 4 inches of its under surface converted into a naked black pad or palm of great prehensile capabilities. His head was small, his nose black, his body excessively attenuated and its arms immensely long & thin. It was as tame and confiding as a puppy dog; and whenever I came within reach of its all embracing arms he would launch him self forward and cling to me frantically with hands feet & tail. As his attention were at times rather oppressive I would forcibly tear my self away, and when, stretched out horizontally between me & the post, he was finally forced to yield his convulsive clutch of my clothing, and was jerked back by his tether to the ground, he would go through a tragi-comic performance of despair, which might make the fortune of a pantomimist who should imitate it. He would tumble over backwards, waving his long arms about his head, with the most fearful grimaces, chattering clucking & whistling. He would lie on his belly, looking unutter[a]ble reproaches at me & sweep the dust about with his hands till he almost buried himself in it—and then after all he would suddenly stop, his attention being called to something else. This excessive mental mobility of monkeys, their

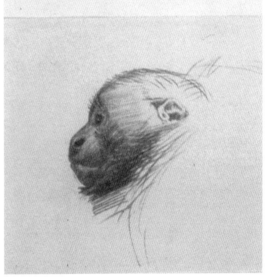

Monkeys, sketch by William James, 1865. "Tied to one of the posts of this shed was perhaps the best friend I found in this place, viz a very large or rather long <u>coiatá</u> or spider monkey. . ."

utter inability to control their attention or their emotions, so that they are as completely possessed by whatever feeling happens to be uppermost in them at the time, gives them a helplessness of character which always recommended them to my pity. I am convinced that the vulgar idea of a monkey being a merely ludicrous creature is all wrong—Their is a dash of the pathetic in them poor creatures of impulse that they are which makes them <u>interesting</u> in the young ladies sense of the word. The children used to tie the hands of coiatá behind his back and send him off for a walk upon his hind legs. This always excited him very much, and he flew around at a great rate, tumbling sometimes in his hurry, but generally keeping up pretty successfully, his tail being called to his aid when he tottered. He ran several times along a horizontal pole, <u>à la Blondin</u>,[1] balancing him self gracefully, by the waving of his tail, and making the most disreputable faces. One of the favorite pastimes of this poor creature of impulse was to swing from this pole by his tail, and when tired of swinging, to climb up that valuable organ hand over hand till he reached the end of it, after which he would lie down on the pole. I dare say he is going through these same performances this very day.

On the morning of our 2nd. day, I got a fishing young man to take me to fish in a sort of pond, open to the river but not disturbed by its current, about a league from the town. We fished with the <u>tarrafa,</u> or throw net, and nearly filled our canoe in an hour. The river was at this time at about its lowest point, for we found that it began to rise in 3 or 4 days, and I never saw in other places such dense swarms of fish as I did that day. [crossed out: I put one specimen of each fish new to me into alcohol]. When we got back I found that T. had bought a canoe & that our men had arrived—so that we might start immediately. The canoe was what is called a *montaria* on the Amazon, about 16 feet long and . . . [narrative ends].

1. The reference is to Jean-François Gravelet (1824–1897), the French acrobat who became famous for crossing Niagara Falls on a tightrope in 1859.

Brazil through the Eyes of William James

List of People, Places, and Terms

Agassiz, Elizabeth Cabot Cary (1822–1907)
Second wife of Louis Agassiz, Elizabeth belonged to one of Boston's elite families. She accompanied the Thayer Expedition as its official chronicler, and although not fully credited as the author, she wrote the travel narrative *A Journey in Brazil* (1868). She also distinguished herself as an educator, establishing a pioneer school for girls in her own home and later co-founding the school that was to become Radcliffe College.

Agassiz, Louis (1807–1873)
Swiss-born naturalist, founder of Harvard's Museum of Comparative Zoology, and responsible for the scientific organization of the Thayer Expedition to Brazil (1865–66). In his letters and diaries, James refers to Agassiz simply as "Prof."

Alice
Alice James (1848–1892), the author's only sister and frequent correspondent, is described by biographers as an intelligent and vivacious young woman who showed signs of "hysteria" that plagued her throughout her adult life. In his letters William addresses her in an especially caring and protective tone, which some biographers identify as patronizing.

Allen, Joseph Asaph (1838–1921)
Ornithologist at the Museum of Comparative Zoology, he participated in the Thayer Expedition as a paid assistant to Agassiz, traveling mainly with Orestes St. John.

Amazons
Early European explorers named the Amazon River in reference to a mythological tribe of warrior women. In Portuguese, the river is also spelled in the plural, Rio Amazonas.

Anthony, John Gould (1804–1877)
Curator of mollusks at the Museum of Comparative Zoology, Anthony was one of the paid professionals on the Thayer Expedition. His participation was minimal, owing to his age and frail health.

Ashburton Place
Henry James Sr. and Mary Robertson Walsh James lived at this address in the Back Bay area of Boston from 1864 to 1866.

Aunt Kate	Catherine Walsh (1812–1889), the author's maternal aunt, who lived with the Jameses for most of her adult life, taking care of her sister's children. Aunt Kate financed part of William's travels to Brazil.
Bates, Henry Walter (1825–1892)	Entomologist who accompanied the celebrated evolutionist Alfred Russell Wallace (1823–1913) to the upper Amazon in 1848, where he remained for several years. His major work, *The Naturalist on the River Amazons*, was first published in London in 1863.
Bicho	Reference to "*bicho-do-pé*," popular name for a tiny sand flea *(Tunga penetrans)* or chigger that afflicted many foreign travelers to Brazil in the nineteenth century.
Bob	Robertson James (1846–1910), the author's youngest brother, was commissioned as an officer in the Massachusetts 55th, the second black regiment sent to the front in the Civil War, where he had a rather undistinguished record.
Bond, James	U.S. consul in Belém. James sent much of his Amazonian correspondence by way of Mr. Bond.
Bourget, D.	French naturalist residing in Rio de Janeiro, who accompanied the Thayer Expedition to the Amazon. Bourget appears in the 1865 *Almanaque Laemmert* as a "Natural History Preparator" (p. 667), established on the Rua Direita. James refers to him as the "Gallant Gaul."
Burkhardt, Jacques (1808–1867)	Swiss artist associated with Agassiz for many years, Burkhardt was on the Museum of Comparative Zoology's payroll and participated in the Thayer Expedition, producing an extensive set of nearly 3,000 watercolors depicting flora, fauna, and landscapes.
Cafuzo	Mixed-race category referring to people of African and indigenous descent. The term appears to be of African origin, synonymous to the Língua Geral term *caburé*.
Colorado	Paddle-wheeled steamship belonging to the Pacific Mail and Steamship Co., which transported the Thayer Expedition from New York to Rio de Janeiro on her maiden voyage to San Francisco.
Copeland, Edward	One of the unpaid volunteer collectors on the Thayer Expedition. James had little contact with him after the initial stage, since Copeland accompanied C. F. Hartt on his expeditions in Rio de Janeiro, Espírito Santo, and Bahia.
Corcovado	Literally "hunchback mountain," Corcovado is one of Rio de Janeiro's natural landmarks, today known for its statue of Christ Redeemer.
Dexter, Newton (d. 1901)	Volunteer collector on the Thayer Expedition, Dexter was an expert hunter; he later became an amateur ornithologist and natural scientist. He accompanied James and Talisman on a collecting expedition to the Tapajós River in August 1865.

Dr. Cotting	Benjamin Eddy Cotting (1812–1879), physician and personal friend of Agassiz, spent two months in Rio de Janeiro with the expedition before departing for Europe.
Ega	Former name of Tefé.
Emperor	Pedro II (1825–1891), member of the House of Bragança, ruled the Brazilian Constitutional Monarchy from 1841 to 1889, when a Republic was proclaimed. Known for his interest in science, Pedro II maintained a correspondence with Louis Agassiz and personally backed the Brazilian segment of the Thayer Expedition.
Exchange Hotel	Establishment in Rio de Janeiro belonging to R. M. Dowall, at Rua Direita, 40–42.
Farinha de mandioca	Manioc or cassava flour, a staple dish in the Brazilian diet, also one of the basic foods carried on expeditions.
Father	Henry James Sr. (1811–1882), the author's father, was a noted writer and free-thinker, follower of the Swedenborgian doctrine.
Harry	Henry James (1843–1916), author's younger brother, became one of the most celebrated American fiction writers.
Hartt, Charles Frederick (1840–1878)	Member of the Thayer Expedition, Hartt served as Agassiz's assistant at the Museum of Comparative Zoology from 1860–1865. After becoming a professor at Cornell, Hartt returned to Brazil on several occasions, contributing to the consolidation of the natural sciences in that country, especially geology.
Holmes	Oliver Wendell Holmes, Jr. (1841–1935), William's friend and Harvard colleague, became one of America's great jurists and eventually a Supreme Court Justice.
Hooper, Marian "Clover" (1843–1885) and Hooper, Ellen (1838–1887)	Sisters who were part of William's circle of acquaintances in Boston.
Hotel da Europa	Establishment in Rio de Janeiro belonging to the Lafourcade brothers, on 69 Rua do Carmo.
Humboldt, Baron Alexander von (1769–1859)	German naturalist Humboldt set the standard for scientific travel with his journey to the Americas between 1799 and 1804. His *Personal Narrative of Travels* began publication in French in 1810, but received an English translation already in 1814. It is not clear which version James carried with him on the voyage since there were several editions available, including an abridged, single-volume one.

Hunnewell, Walter (1844–1921)	Harvard student, volunteer collector on the Thayer Expedition. Hunnewell brought photographic equipment with him and learned the basics of portrait photography at the Leuzinger studio in Rio de Janeiro. In November 1865 he produced a remarkable series of over 100 photographs under the orders of Agassiz, portraying "mixed races." Hunnewell returned to the United States with James between December 1865 and the beginning of January 1866.
Hyatt, Alpheus (1838–1902)	Zoologist and paleontologist who had studied under Agassiz. Hyatt's participation in the Civil War prevented him from collaborating with the Thayer Expedition.
Içá	Tributary of the Solimões River, known as the Putumayo in Peru and Colombia. James collected fish there in September 1865.
Icamiaba	Steamer that transported the Thayer Expedition from Belém to Manaus, remaining at the expedition's disposal until it was called back to transport troops to the Paraguayan War. In regional folklore, *Icamiabas* were women without husbands, whom the European explorers mistook for Amazons.
José	Indian youth "kidnapped" by Talisman, James, and Dexter near the Tapajós River, who became a servant on their collecting expedition in September 1865.
Jutahy	The Jutaí River is a tributary of the Solimões, where James collected fish in September 1865.
Lafarge	John La Farge (1835–1910), noted American painter, was close to the Jameses when they lived in Newport. Older than William, La Farge exerted an influence over the younger man, encouraging his vocational pursuits.
Língua Geral	Língua Geral is a dialect originally based on coastal Tupi. Its Amazonian variant, called *nhengatu*, remained as the *lingua franca* through the mid-nineteenth century. Brazilian Portuguese retains many Língua Geral terms, and the language is still used in intertribal communication in the Northwest Amazon region.
Looly Shaw	Marie Louise Shaw (d. 1874), an acquaintance of the Jameses.
Major Coutinho	João Martins da Silva Coutinho (1830–1889), noted Brazilian army engineer, explorer, and naturalist. Emperor Pedro II commissioned Coutinho to accompany the Thayer Expedition to the Amazon.
Manacapuru	Large lake contiguous to the Solimões River, located about 85 kilometers upstream from Manaus. William James conducted a collecting expedition there in November 1865.
Manaos (Manaus)	Capital of the Province of Amazonas, located at the confluence of the Amazon and Negro rivers. Agassiz established a laboratory and photographic studio there in November 1865.

Montaria	A small dugout canoe used in the Amazon, also called *ubá*.
Monte Alegre	Town on the northern bank of the middle Amazon in the Province of Pará.
Mother	Mary Robertson Walsh James (1810–1882), the author's mother, is described in most biographies as the stable force in the James family, whose practical sense stood in contrast to her husband's unconventional ways.
Muquim	A diminutive for *muquirana*, a "skin tick" *(Pediculus humanos corporis)*.
Museum	Reference to the Museum of Comparative Zoology, founded at Harvard College by Louis Agassiz in 1859.
Negro	The Rio Negro is a major tributary of the Amazon, flowing south from Venezuela and joining the Amazon near Manaus. James did not participate in the collecting expeditions there.
Óbidos	River town on the lower Amazon, in Pará Province, where James spent his last collecting days in December 1865.
Pará	In the letters and diaries, Pará refers to the city of Belém, capital of Pará Province, at the mouth of the Amazon.
Pirarucu	Largest fresh-water scaly fish in the Amazon, the *pirarucu* can weigh up to 80 kilos. The collecting expeditions carried dried *pirarucu* along with manioc flour as basic victuals.
Piuins	Diminutive and plural form of *pium*, a miniscule biting fly *(Similium* sp.).
Potter, Alonzo (1800–1865)	Bishop of the American Protestant Episcopal Church, who died upon arriving in San Francisco in July 1865. Henry James Sr. had stayed at Potter's house in Boston after dropping out of college in Albany and running away in 1829. The bishop had recently married his third wife, Frances Seaton, when James met him aboard the *Colorado*.
Prof.	Reference to naturalist Louis Agassiz, expedition leader.
Rev. Fletcher	James C. Fletcher (1823–1901), American missionary who lived for many years in Brazil, co-author (with fellow clergyman Daniel Kidder) of *Brazil and the Brazilians* (1857).
Santarém	Town near the mouth of the Tapajós River, almost 800 kilometers west of Belém. Following the American Civil War, some Confederate families settled here.
São Francisco	Major river running from Minas Gerais to the Atlantic, cutting through the arid backlands of northeastern Brazil. Some members of the Thayer Expedition, including the geologist C. F. Hartt, collected specimens in this region.

São Paulo de Olivença	Last Brazilian town on the Solimões before reaching the fort at Tabatinga, on the Peruvian border. It served as a base for James's forays along the Içá and Jutaí rivers.
Sceva, George	Member of the Thayer Expedition, one of Agassiz's paid assistants from the Museum of Comparative Zoology, where he served as preparator. Called by James "Seaver the Hunter," Sceva did not accompany the expedition to the Amazon, remaining in Rio de Janeiro and Minas Gerais.
Sítio	A small rural property.
Solimões	Name of the upper course of the Amazon River, between the Rio Negro and the Peruvian border.
Spix & Martius	Johann Baptist von Spix (1781–1826) and Karl Friedrich Philip von Martius (1794–1868), Bavarian naturalists who traveled in Brazil from 1817 to 1820. Their important travel narrative in three volumes was published between 1823 and 1831. Agassiz began his scientific career studying the fish collected by von Spix.
St. John, Orestes	Paleontologist, one of the paid professionals on the Thayer Expedition. St. John conducted collecting expeditions in Minas Gerais, Bahia, and Piauí, therefore having little contact with James, although there was a plan for them to travel together to Ceará.
T. S. P.	Thomas Sargent Perry (1845–1928) was one of Henry and William's closest friends when the Jameses lived in Newport. Perry became a noted writer, educator, and translator.
Tabatinga	Fortified settlement on the Solimões River on the border between Brazil and Peru. James stayed at the customs official's house in September 1865.
Tal	Talismã Figueiredo de Vasconcelos (spelled Figuereido de Vasconcelles by James). An employee of the Companhia de Navegação e Comércio do Amazonas, "Tal" served as guide on several collecting expeditions.
Tapajós	Major Amazonian river flowing north into the Amazon.
Tefé	Town on the Solimões about halfway between Manaus and São Paulo de Olivença.
Temples	Four orphans raised by the Tweedys in Providence. The Temples were the author's first cousins and childhood friends. William James was especially attracted to Mary (Minny) Temple, who died in 1870 from tuberculosis.
Thayer, Nathaniel (1808–1883)	Wealthy Boston entrepreneur who financed the Thayer Expedition to Brazil in 1865–66.

Thayer, Stephen van Rensselaer (1847–1871)	Also known by the nickname "Ren," Stephen was Nathaniel Thayer's son. In frail health, Ren participated only modestly in the Expedition's activities.
Tocantins	One of the principal rivers of the Amazon Basin, flowing into the southern bank of the lower Amazon River. Part of the expedition traveled along this river.
Toldo	Shelter in the form of a canopy built on the larger canoes to protect travelers from the sun and rain.
Trombetas	Important tributary of the Amazon, flowing south from the Guiana highlands and joining the lower Amazon at Óbidos, Province of Pará. James and Hunnewell went on their last collecting expedition up this river in December 1865.
Tweedys	Edmund Tweedy was married to Henry James Sr.'s sister (the author's aunt), Mary Temple Tweedy. They raised the Temple orphans, also William James's cousins. The Jameses spent a lot of time with the Tweedys in their home in Newport, RI.
Urbano	Manoel Urbano da Encarnação, according to Major Coutinho, was a *prático* or experienced river pilot recruited by the Thayer Expedition. He accompanied James on his collecting expedition on Lake Manacapuru in November 1865.
Van Buren, Elly (1844–1929)	Granddaughter of President Martin Van Buren, childhood friend of the Jameses in Providence.
Ward, Thomas Wren (1844–1940)	Volunteer collector on the Thayer Expedition. Although they did not have much contact during the expedition, Tom Ward and William James remained friends for life.
Washburn, William Tucker (1841–1916)	Called Billy in the documents, Washburn studied with William James at Harvard.
Wilky	Garth Wilkinson James (1845–1883), the author's younger brother, enlisted with the Union forces in the Civil War at age 17. He became an adjutant in Col. Robert G. Shaw's Massachusetts 54th, a black regiment, and was seriously wounded in battle. At the time of William's trip to Brazil, he had returned to the war.
Wright, Chauncey (1830–1875)	Spelled "Write" in one of the letters, positivist thinker Chauncey Wright came to be known as the "Cambridge Socrates." He founded the famous Metaphysical Club alongside Charles Peirce in 1872.

List of Documents

Letters of William James. William James Papers, Houghton Library, Harvard University, Cambridge, MA, bMS Am 1092.9

1. To his mother, Mary Robertson Walsh James, Steamer *Colorado* "going down the narrows," probably 31 March 1865 (document no. 3120).
2. To his parents, Henry James Sr. and Mary Robertson Walsh James, at sea, 21 April 1865 (2511)
3. To his sister, Alice James, Rio de Janeiro, Exchange Hotel, 27 April 1865 (1093)
4. To his brother Henry James, Rio de Janeiro, "Encampment of Savants," 3 May 1865 (2549)
5. To Henry James Sr., Rio de Janeiro, Hotel da Europa, 3 June 1865 (2512)
6. To Mary Robertson Walsh James, Rio de Janeiro, 6 July 1865 (3121)
7. To Henry James Sr., Rio de Janeiro, 8 July 1865 (2513)
8. To Henry James, Rio de Janeiro ("Original Seat of Garden of Eden"), 15 July 1865 (2550)
9. To Henry James, Rio de Janeiro, 23 July 1865 (2551)
10. To Henry James Sr. and Mary Robertson Walsh James, Bahia (Salvador), 28 July 1865 (2514)
11. To Mary Robertson Walsh James, Xingu River, 23 August 1865 (3122)
12. To Alice James, Tapajós River, 31 August 1865 (1094)
13. To Henry James Sr., Steamer *Icamiaba*, Solimões River, 12 September 1865 (2515)
14. To Henry James Sr. and Mary Robertson Walsh James, Tabatinga, 18 [September 1865] (2516)
15. To Henry James Sr. and Mary Robertson Walsh James, Tefé or Ega, 21 October 1865 (2517)
16. [To Henry James Sr. and Mary Robertson Walsh James], Manaus, [November 1865] (2518)
17. To Alice James, Manaus, 6 November 1865 (1095)
18. To Mary Robertson Walsh James, Óbidos, 9 December 1865 (3123)

Brazilian Diary and Sketch Book, 1865. William James Papers, Houghton Library, Harvard University, bMS Am 1092.9 (4498) [notebook 4]

"A Month on the Solimoens," 1865. William James Papers, Houghton Library, Harvard University, bMS Am 1092.9 (4531)

Acknowledgments

This bilingual edition of William James's papers resulted from various trips between São Paulo and Cambridge and necessarily counted on the collaboration of several people and institutions, who generously contributed encouragement, funding, and other forms of assistance. The project began to unfold in January 2003, when I initiated a five-month period of research in Harvard libraries and archives with a grant from the São Paulo State Research Foundation (FAPESP). I extended my stay in Cambridge for another year thanks to the institutional support from Harvard's David Rockefeller Center for Latin American Studies (DRCLAS), where I was a Brazilian Visiting Fellow (2003–2004). For further research I received funding from Brazil's National Research Council (CNPq). In January 2006 I was able to spend a month in Cambridge with another grant from FAPESP.

John H. Coatsworth, Director of DRCLAS, provided indispensable support for this project from the beginning. Tom Cummins, Acting Director at DRCLAS during the 2003–4 term, was the first to envision this project as a publication and supported it all along. June Erlick, Director of Publications at DRCLAS, played an influential role by backing the project from the start and by encouraging the publication of a preliminary article in DRCLAS's *ReVista* (Fall–Winter 2004). Later on, she read and discussed early drafts of the introductory essay. During June's year-long absence, Anita Safran contributed decisively to the final preparation of this book, polishing the text and offering important insights on how to edit a work as intricate as this one. Mariana Diniz Mendes, responsible for the Portuguese language portion of the book, contributed with a painstaking and patient job of editing the text.

The staff at Harvard's libraries, museums, and archives always met the needs of this foreign researcher with efficiency and kindness. Special thanks go to Peter Accardo, Assistant Curator of Modern Books and Manuscripts, and to Tom Ford, Reference Assistant, both at Houghton Library; to Constance Rinaldo, Head Librarian, and to Dana Fisher, Assistant Librarian responsible for Special Collections, both at the Museum of Comparative Zoology. At the Peabody Museum, Director Bill Fash showed support for the project and facilitated access to the images from the Agassiz Collection that are reproduced here. India Spartz, Senior Archivist at the Peabody, was always helpful and considerate. I especially thank Patricia Kervick, Associate Archivist, whose kindness made the Museum a warm and inviting place, especially during the severe winters of 2003 and 2004.

Several colleagues read and discussed a previous version of the introductory essay, as members of my *livre-docência* thesis committee: Robert Slenes, Michael Hall, Francisco Foot Hardman, Maria Odila Leite da Silva Dias, and Elias Thomé Saliba. Paulo Garcez Marins, as always, showed interest and consideration in support of my work. Sueann Caulfield invited me to discuss this project at the Latin American and Caribbean Studies Program at the University of Michigan in January 2006. Bebete Martins made my visit possible and enjoyable. I presented an earlier version of this study as the opening lecture in the Seminar "Atlantic Connections and the World of Slavery" at the XVII Regional History Conference held in Campinas in July 2004. Lynn Mário Trindade Menezes de Souza and Laura Izarra, from the Modern Language Department at the University of São Paulo, also showed interest in this project and discussed it with me on different occasions. Cielo Festino amiably and generously assisted with an early revision of the transcripts. Several of my students, especially Alexsander Lemos Gebara and Enidelce Bertin, collaborated with me on the project in different ways. Tony Stecca once again showed his support, believing in my capacity to complete the project even when everything seemed so distant and difficult.

Finally, this project could not have been completed without the generous collaboration and companionship of John Monteiro. His dedication to the project qualifies him as a veritable co-editor, for had he not shared this work with me from the earliest stages, I would not have completed it in the way I did.

Brazil through the Eyes of William James

O Brasil no Olhar de

William James

Membros da Expedição Thayer, 1865.
(Fileira da frente, da esquerda para a direita): William James, Stephen van Rensselaer Thayer, Jacques Burkhardt, Newton Dexter. (Fileira de trás): provavelmente Talismã Figueiredo de Vasconcelos, D. Bourget, Walter Hunnewell. Fotógrafo desconhecido, 1865.

O Brasil no Olhar de
William James

Cartas, Diários e Desenhos, 1865-1866

Bilingual Edition/Edição Bilíngüe

Organizado por Maria Helena P. T. Machado

Traduzido por John M. Monteiro

Publicado pelo Centro David Rockefeller
para Estudos Latino-Americanos da Universidade de Harvard

Distribuído pela Editora da Universidade de Harvard
Cambridge, Massachusetts, EUA
Londres, Inglaterra
2006

Sumário

Lista de ilustrações

Introdução

O Adão Norte-Americano no Éden Amazônico

Maria Helena P. T. Machado

Nenhum método ou disciplina pode superar a necessidade de se estar sempre alerta. Que significado tem um curso de história, filosofia ou poesia, não importando quão bem selecionado ou na melhor sociedade ou com a mais admirável rotina de vida, quando comparado à disciplina de se estar sempre olhando aquilo que existe para ser visto? Será você um leitor, um mero estudante ou um visionário? Leia seu destino, veja o que está a sua frente e caminhe para o futuro.
(Henry David Thoreau, *Walden*, p. 363)

"Você sabe onde fica o rio Tapajós? Se não, olhe no mapa. Escrevo para ti sentado numa canoa no dito rio, a cerca de 50 milhas da foz, estando os homens neste momento ocupados em empurrar, contra o vento, o barco para o mais perto possível da margem direita. Agora que a tua pequena mente pode formar a exata idéia do lugar onde estamos, te direi como chegamos até aqui."[1] Assim começava uma das muitas cartas escritas no ano de 1865 por William James, que percorria o Brasil como membro da Expedição Thayer. Tendo sido esta uma missiva escrita para Alice, sua irmã mais nova, o tom adotado é sempre de especial carinho e devoção, não economizando, o jovem aventureiro, no uso de expressões hiperbólicas de afeição apaixonada ou no emprego de descrições saborosas do que via e vivia na pele de aventureiro dos trópicos, de forma a cativar a atenção daquela que parecia ser sua leitora predileta. E não lhe faltavam, nestas alturas, assuntos com os quais seduzir seus correspondentes "back home", que recebiam as notícias enviadas por James —de sua saúde, deslocamentos ge-

William James convalescendo de varíola, fotógrafo desconhecido, Rio de Janeiro, 1865.

1. Carta de William James para Alice James. Manaus, 6 de novembro, 1865.

ográficos e atividades —entremeadas por narrativas sedutoras, escritas numa prosa envolvente e permeada por opiniões iconoclastas sobre tudo e todos que o cercavam, inclusive as principais figuras da Expedição Thayer. Afinal de contas, explorar os tributários do rio Amazonas em montarias conduzidas por índios e mestiços, coletando espécies de peixes tropicais que tinham que ser ali mesmo embalsamadas, alimentando-se de pirarucu seco, farinha de mandioca e vinho português, não era uma situação corriqueira para nenhum jovem de boa família da Nova Inglaterra. Ao contrário das imagens fixadas para a posteridade pelos seus muitos alunos e milhares de admiradores, como um sujeito atraente e carismático que se vestia de ternos tweed e foulards elegantes, o James que emerge destas cartas é um jovem razoavelmente atlético e extrovertido que se gaba de dormir em rede, nadar em rios selvagens, compartilhar da trabalhosa vida cotidiana de índios "civilizados" e mestiços amazônicos. Além disso, ele confessava num tom às vezes culpado, sua maior preocupação naquele momento não era estudar, ler ou pensar, mas sim a de manter, o máximo possível, seu pobre corpo a salvo dos ataques de piuns, muriçocas e outros insetos tropicais que à noite começavam a "a cantar como o grande órgão de Boston", tornando miserável a vida dos viajantes.[2]

Durante sua estadia de oito meses no Brasil, William James redigiu um diário pessoal, uma narrativa incompleta de uma expedição de coleta no rio Solimões, e cartas endereçadas a seus pais (Henry James Sr. e Mary Walsh James), seu irmão (Henry James) e sua irmã (Alice James). Os papéis brasileiros de James formam um conjunto de grande interesse, tanto para os estudiosos de William James quanto para os interessados no estudo da literatura de viagem do período, construindo uma narrativa muito pessoal e independente daquela publicada pelo casal Agassiz acerca desta expedição. Apesar da juventude de seu autor, e de ele se encontrar na expedição numa posição totalmente dependente das ordens e decisões de Agassiz, o enfoque da viagem e da população com a qual ele esteve em contato, composta sobretudo por mestiços da região amazônica, era peculiarmente original. De fato, já neste período o jovem James mostrava os traços que, mais tarde, foram seguidamente apontados pelos seus biógrafos como fundamentais à sua forma de ver o mundo, quais sejam a empatia e o relativismo.

O material foi originalmente escrito em inglês, mas consta do conjunto um pequeno vocabulário tupi-nhengatu-português-inglês e uma carta escrita em português. Apesar da fama de seu autor, na verdade os papéis brasileiros de James continuam pouco conhecidos até o momento, com exceção das cartas deste período, endereçadas a seus familiares. A correspondência de William James, da qual fazem parte as cartas do Brasil, foram editadas por Ralph Barton Perry e por Ignas Skrupskelis e Elizabeth Berkeley.[3] A correspondência ativa de James atinente a esta viagem tem sido extensamente reproduzida em antologias específicas ou temáticas da sua vasta obra. Ainda assim, embora seus biógrafos sublinhem que o ano passado no Brasil tenha tido conseqüências importantes na definição profissional do jovem James, suas cartas foram quase exclusivamente analisadas em termos da formação do pensamento jamesiano e como prováveis

2. Diário de William James, 1865.

3. Ralph Barton Perry, *The Thought and Character of William James* (Cambridge: Harvard University Press, 1948); Ignas Skrupskelis e Elizabeth Berkeley (orgs.), *Correspondence of William James*, 11 vols. (Charlottesville: University Press of Virginia, 1992–2004).

O Brasil no Olhar de William James

testemunhas dos primeiros movimentos que o levaram à formulação do Pragmatismo. Já o diário brasileiro de James, embora também muito citado por seus biógrafos, jamais foi integralmente editado. A narrativa "Um Mês no Solimoens" apareceu publicada nos Works of William James.[4]

A organização dos papéis brasileiros de James como um conjunto pertinente permite a análise dos mesmos em termos da sua contribuição única ao campo da literatura de viagem. O conjunto completo dos papéis escritos por James no Brasil ainda não foi reunido numa só publicação. O artigo de Carleton Sprague Smith "William James in Brazil" contém a reprodução bastante extensa, porém incompleta, das anotações e desenhos de James, entremeando as citações dos manuscritos com um texto descritivo a respeito da expedição.[5] Com vistas a preencher esta lacuna reunimos os manuscritos, desenhos e outros materiais alusivos à passagem de James no Brasil. Mais especificamente, os papéis de James ainda não foram avaliados em termos de sua inserção no quadro da literatura de viagem a respeito do Brasil, especialmente da Amazônia no século XIX, para a qual já se tem estabelecido um rico repertório de relatos de viagem. Entre os latino-americanistas apenas Nancy Stepan em seu recente livro, Picturing Tropical Nature, dedicou espaço aos materiais relativos à viagem de James ao Brasil, apresentando um capítulo instigante, no qual a autora dedicou-se principalmente a analisar os parâmetros visuais da apreensão da raça e da mestiçagem da população brasileira.[6] Finalmente, a passagem de James pelo Brasil é virtualmente desconhecida pelos estudiosos brasileiros, o que torna especialmente pertinente a publicação e tradução dos seus papéis.

Ao apresentar os escritos de William James no Brasil, este livro aborda a história do envolvimento do jovem James na Expedição Thayer, a análise de suas impressões, sentimentos e observações, na figura do coletor voluntário subordinado aos ditames do líder da expedição, localizando toda esta aventura no mapa da vida de James. De fato, em 1865, William James tinha 23 anos e iniciava seu segundo ano de estudos na Escola de Medicina da Universidade de Harvard. Ao tomar conhecimento de que um de seus professores prediletos —Louis Agassiz, então diretor do Museu de Zoologia Comparada —preparava uma viagem de pesquisas ao Brasil, James alistou-se ao projeto, embarcando na qualidade de coletor voluntário, financiando sua participação às próprias custas. Tratava-se, para James, de uma viagem educativa, nos moldes então consagrados para os jovens das elites norte-americanas, ao mesmo tempo em que a oportunidade de ausentar-se do país permitia que ele refletisse sobre suas ambivalências profissionais. Como aluno e assistente de Agassiz, James estava bem a par das discussões que opunham seu mentor a Charles Darwin e seus seguidores, dirigindo suas simpatias muito mais à teoria da evolução do que ao criacionismo defendido pelo primeiro. A estadia brasileira de William James esteve marcada tanto por problemas de saúde —no Rio de Janeiro James contraiu varíola, que o deixou temporariamente cego —quanto por uma postura ambivalente que mais de uma vez o levou a pensar em desistir da viagem. Apesar dos percalços, a viagem de James ao Brasil tem sido discutida por seus biógrafos como ponto decisivo na vida do filó-

4. William James, *Manuscript Essays and Notes* (Cambridge: Harvard University Press, 1988), pp 354–357.

5. Carleton Sprague Smith, "William James in Brazil", *Four Papers Presented in the Institute for Brazilian Studies* (Nashville: Vanderbilt University Press, 1951).

6. Nancy Stepan, *Picturing Tropical Nature* (Ithaca: Cornell University Press, 2001), capítulo 3, "Racial Degeneration".

sofo do Pragmatismo, pois teria sido no decorrer desta que James teria decidido a se dedicar à filosofia.

Em sua estadia no Brasil, James permaneceu principalmente no Rio de Janeiro, Belém, Manaus, e navegou parte do complexo amazônico. Indo contra a corrente do momento, os registros de James sobre o Brasil são peculiarmente empáticos, colidindo com a visão do mentor da viagem, Agassiz, cuja posição política e ideológica o vinculava aos defensores do racismo e das teorias da degeneração pelo hibridismo.

O Adão Norte-Americano no Éden Amazônico

Em setembro de 1865, após alguns meses de estadia no Brasil, e já firmemente ancorado em Manaus, James foi destacado por Agassiz para realizar uma expedição de coleta ao rio Solimões. Nesta empreitada o jovem James estaria em companhia apenas de um guia brasileiro recrutado localmente, Talismã Figueiredo de Vasconcelos, apelidado por James de "Tal", e de um adolescente indígena, obrigando-o portanto a valer-se de seus próprios recursos lingüísticos e capacidade de discernimento para enfrentar as muitas decisões que a expedição apresentaria. Aproveitando a oportunidade, James resolveu iniciar o registro de suas aventuras em forma de uma narrativa de viagem nos moldes usuais deste tipo de gênero. A incompleta "Um Mês no Solimoens" restringiu-se ao relato dos primeiros dias da jornada, exatamente aquele referente à parte "civilizada" da aventura, passada na sua maior parte em São Paulo de Olivença, na casa do padre local. Entre refeições de tartaruga com banana frita e longas observações do coaitá —tipo de macaco amazônico —esta narrativa revela um James já bem sazonado pelos trópicos, senhor do seu característico humor iconoclasta e bastante consciente das dimensões da expedição da qual ele participava como colaborador voluntário.

O leitor que olhar o mapa do Brasil provavelmente achará a cidadezinha de São Paulo d'Olivença, localizada na margem direita do Solimões ou Alto Amazonas, em torno de [em branco] milhas do mar. É nesta cidade que começa a minha estória. O bom vaporzinho Icamiaba que sai mensalmente de Manaus, próximo à embocadura do Rio Negro, onde o Solimões vira Amazonas, vai até Tabatinga, infestada de pernilongos, perto da fronteira peruana e, na volta —parou em São Paulo [d'Olivença] um pouco antes do anoitecer do dia 21 de setembro de 1865 — nele trazendo a mais importante divisão da grande expedição norte-americana de naturalistas, a qual, nos últimos seis meses, vem percorrendo o Brasil, pilhando seus tesouros vivos. Devido a um interessante incidente, embarcou no vapor, em Tabatinga, um outro grupo de 4 naturalistas espanhóis que desceram das montanhas e do rio Napo após três anos de errâncias, e estão, finalmente, indo para casa. Eles são parte de uma comissão enviada pelo governo da Espanha, para fazer coleções para o Museu de Madri. Um dos participantes do grupo morreu, outros dois debandaram para a Califórnia. Eles têm enfrentado sol, chuva, neve e charcos em suas errâncias, naufragaram e perderam todos os seus haveres pessoais, estavam sem dinheiro e vestidos da forma mais grotesca com aquilo que foi salvo do desastre. Eles desceram o rio Napo em duas jangadas da mais pitoresca aparência, com uma cobertura baixa de folhas de palmeira construída em cada uma e com um "fumeiro" queimando nas pontas para espantar os pernilongos, e cobertas de macacos, papagaios e outros animais de estimação. Eu nunca tinha visto um grupo de homens mais amarfanhado, manchado, batido pelo vento e amarelado. E raramente eu me senti tão disposto a honrar algum homem mais do que estes. Ao lado desta viagem nossa expedição parece um piquenique de feriado.[7]

E, de fato, o rótulo de "piquenique" pode parecer um tanto quanto exagerado para uma expedição que atravessou milhares de quilômetros, percorrendo rios caudalosos, abrigando-se em remotas localidades onde só se podiam encontrar populações parcamente europeizadas, acampando ainda às margens de igarapés e se alimentando, por longos períodos, de pirarucu com farinha. Porém, desde suas origens a Expedição Thayer esteve marcada por um caráter oficialesco e, por que não dizer, social-diplomático, cujos desdobramentos não escaparam ao crivo certeiro de James.[8] Embora tivesse fins científicos, os objetivos da expedição ao Brasil não se esclarecem totalmente se não levamos em conta os aspectos menos aparentes deste empreendimento. Por trás do discurso público do cientista viajante tecia-se um outro discurso que ligava Louis Agassiz aos interesses norte-americanos na Amazônia, conectado a duas linhas de ação diplomática e de grupos de interesses: uma primeira, relativa à política da navegação fluvial e abertura do Amazonas à navegação internacional; e uma segunda, aos projetos de assentamento da população negra norte-americana, como colonos ou aprendizes, na várzea amazônica. Não que Agassiz tenha pessoalmente montado o esquema da viagem para realizar um trabalho diplomático de proselitismo dos interesses norte-americanos na Amazônia. Mas ele não perdeu a oportunidade de colocar-se em posição de influência, tornando a viagem ao Brasil ocasião para influenciar positivamente Pedro II, com o qual Agassiz trocava correspondência desde 1863.[9] De fato, os saraus gozados pelo casal Agassiz no Paço Imperial causavam comoção a todos os participantes da expedição, além de proporcionar a seu líder o status de celebridade nacional, tanto nos EUA quanto no Brasil.

A idéia da expedição havia surgido a partir de um ciclo de palestras, apresentado no inverno de 1864–65 no Lowell Institute. Na ocasião Agassiz havia sublinhado a importância de estudos da glaciação no hemisfério Sul, como forma de comprovar a teoria criacionista-catastrofista. A idéia entusiasmou o empresário Nathaniel Thayer o suficiente para que ele se oferecesse a financiar a viagem de Agassiz e de uma equipe de assistentes naturalistas. Os assistentes profissionais recrutados para expedição eram todos dos quadros do Museu de Zoologia Comparada e referendavam o perfil científico da expedição: Joel Asaph Allen, ornitólogo (Assistant-Curator of Birds, MCZ), John Gould Anthony, conquiliologista (conchologist, Assistant-Curator of Mollusks, MCZ), Orestes St. John,

7. William James, "A Month on the Solimoens".

8. Para maiores detalhes sobre o tema ver: Maria Helena P. T. Machado, *Brasil a Vapor. Raça, Ciência e Viagem no Século XIX*. Tese de Livre-Docência, FFLCH-USP, novembro de 2005, inédita, cap. 1.

9. David James, "O Imperador do Brasil e seus Amigos da Nova Inglaterra". *Anuário do Museu Imperial*, vol. 13, 1952, e Nícia Vilela Luz, *A Amazônia para os Negros Norte-Americanos* (Rio de Janeiro: Saga, 1968).

Jacques Burkhardt, desenho de William James, 1865.

10. Edward Lurie, *Louis Agassiz: A Life in Science* (paperback edition; Baltimore: Johns Hopkins Press, 1988), pp. 344–345; Gay Wilson Allen, *William James: A Biography* (New York: Viking Press, 1967), pp. 101–103; e H. Higuchi, *An updated list of ichthyological collecting stations of the Thayer Expedition to Brazil*. Eletronic version (1996): http://www.oeb.harvard.edu/thayer.htm.

11. Margareth Snyder, "The Other Side of the River (Thomas Wren Ward, 1844–1940)", *New England Quarterly*, vol. 14, no.3, 1941, pp. 423–436.

12. Carta de William James para Mary Robertson Walsh James, Steamer Colorado, provavelmente 31 de março, 1865.

paleontólogo, Jacques Burkhardt, artista que acompanhava Agassiz desde o começo da sua carreira no condado suíço de Neuchâtel, George Sceva, preparador de espécimes, e Charles Frederick Hartt, geólogo, que viria a se tornar um dos mais importantes estudiosos naturalistas do Brasil.[10] Porém, logo, a viagem começou a ganhar contornos menos profissionais, tornando-se um empreendimento científico-social-diplomático, cuja envergadura respondia aos anseios promocionais de Agassiz.

De início, Agassiz resolveu incorporar sua esposa, Elisabeth Cary Agassiz, e seu cunhado, Thomas G. Cary, à expedição. Em seguida, a divulgação de que o mestre pretendia alistar seis estudantes como coletores voluntários, desde que eles pagassem a viagem às suas próprias custas, causou comoção entre os estudantes da Harvard que passaram a disputar as vagas, emprestando à expedição o caráter de um empreendimento social e educativo. Dos estudantes engajados na expedição, todos provinham de famílias de prestígio e fortuna de Boston, a começar por Stephen V. R. Thayer, filho do mecenas da expedição. Thomas Ward —um dos melhores amigos de James —era filho de Samuel Gray Ward, agente dos Baring Brothers e representante dos interesses financeiros da Pacific Mail Steamship Company, a qual, atendendo a sugestões de S. Ward, ofereceu as passagens da equipe profissional no vapor Colorado, que fazia a rota para Califórnia, contornando o cabo Horn. Além disso, Samuel Ward era banqueiro da família James, além de ser membro do Conselho Financeiro do citado museu. Ao que tudo indica, o interesse maior de Ward com relação à Expedição Thayer era derivar a obsessão de seu filho Tom, de saúde delicada, de se estabelecer no Oeste, onde ele pretendia se enfronhar nos negócios de terras para construção de estradas de ferro, ao que o pai muito se opunha. Como prêmio de consolação, Ward havia concordado em embarcar Tom na viagem de Agassiz, que surgia então como um simulacro mais controlado da experiência masculina do Oeste.[11]

Assim como Walter Hunnewell e Edward Copeland, Newton Dexter era outro estudante voluntário engajado na expedição às próprias custas que pertencia a uma família que acumulava prestígio e riqueza. Além disso, Dexter se fazia notar por ser exímio caçador, projetando a imagem acabada do jovem milionário que se dedicava a viajar para terras selvagens —como o Oeste —como forma de desenvolver seus dotes masculinos de decisão, coragem e bravura. Em seu diário, James não apenas o caricaturou na figura do caçador beberrão de tesouros exóticos, como descreveu-o nos próprios termos do masculino agressivo do explorador-caçador: "Está conosco um sujeito queixudo e queimado de sol chamado Dexter de Providence, que é um atirador certeiro e já caçou por todo os EUA, não preciso dizer que ele fará um bom serviço, apesar de eu não saber muito dele em termos pessoais. Ele é rico".[12] James completou o grupo e, embora ele fosse naquela altura aluno da Faculdade de Medicina e leitor de Darwin e Spencer, já não nutrindo a mesma admiração inconteste por Agassiz que ele havia alimen-

tado nos anos anteriores, ao saber da possibilidade de se engajar na expedição, abraçou a idéia e a realizou devido aos fundos oferecidos por sua tia materna Kate, complementados pela ajuda do pai.[13]

O furor repentino com que James abraçou a idéia de viajar para a Amazônia colocava-o a par das tendências de seu tempo, que prescreviam, como etapa de formação dos jovens das famílias de elite, a exposição à viagens para terras selvagens. Nos EUA do Destino Manifesto, o roteiro da viagem de aprendizagem era, principalmente, o Oeste. A expansão para o Oeste não apenas atraiu a energia física e econômica do país como justificou a produção de um vasto campo de registros textuais e visuais cujos motivos reatualizavam os antigos temas da conquista e colonização da América do Norte, ligando a incorporação destes territórios à reatualização da utopia da terra prometida e a recuperação do Éden perdido.[14] Ir para o Oeste parecia então ser o desejo de todos e o destino de muitos: viajar para os territórios inexplorados, conhecer o mundo sem restrições da fronteira, experimentar a vida rústica, porém livre, dos territórios selvagens e desertos, usufruindo de seus encantos sedutores para, ao fim e ao cabo, domá-lo e incorporá-lo à civilização, tornou-se uma missão tanto coletiva quanto individual.

Se em termos coletivos a expansão para o Oeste respondia às lógicas do capital, dos investimentos e dos deslocamentos populacionais, em termos individuais a experiência da viagem às fronteiras começou a ser prezada como uma etapa desejável na construção da masculinidade do jovem norte-americano. Isto aplicava-se, sobretudo, aos jovens das elites, que mais e mais eram obrigados a despender suas energias vitais em salas de aula e bibliotecas, dedicando-se a estudos tão abstratos quanto imateriais das artes liberais e da filosofia. Ao analisar a emergência de uma cultura norte-americana do cavalheirismo a partir dos anos da Guerra Civil, centrada especificamente nos valores da masculinidade, Kim

Walter Hunnewell, desenho de William James, 1865.

Perfil de Newton Dexter, desenho de William James, 1865.

13. Allen, *William James: A Biography*, pp. 101–103.

14. Sobre o tema ver a análise de Carolyn Merchant, "Reinventing Eden: Western Culture as a Recovery Narrative" in: William Cronon, ed., *Uncommon Ground. Rethinking the Human Place in Nature* (New York: W. W. Norton & Company, 1983), pp. 132–170 e *Reinventing Eden. The Fate of Nature in Western Culture* (New York: Routledge, 2002), sobretudo capítulo 6, "Eve as Nature", pp. 117–144 nos quais Merchant mostra como nos quadros da ciência do XIX a natureza aparece associada às características perigosas do feminino selvagem e incontrolado, numa narrativa cujo enredo básico seria a restauração do Éden, por meio da domesticação e controle.

Townsend chama a atenção para a crescente valorização da exposição dos jovens aos desafios da natureza como forma de acender neles o vigor e o auto-controle necessários para se vencer na vida. Produzida na Universidade de Harvard, a concepção de masculinidade que então se articulava buscava preparar os jovens para as pressões do mundo dos negócios e de um mercado de trabalho, ambos cada vez mais competitivos.[15]

Esta abordagem, que sublinhava valores masculinos ligados à extroversão auto-controlada do vigor e da liderança buscava, ao mesmo tempo, proteger os jovens dos perigos da neurastenia e da fragilização provocada por um sistema de educação visto como excessivamente reflexivo e abstrato. Concebida como uma doença de classe, a neurastenia na segunda metade do XIX era vista como mazela exclusiva daqueles que não exerciam nenhum trabalho manual. Entendida como subproduto da supremacia do trabalho cerebral sobre a força bruta, podia-se relacionar, de alguma forma, a neurastenia à inteligência, aos trabalhos mais seletos, à sofisticação dos anseios e às atividades mentais.[16] Portanto, se a neurastenia encontrava legitimidade social, nem por isso ela deixava de ser combatida.

Ainda no final do século continuava a vigorar a certeza de que, além dos esportes, a vida ao ar livre e as viagens eram a forma mais saudável de proteger a mente dos jovens, sobrecarregados por uma vida fisicamente ociosa e por estudos excessivamente abstratos ou exageradamente sentimentais ou femininos, como a literatura. Em 1885, por exemplo, quando Owen Wister, então estudante da Harvard, sofreu um colapso nervoso devastador devido às excessivas pressões às quais se submetiam os jovens para obter uma colocação adequada nos meios acadêmicos e na sociedade exclusiva de Boston, seu médico, S. Weir Mitchell, receitou uma viagem. Seguindo uma receita então considerada eficiente —que aconselhava às mulheres nervosas que se abstivessem de qualquer exercício, mantendo-se recolhidas à cama e aos homens, o contrário —o médico de Wister aconselhou-o a viajar para o Oeste, levando roupas de montaria, leituras leves e nada de romances franceses. Isto sem mencionar o grande amigo de Wister, Theodore Roosevelt, outro estudante da Harvard, que foi quem incorporou à perfeição o ideal da masculinidade no ambiente da fronteira.[17]

Apesar de o Oeste surgir como a fronteira por excelência, um número considerável de viajantes norte-americanos do século XIX escolheu outras paisagens para ampliar seus horizontes. Como sublinhou Katherine Manthorne, entre 1839–79, alguns dos principais artistas norte-americanos procuraram como inspiração, em pelo menos alguma fase de suas vidas, o cenário da América Latina. Os trabalhos produzidos na Renascença Tropical —como Manthorne denominou esta corrente pictórica —realizaram um tipo de representação que, embora se conectasse a uma estética nacionalista, derivada da Hudson River School e do Destino Manifesto, apresentava características independentes. Artistas como Frederic Church, que atravessou o Equador e a Colômbia em 1857 produzindo paisagens marcadas pela estética do sublime conjugadas aos aspectos do misterioso, próprios da representação dos trópicos, marcaram este momento. Igualmente notável foi a presença do destacado artista norte-americano, George

15. Kim Towsend, *Manhood at Harvard: William James & Others* (Cambridge: Harvard University Press, 1998).

16. John Haller, Jr. e Robin M. Haller, *The Physician and Sexuality in Victorian America* (Urbana: University of Illinois Press, 1974), p. 6.

17. Sobre Wister e Roosevelt ver Townsend, *Manhood at Harvard*, sobretudo capítulo 5. Wister tronou-se, mais tarde, o notável escritor de ficção sobre o Oeste, com forte apelo ao ideal masculino, incluindo o clássico *The Virginian.*

Catlin, o qual atravessou a América do Sul, onde permaneceu entre 1852 e 1857. Partindo da Guiana, Catlin teria percorrido o norte do Brasil, atravessando os rios Trombetas, Amazonas, Xingu e Tocantins. Martin Heade foi outro artista que inspirou-se nos trópicos para planejar sua coleção nunca finalizada de "Gemas do Brasil", desenhando seus primeiros beija-flores no Rio de Janeiro entre 1864 e 1865.[18] No entanto, os mais famosos viajantes norte-americanos que percorreram o Brasil, e especialmente a Amazônia do século XIX, foram o tenente William Lewis Herndon, que havia peregrinado por todo o rio Amazonas, do Peru ao Atlântico, na metade do século XIX, e o próprio Louis e Elizabeth Agassiz e seus auxiliares e alunos, que os acompanharam na Expedição Thayer.

Pelo lado político, a expedição recebeu apoio oficial do governo norte-americano, que esperava utilizar-se da amizade epistolar de Agassiz com Pedro II para procurar contrabalançar a influência européia sobre a diplomacia brasileira, que até ali havia conduzido a posição do Brasil frente à Guerra Civil, redundando numa posição na qual o Brasil reconhecia o Sul confederado como parte beligerante (e não apenas em rebelião), justificando a neutralidade brasileira. A posição diplomática do Brasil, que imputava legitimidade diplomática à Confederação, justificava a tolerância das autoridades em relação à entrada de navios sulistas, que procuravam os portos brasileiros para abastecimento. O Secretário de Estado dos EUA, William Seward, entregou aos cuidados de Agassiz cartas confidenciais dirigidas a James Watson Webb, representante norte-americano no Brasil, amigo pessoal de Seward e organizador de um malogrado empreendimento de assentamento de negros norte-americanos na Amazônia. Embora a expedição tenha chegado ao Rio de Janeiro após o final da Guerra Civil, tornando esta faceta diplomática francamente obsoleta, Agassiz não deixou de realizar uma missão política delicada, de pressionar amigavelmente o governo brasileiro para abrir a navegação da Amazônia aos navios estrangeiros, sobretudo norte-americanos.[19] E ele assim fez, conseguindo do Imperador a promessa de abertura da navegação, que foi realizada pelo decreto de 7 de dezembro de 1866.[20]

A abertura da navegação do Amazonas mostrou-se logo uma questão vazia, uma vez que os planos grandiloqüentes que vinham sendo alimentados desde a década de 1850 faliram. No entanto, os projetos de ocupação da Amazônia por grupos norte-americanos revelam ângulos hoje esquecidos de negociações diplomáticas e pressões internacionais intensas, que se deram no contexto da ampliação dos interesses norte-americanos em direção à América do Sul, sobretudo daqueles relacionados à expansão territorial empreendida pelo Sul antes da Guerra de Secessão, e aos projetos concebidos, em diferentes décadas por sulistas e nortistas, que intentavam livrar os EUA de sua população negra. O mais irônico é que a Amazônia, que veio a ser descrita pela literatura de viagem científico-naturalista como a quintessência do paraíso terreal, nos termos mais acabados do sublime na natureza, foi também objeto dos projetos mais destrutivos e reacionários concebidos na metade do século XIX. Representada em discursos que oscilavam entre a justificação dos interesses territoriais, empresariais, bem

18. Katherine Emma Manthorne, *Tropical Renaissance: North American Artists Exploring Latin America, 1839–1879* (Washingnton: Smithsonian Institution Press, 1989), ver sobretudo Apêndice I.

19. Lawrence F. Hill, *Diplomatic Relations Between the United States and Brazil* (Durham: Duke University Press, 1932), sobretudo capítulo. 4, "The Diplomacy of Two New Yorkers", pp. 146–176.

20. Hill, *Diplomatic Relations*, pp. 237–238.

como sociais, nebulosos e aventureiros, e descrições de paisagens luxuriantes e animais exóticos de uma literatura de viagem aparentemente benigna e abstrata, a Amazônia corporificou o próprio locus de enunciação do discurso da expansão capitalista-imperialista da segunda metade do século.

Segundo Mary Pratt, a literatura de viagem naturalista caracteriza-se como produtora de entendimento racionalizador, extrativo e dissociativo, que suprimia as relações funcionais e experienciais entre as pessoas, plantas e animais, consolidando um paradigma descritivo e uma apropriação do planeta aparentemente benigna e totalmente abstrata. Desta maneira, a viagem realizava uma apropriação discursiva das áreas coloniais, dando origem a uma configuração nova, porém extremamente efetiva de conquista, que Mary Louise Pratt denominou de "anti-conquista", em alusão ao caráter aparentemente pacífico e reflexivo do viajante naturalista e às características abstratas da apropriação catalogadora por ele promovida.[21] A própria natureza —conceituada, nos escritos de viagem do período, antes de tudo como regiões e ecossistemas não dominados por europeus —é, neste tipo de discurso, idealizada como paraíso. A paisagem é descrita como inabitada, devoluta, sem história e desocupada, até mesmo pelo próprio viajante. A atividade de descrever a geografia e identificar a flora e a fauna estrutura uma narrativa associal em que a presença européia ou nativa é absolutamente marginal, ainda que fosse este, evidentemente, um aspecto constante e essencial da viagem em si. Assim, os produtores da literatura de viagem do século XIX agem como se fossem sempre os últimos e privilegiados adões passeando pelo paraíso terreal, nomeando o que vêem. Nos rastros do viajante, no entanto, deveriam sempre seguir as pegadas do progresso, único e legítimo destino da natureza intocada.[22]

Agassiz não deixou de proceder segundo as premissas da abordagem naturalista-expansionista. Após se deleitar em passear por entre as maravilhas do mundo inexplorado da Amazônia, em sua partida ele aproveitou o banquete de confraternização que lhe ofereceu o encarregado de negócios norte-americanos no Rio, e do qual participaram as mais altas autoridades locais, para agradecer as gentilezas oferecidas pelo Imperador-Cientista, que havia, graciosamente, financiado toda a rota interna da expedição. Agassiz aproveitou a ocasião para também louvar as maravilhas do vale amazônico, incidentalmente discursando sobre os meios necessários para fazer valer, por meio do progresso, os muitos predicados do paraíso terreal. O primeiro passo seria a abertura da navegação internacional da Amazônia como forma de trazer o desenvolvimento para a região. Ao que o marquês de Olinda respondeu que apenas lamentava que a rápida partida da expedição não permitisse que Agassiz assistisse ao coroamento de seus esforços. O produto da política sedutora de Agassiz refletiu-se no decreto imperial, assinado meses depois, que alcançava aquilo que mais de vinte anos de política impositiva e agressiva norte-americana não haviam sido capazes de alcançar.[23] A mescla de loas ao mundo intocado das selvas, com recomendações de projetos de desenvolvimento de companhias de navegação e empreendimentos agrícolas

21. Mary L. Pratt, *Imperial Eyes: Travel Writing and Transculturation*. (London: Routledge, 1992), pp. 38–39. Ver também Maria Helena P. T.Machado, "A Construção do Olhar Imperial". Resenha do livro de Mary Louise Pratt, *Revista Brasileira de História*, São Paulo, 20:39, 2000, pp. 281–290.

22. Pratt, *Imperial Eyes*, pp. 50–52 e 120–131.

23. Hill, *Diplomatic Relations*, pp. 236–237.

monocultores-exportadores altamente predatórios, faziam eco à propostas anteriores de outros aventureiros norte-americanos.

De fato, na década de 1850, o relato de aventuras do marinheiro William Lewis Herndon —coadjuvado por Lardner Gibbon —o qual, a mando do Secretário da Marinha dos EUA, havia percorrido a rota que ligava as montanhas andinas às cabeceiras do Amazonas e seus tributários, publicando o *Exploration of the Valley of the Amazon*, obteve um sucesso de público estonteante. O livro, lançado em 1854, havia alcançado sucesso editorial grande o suficiente para alimentar, com seus relatos de aventuras em terras misteriosas e relação de riquezas insuspeitas, a imaginação de muitos jovens aventureiros da época. Escrito em tom empático, o relato de Herndon magnetizou, por exemplo, a imaginação do jovem Samuel Clemens de Keokuk, Iowa. Em suas reminiscências, Mark Twain rememorou:

> *Então eu comprei uma passagem para Cincinnati e fui para esta cidade. Lá eu trabalhei por diversos meses na tipografia de Wrightson and Company. Eu andava lendo a narrativa das explorações do tenente Herndon na Amazônia e fiquei sumamente atraído pelo o que ele disse sobre a coca. Decidi que poderia ir para as cabeceiras do Amazonas para colher coca, negociá-la e fazer fortuna. Viajei para New Orleans no vapor "Paul Jones" com a cabeça cheia destas idéias. Quando eu cheguei em New Orleans, fui me informar sobre os navios que iam para o Pará e descobri que estes não existiam e que provavelmente não existiriam por todo o século. Não havia me ocorrido que eu deveria me informar sobre estes detalhes antes de sair de Cincinnati, então, ali estava eu. Eu não podia ir para a Amazônia. Eu não tinha amigos em New Orleans, nem dinheiro para fazer qualquer coisa. Fui encontrar Horace Bixby e pedi para que ele fizesse de mim um piloto.[24]*

Notavelmente, ele já expressava em seu plano de aventuras a imaginosa idéia de que a Amazônia podia ser, ao mesmo tempo, cenário de viagens exóticas e repositório de riquezas inusitadas que ali estavam para serem apropriadas pelo primeiro que ali passasse. O plano mirabolante de Mark Twain nos lembra aquele proposto a James pelo sr. Urbano —o barqueiro cafuzo que serviu de guia em uma das excursões de coleta de peixes e é descrito, às vezes, por um James mal humorado com os desconfortos da expedição, como um "o negro velho [que] me parece rígido e estranho" —quando ambos desciam o Solimões em canoas e já haviam se tornado os melhores amigos.

> *Ele quase imediatamente propôs que eu fosse para casa em janeiro e voltasse em maio ao Pará & de lá para Manaous, com uma carga grande de mercadorias americanas, roupas, facas &c. Ele aí me esperaria & nós iríamos juntos para sua feitoria no Purus. Em dezembro, eu iria novamente para casa com um grande carregamento de borracha indígena, a qual eu venderia com grandes lucros.*

24. Charles Neider, org., *The Autobiography of Mark Twain* (New York: Perennial, 1959), capítulo 11. Agradeço a Warren Monteiro por ter, gentilmente, localizado a passagem citada.

Enquanto conversávamos, a aurora triste e solene começou a despontar, mostrando a mata, revelando-se, revelando-se, como numa pintura.[25]

No entanto, ao contrário do tom de descompromisso e ingenuidade que cerca as aventuras imaginárias ou não de Samuel Clemens e William James, a Amazônia descrita por Herndon estava implicada num movimento de interesses comerciais-escravistas do Sul pré-secessão, e refletia uma teoria geopolítica que beneficiava amplamente seus interesses expansionistas. Rezava esta teoria, cunhada principalmente pelo tenente Matthew Fontaine Maury, que uma acha de lenha lançada no rio Amazonas boiaria em direção ao mar, seria carregada pelas correntes marítimas em direção ao Caribe ("o nosso mar", no dizer de Maury) e chegaria à embocadura do rio Mississipi.[26] Em carta dirigida a seu cunhado e amigo, William Herndon, cuja expedição ao Amazonas respondia ao projeto de Maury, então encampado pela marinha norte-americana, encontramos outra observação do mesmo naipe. Segundo Maury, a Amazônia se localizava mais perto da Flórida e do Mississipi que do Rio de Janeiro, devendo estar, portanto, sob controle dos estados sulistas.[27] Este conjunto de argumentos delinearia o que Maury imaginou como um lago interior, que iria do golfo do México à Amazônia, região que naturalmente pertenceria ao Sul, cabendo aos sulistas "colonizar, revolucionar, republicanizar e anglicizar este vale."[28]

Louis Agassiz viria, no Brasil, a dar o último passo com relação à questão da abertura do Amazonas para a livre navegação. Passeando pela Amazônia nos meses que se seguiram à rendição confederada, Agassiz parecia distanciado dos seus antigos companheiros. Entretanto, por trás da aparente neutralidade do homem de ciência, palpitava o negociador e o ideólogo da limpeza racial nos EUA. Passeando pelo Éden amazônico, a Expedição Thayer devassaria a Amazônia, se apropriando dos peixes, das rochas e dos mestiços e mestiças amazônicos fotografados nus em poses dúbias, congelados como exemplos da degeneração racial, em nome da construção de um inventário dos perigos da miscigenação. Mais uma vez, era ao Sul escravista a quem a Expedição Thayer se reportava, didaticamente elaborando o rol dos horrores do hibridismo. Além disso, o papel a que Agassiz provavelmente se prestou em sua volta aos EUA, de estimular a imigração norte-americana para o Brasil, se refletiu na vinda de grupos de confederados. Em suas memórias, alguns comentaram, por exemplo, que as otimistas idéias divulgadas por Agassiz sobre a colonização da Amazônia haviam sido o fator determinante da escolha do país e província de destino.[29]

Apesar de todo o alarde em torno da viagem e das promessas de divulgação de obra revolucionária sobre o tema da criação do mundo natural, em sua volta, Agassiz nunca chegou a publicar qualquer trabalho de monta sobre os estudos empreendidos em sua viagem ao Brasil. Já Elizabeth Cary Agassiz, que havia funcionado como cronista da expedição, organizou e publicou suas anotações em *A Journey in Brazil*. O livro, lançado em 1868, alcançou enorme sucesso junto ao público leigo. Em 1869, por exemplo, a obra já estava na oitava edição, desaparecendo porém nos anos seguintes. É este um livro composto por uma narrativa da

25. Diário de William James, 1865–1866, Notebook 4.

26. Carta de M. F. Maury para W. G. Sims, maio de 1849, *apud*, John P. Harrison, "Science and Politics: Origins and Objectives of Mid-Nineteenth Century Government Expeditions to Latin America". *Hispanic American Historical Review*, 35:2, 1955, pp. 187–188.

27. Carta de M. F. Maury para W. L. Herndon, 20 de abril de 1850, transcrita na íntegra em Donald Marquand Dozer, "Matthew Fontaine Maury's Letter of Instruction to William Lewis Herndon", *Hispanic American Historical Review*, 28:2, 1948 p. 217.

28. Carta de M. F. Maury para W. L. Herndon, 20 de abril de 1850, transcrita na íntegra em Dozer, "Matthew Fontaine Maury's Letter", p. 217.

29. Sobre a propaganda feita por Agassiz do Brasil como terra prometida para imigração, ver: Louis Agassiz, "La vallée des tropiques au Brésil", *Revue Scientifique* 6:2, 1874, pp. 937–943. Sobre imigração dos confederados, ver Eugene C. Harter, *The Lost Colony of the Confederacy* (Waco: Texas A&M University Press, 2000), p. 49. Para maiores detalhes dos interesses sulistas na Amazônia do século XIX ver: Maria Helena P. T. Machado, *Brasil a Vapor*, cap. 1.

viagem, escrita em tom coloquial, contendo muitas descrições de paisagens e de costumes locais. A abordagem imposta por Elizabeth é aquela que se poderia esperar de uma mulher burguesa da Nova Inglaterra, muito bem educada e, até certo ponto, liberal. Em seu relato, Elizabeth aborda a vida nos trópicos com um misto de espírito aventureiro, estilo pitoresco e distanciamento gentil. No entanto, ela aparece no livro igualmente como veículo através do qual Louis Agassiz pontifica e ratifica seus pontos de vista altamente reacionários, tornando-se ele, em certo sentido, o verdadeiro autor do livro. Entremeada às partes descritivas do relato, encontra-se a intervenção de Louis Agassiz em notas de rodapé, adendos e anexos, por meio dos quais se garante a superioridade das preocupações masculinas-científicas (a ciência, a política e a diplomacia) frente ao relato "despretensioso" de sua mulher. Desta forma, *A Journey in Brazil* deve ser analisado como anteparo a partir do qual Elizabeth promove a fala de seu marido, escondendo sua própria autoridade discursiva.

A postura expressa por James em seus escritos colide claramente com a adotada pelo casal Agassiz. É claro que, sendo James apenas um estudante e coletor voluntário, ele sentia-se muito mais à vontade para escrever tudo o que pensava, sem se preocupar grandemente com a repercussão de suas opiniões que, em princípio, deviam se manter no círculo familiar de seus correspondentes epistolares, e seria ingenuidade comparar mecanicamente as duas viagens, experienciadas a partir de perspectivas muito diversas. No entanto, é notável o fato de que, embora eventualmente James se deixasse seduzir pelo pitoresco de uma viagem tropical e, em nome disso, repetisse fórmulas feitas específicas ao gênero da literatura de viagem do período, é também verdade que, em passagens mais reflexivas e espontâneas, James desconstruía tudo isso. Estas passagens mostram que James possuía a capacidade de se deixar capturar pela viagem, entregando-se às experiências, por mais desafiadoras ou desconfortáveis que elas se apresentassem.

Assim, por exemplo, embora no decorrer da viagem James tendesse claramente a empatizar com Elizabeth Agassiz, reconhecendo nela os atributos da sociabilidade das altas camadas da Nova Inglaterra, estrato do qual James não apenas provinha como também valorizava, estabelecendo um relacionamento amigável com a mulher culta e atenciosa que era Mrs. Agassiz, não deixou ele de expressar, em certas passagens, um distanciamento crítico da postura excessivamente convencional assumida por Elizabeth, eventualmente denominada por James como uma visão romântica e artificial da viagem.

Do quarto de Coutinho eu me dirigi para o da sra. Agassiz. A excelente, porém fútil mulher olhará tudo sob uma luz tão romântica e inatural, que ela não parece andar por sobre o chão sólido. Ela parece imaginar que nós somos meros personagens andando por aí em estranhas fantasias, num palco de cenário apropriado e —pas plus difficile que ça. Ela me disse —que estava todo confuso e raivoso frente à idéia de ir novamente aos pernilongos e piuns do maldito Solimões, ao qual eu me agraciava pensando ter dado um eterno adeus, na mais entusiástica forma: "Bem, James, você se divertirá muito, não é. Eu o invejo". Oh, que mulher tola![30]

Segundo notou sagazmente o autor do comentário, ao aderir com tamanha força ao papel social prescrito às mulheres da alta burguesia esclarecida, Mrs. Agassiz havia condenado a si mesma a uma visão totalmente artificial e romantizada da realidade, a qual a impedia não só de desfrutar da vigem como de verdadeiramente experienciá-la: "A sra. Agassiz está bem e é uma mulher muito boa, porém, como muitas da sua classe em Boston, está tão preocupada em maximizar as oportunidades e tão convicta em 'compreender' que ela está impedida de se divertir nos trópicos. Ela escreve abundantemente. Não sei o que resultará disso, mas temo que seja descritivo demais."[31]

A mesma frustração com a aparente incapacidade de Elizabeth. Agassiz de realmente se deixar capturar pelos desafios de uma viagem ao mundo desconhecido dos trópicos transparece numa passagem, escrita poucos anos depois, em 1868, quando James se encontrava em Dresden, Alemanha, a respeito de *A Journey in Brazil* que, recém-lançado, lhe havia chegado às mãos de maneira ocasional e cuja leitura, apesar de agradável, não o havia convencido:

O jovem Thies apareceu aqui na noite passada me trazendo o livro da sra. Agassiz, o qual ele havia emprestado do dentista. Folheei-o por mais ou menos uma hora e fiquei muito bem impressionado, pois esperava achá-lo mais pesado e maçante. Apesar disto, acho que muito mais se poderia fazer sobre o tema — ela não consegue descrever a paisagem, ou, de fato, nada que valha alguma coisa.[32]

O comentário de James a respeito de *A Journey in Brazil* colide frontalmente com outra passagem constante da mesma carta. Nesta, James, comentando a excepcional sabedoria de Goethe, sublinhava que a aquisição do verdadeiro saber condicionava-se a uma entrega absoluta à vivência da natureza, para além dos juízos subjetivos ou preconceitos que velavam a verdadeira capacidade de discernimento do ser humano:

Mas, além e acima destes dons naturais, ele possuía uma profunda crença na realidade da Natureza da maneira como ela se desenvolve, desprezando fórmulas imateriais. Através de cada fato particular, ele se colocava em contato com o mundo & esforçando-se e lutando sem trégua para incessantemente tornar sua mente mais & mais aberta aos ensinamentos da Natureza — apagando mais & mais estes padrões subjetivos nos quais todos nós nascemos e que ele parece ter odiado como se eles fossem, entre nós, a própria marca do pecado original.[33]

Segundo James, o verdadeiro pecado original da humanidade residia na subjetividade ou inautenticidade do conhecimento que recebemos ao nascer — provenientes do corpo de juízos estabelecidos na sociedade à qual calhamos pertencer, que são inculcados desde a tenra idade em nosso ser e ao qual aderi-

30. Diário de William James, 1865–1866, Notebook 4.

31. Carta de William James para Alice James. Manaus, 6 de novembro, 1865. O comentário de James a respeito dos limites epistemológicos de Elizabeth Agassiz se assemelha, em mais de um sentido, à análise elaborada por Sara Suleri sobre o confinamento das mulheres inglesas no mundo colonial do XIX, no caso especificamente na Índia do Raj, no locus narrativo do pitoresco e do amador, como único canal legítimo de expressão feminina: *Da análise do extenso conjunto de diários, memórias, cartas e ficção, escrito por mulheres anglo-indianas, torna-se evidente que, fora dos confins da domesticidade, uma das poucas posições socialmente respeitáveis disponíveis era o papel de etnógrafa amadora. Elas podiam desenhar paisagens e capturar fisionomias, desde que permanecessem imunes às conclusões sociológicas oferecidas por seus próprios dados, entrando nos domínios do político com vistas a estetizar, em vez de analisar.* Sara Suleri, *The Rethoric of English India* (Chicago: University of Chicago Press, 1992), p. 75.

32. Carta de William James a Thomas Wren Ward. Dresden, 24 de maio, 1868, Skrupelis and Berkeley, orgs., *The Correspondence of William James* (1856–1877), vol. 4, p. 309.

33. Ibdem p. 307.

O Brasil no Olhar de William James

mos como experiência verdadeira. Embora o trecho citado seja posterior ao período que analisamos, no decorrer de sua viagem ao Brasil parece que James já reagia a esta perspectiva. E é por isso que as impressões por ele deixadas de sua experiência no Brasil, apesar de seus altos e baixos, testemunham o esforço deste jovem das classes bem nascidas dos EUA de se livrar das viseiras impostas pela abordagem colonialista exotizante masculina da viagem, entregando-se perigosamente a uma vivência que desafiava os limites do permitido ou do prescrito a um viajante masculino ao mundo da fronteira.

A literatura de viagem da época fomentava o receituário da exotização-erotização do outro nativo, que parecia se apresentar em estado de disponibilidade nas situações dos encontros assimétricos das viagens coloniais, e cujos relacionamentos com os viajantes eram vistos como formas socialmente seguras de aliviar as excessivas restrições da moral vitoriana, perigosamente desafiadas pela sensualidade dos não-brancos. No decorrer da expedição, Agassiz se interessou pelo estudo da população, o que o levou a empreender uma tentativa de documentação das "raças brasileiras" por meio da fotografia. Esta iniciativa aparece comentada no apêndice de *A Journey in Brazil*, no item intitulado "Permanence of Characteristics in Different Human Species". Segundo o cientista, a população brasileira, marcada como era por um alto índice de miscigenação, tornava-se um laboratório ideal para o estudo das conseqüências dos diferentes tipos de cruzamento na constituição dos indivíduos. Com o objetivo de ilustrar o perfil da população brasileira, Agassiz inicialmente encomendou a Augusto Stahl, fotógrafo profissional com casa comercial na cidade do Rio de Janeiro, uma série de fotografias de africanos, classificados por Agassiz como "tipos raciais puros". O resultado desta iniciativa se materializou em duas séries de fotografias, uma na forma de portraits e uma segunda composta de fotografias de caráter científico-fisionômico de tipos étnicos de negros e negras do Rio de Janeiro, mas incluindo na seqüência também alguns chineses que viviam na cidade. Note-se que todos os figurantes da seqüência fisionômica aparecem nus e em três posições fixas (de frente, de costas e de perfil). Uma terceira série de fotografias foi realizada em Manaus, tendo como fotógrafo um dos integrantes da expedição, Walter Hunnewell, e documentou os tipos mistos ou híbridos amazônicos.

De fato, Agassiz montou em Manaus uma base para a expedição, inclusive pondo a funcionar o famoso Bureau d'Anthropologie, produzindo a polêmica coleção fotográfica dos mestiços (sobretudo mestiças) amazônicos. É esta uma das mais citadas passagens do diário de James, pois nela seu autor estabelece claramente uma distância crítica com relação aos procedimentos pouco éticos adotados por Agassiz, que mostrava estar se utilizando de sua autoridade para convencer os nativos e nativas a se deixarem fotografar despidos. O episódio todo, que aparece muito bem explicitado no registro de James, não foi jamais comentado publicamente, nem por ele nem por qualquer outra pessoa da expedição. Tão constrangedor foi o episódio que até hoje ainda não se efetivou publicação de toda a coleção fotográfica reunida por Agassiz no correr da Expedição Thayer.[34] Em *A Journey in Brazil*, Elizabeth, lançando mão do seu usual tom

34. A Coleção Fotográfica de Agassiz está tombada no Peabody Museum da Universidade de Harvard. No momento, estudo a possibilidade de publicá-las.

distanciado, comenta numa rápida passagem a existência do estúdio fotográfico e o interesse científico do marido em obter uma documentação fisionômica dos híbridos amazônicos, capaz de proporcionar os dados por meio dos quais Agassiz pudesse elaborar um quadro da variedade das mestiçagens locais. O único detalhe que capturou a atenção da autora foi a suposta crendice dos locais, que relutavam em se deixar fotografar porque acreditavam que a fotografia roubava-lhes a alma ou a energia vital, podendo produzir a morte do fotografado.[35] Não há dúvida de que esta percepção estava correta, pois as fotografias do Bureau de Anthropologie ainda hoje testemunham a violenta apropriação de corpos e de almas, intentada em nome da ciência.

No entanto, a leitura de James da experiência fotográfica caminha em outra direção e se solidariza com o mal-estar demonstrado por Tavares Bastos, que indo encontrar-se com Agassiz presenciou uma cena do estúdio:[36]

> *Fui, então, para o estabelecimento fotográfico, e lá cautelosamente admitido por Hunnewell com suas mãos negras. Ao entrar no quarto encontrei o Prof. ocupado em convencer 3 moças, às quais ele se referia como sendo índias puras, mas as quais eu percebi, como mais tarde se confirmou, terem sangue branco. Elas estavam muito bem vestidas em musselina branca, tinham jóias e flores nos cabelos e exalavam um excelente perfume de pripioca.[37] Aparentemente refinadas, e de qualquer modo não libertinas, elas consentiram que se tomassem com elas as maiores liberdades e duas delas, sem muito problema, foram induzidas a se despir e posar nuas. Enquanto nós estávamos lá chegou o sr. Tavares Bastos e me perguntou ironicamente se eu estava vinculado ao Bureau d'Anthropologie.[38]*

A chave da passagem, no meu entender, se encontra para além do mero senso de constrangimento expresso por James frente a uma cena na qual pairava a suspeita de manipulação e abuso de poder. O que é notável no registro é a capacidade demonstrada por seu autor de perceber e relativizar as nuances da sociedade nos trópicos. Para James, as mulheres que se deixavam fotografar eram refinadas, estavam vestidas elegantemente, exalavam um bom perfume, portanto eram "civilizadas", não importando a cor. Além disso, elas eram apenas parcialmente indígenas, e conseqüentemente, em parte, brancas. A percepção da mestiçagem fora do registro pessimista do hibridismo degeneracionista se opõe totalmente à abordagem predominante da Expedição Thayer, assinalando a independência intelectual de William James. Para James, no entanto, a convivência da civilização com uma percepção corporal mais relaxada, que fazia com que as mulheres —e homens —se deixassem quase facilmente observar e fotografar nus, ainda permanece misteriosa. Não que James tenha passado incólume pela experiência sensual, se não erotizante de uma viagem aos trópicos. Esta ofereceu ao intelectual vitoriano que ele era, às voltas com suas emoções, a oportunidade de experienciar uma inesperada gama de emoções e sensações. No entanto, em vez de aderir à segura fórmula do enquadramento do outro na rubrica do diferente, a estratégia de James consigo próprio era a exposição de si mesmo à autenticidade da experiência.

35. Elizabeth Cary Agassiz, *A Journey in Brazil* (Boston: Ticknor and Fields, 1868), pp. 276–278.

36. A presença de Tavares Bastos em atividades da Expedição Thayer se justifica pelo fato de ter sido ele o principal, se não único, intelectual brasileiro a defender a abertura da navegação do rio Amazonas para barcos estrangeiros. Sua adesão ao liberalismo norte-americano e aos projetos de livre navegação fez com que ele se aproximasse de Louis Agassiz e participasse da cena em questão. Para maiores detalhes, ver Machado, *Brasil a Vapor*, capítulo 3.

37. Corretamente grafada como priprioca (derivada dos termos Tupi *piripiri* e *oca*). Ver Peter Mann de Toledo, "A Lenda do Índio Piripiri", *Folha do Meio Ambiente*, 153 (nov.–dez. 2004).

38. Diário de William James, 1865, Notebook 4.

A Expedição e sua Rota

Embora o principal objetivo da expedição, desde seu início, fosse explorar a bacia amazônica, a rota da viagem da Expedição Thayer foi bem mais longa. A expedição partiu de Nova York em 1º de abril de 1865 e aportou no Rio de Janeiro em 22 de abril do mesmo ano. Os primeiros três meses da viagem foram empregados em passeios pelos arredores da cidade e em preparativos para a etapa mais ambiciosa da expedição. Nesta fase, enquanto o casal Agassiz se encontrava com o imperador em agradáveis reuniões sociais, era homenageado pela comunidade estrangeira e pela elite imperial em banquetes e se divertia visitando fazendas de café escravagistas, James permanecia no Rio, coletando e preparando moluscos e se recuperando de uma varíola que quase o matou.

A expedição se dividiu em três grupos, sendo que Hartt e Copeland se dirigiram para o nordeste pela costa, explorando independentemente uma rota bastante produtiva.[39] Um segundo grupo —St. John, Allen, Ward e Sceva —partiu também para o nordeste, explorando o interior. O grupo principal, liderado por Agassiz e do qual participava William James, partiu para Belém do Pará em 25 de julho, visitando no caminho cidades do nordeste, como Salvador e Maceió. Ao partir a expedição tinha sido acrescida de D. Bourget —naturalista francês que vivia no Rio —e o major Coutinho (Major João Martins da Silva Coutinho, engenheiro do exército), geólogo e naturalista com experiência de exploração do rio Purus, que havia sido designado pelo imperador para servir de guia da expedição. No Pará, à equipe da expedição se agregou Talismã Figueiredo de Vasconcelos, oficial da Companhia de Navegação a Vapor da Amazônia, que se tornou o único e odiado companheiro de James em mais de uma de suas solitárias expedições no Alto Amazonas, para as quais ele foi designado por Agassiz. Do Pará, o vapor Icamiaba, que havia sido colocado à disposição da expedição pelo próprio imperador, conduziu a equipe para Manaus, explorando em sua rota a bacia amazônica, tanto conjuntamente quanto em pequenos grupos separados. Em seguida, utilizando-se do vapor Ibicuí, a expedição realizou novas explorações em torno de Manaus e do rio Negro.

James participou de diversas expedições de coleta, com colegas da expedição ou apenas acompanhado de guias locais, penetrando os afluentes do Amazonas de canoa, enfim, realizando viagens arrojadas, nas quais ele se viu obrigado a realmente se adaptar às condições locais e estabelecer contato com as populações ribeirinhas. Estas expedições de coleta foram descritas por James como a melhor e talvez única parte da viagem que realmente o interessou, apesar de seus muitos desconfortos e inseguranças.

Numa primeira expedição, que teve lugar entre agosto e setembro, James, acompanhado de Newton Dexter e do já citado Talismã, partiu de Santarém, na junção do rio Amazonas com o Tapajós, explorando o rio Tapajós durante oito dias. Uma segunda expedição de coleta que teve como protagonista o jovem coletor ocorreu entre setembro e outubro do mesmo ano. Seu ponto de partida foi a vila de Tabatinga, localizada na margem esquerda do rio Solimões, hoje na

39. Sobre Frederick Hartt ver Marcus Vinícius de Freitas, *Hartt: Expedições pelo Brasil Imperial 1865-1878/Expeditions in Imperial Brazil* (São Paulo: Metalivros, 2001), pp. 52–117.

fronteira do Brasil com o Peru e a Colômbia, a mais de 1.600 kms de distância por via fluvial de Manaus, capital da então Província do Amazonas. Deste ponto, o grupo todo se dirigiu para a localidade de São Paulo d'Olivença, onde se acantonaram L. Agassiz e parte dos membros da expedição, inclusive James. Dias depois, mais uma vez acompanhado por Talismã, James partiu para uma viagem de coleta, explorando por três semanas os rios Içá e Jutaí, reencontrando a expedição principal em Tefé. Finalmente, James partiu de Manaus numa terceira expedição individual, tendo como companhia principal o citado sr. Urbano. Esta expedição, que realizou a exploração da margem esquerda do rio Solimões e do lago Manacapuru, localizado em torno de 90 kms de distância fluvial de Manaus, foi a que mais influenciou o estado de espírito de James, conforme comprovam as extensas anotações de James sobre suas experiências como viajante, coletor e hóspede da família do guia da expedição, a quem James se afeiçoou intensamente. A Expedição Thayer retornou para o Rio de Janeiro e finalmente embarcou para os EUA em 2 de julho de 1866.[40] William James, no entanto, já havia abandonado a expedição em dezembro de 1865, retornando para os EUA.

A Natureza da Ciência da Época

O entendimento mais amplo das impressões de James a respeito do Brasil, de suas idéias, sentimentos, observações da natureza e das relações sociais desenvolvidas na viagem condicionam-se à contextualização da Expedição Thayer como empreendimento de múltiplos significados. E nesta, se sobressai a figura carismática e controvertida de Louis Agassiz, cujos interesses científicos, sociais e políticos delinearam o quadro de referências com o qual James, não sem certo constrangimento, teve que aprender a conviver ao longo da expedição.

De certo, em mais de um sentido, o Louis Agassiz que desembarcou no Rio de Janeiro, capital da corte imperial, em abril de 1865, estava longe do carismático sábio que havia desembarcado em Boston, Massachusetts, da década de 1840, e a cujas palestras iniciais, proferidas no inverno de 1846–47 no Lowell Institute, com o título de "Plano da Criação do Reino Animal", haviam se tornado a sensação da temporada, alcançando público de até 5 mil pessoas por sessão, que para lá acorriam para escutar o famoso professor europeu discorrer sobre as leis da natureza e as maravilhas dos desígnios divinos inscritos no mundo natural.[41] O que mudara ao longo do período havia sido, sobretudo, a capacidade do naturalista suíço e professor aclamado da Universidade de Harvard de manter a unanimidade que ele havia alcançado na década de 1840.[42] Não que o prof. Agassiz houvesse perdido seu charme ou capacidade retórica. O jovem James, por exemplo, não escapou de se deixar seduzir pelo carisma de Agassiz, tornando-se um entusiástico participante das palestras do Lowell Institute no início da década de 1860, logo após a família ter retornado da Europa. Entusiasmo compartilhado igualmente por seu pai, Henry James Sr., cujas crenças na denominação de Swedenborg e cujas reflexões a respeito da ciência e da religião o tornavam simpático, de alguma maneira, à pregação de Agassiz, sobretudo no aspecto em que sua

40. H. Higuchi, *An Updated List*, http://www.oeb.harvard.edu/thayer.htm.

41. Lurie, *Louis Agassiz*, p. 126.

42. O esboço biográfico de Louis Agassiz aqui apresentado baseou-se na sua principal biografia, escrita por Edward Lurie, *Louis Agassiz: A Life In Science* e no livro indispensável de Louis Menand, *The Metaphysical Club: A Story of Ideas in America* (New York: Farrar, Straus and Giroux, 2001), sobretudo capítulos "Agassiz" e "Brazil".

visão parecia reafirmar a possibilidade da manutenção de uma ponte entre ciência e religião.[43]

Os praticamente vinte anos que medeiam o desembarque do naturalista suíço em Boston e sua viagem ao Brasil foram preenchidos por Louis Agassiz por uma constante atividade que o havia catapultado para o topo da hierarquia científica, social e mesmo política da rarefeita sociedade da Nova Inglaterra. O sucesso de Agassiz junto ao público leigo, sua aceitação no meio mais restrito dos cientistas norte-americanos, sua entrada no círculo de intelectuais da Nova Inglaterra e seu bom relacionamento com os empresários locais acabaram redundando na sua contratação, em 1847, como professor da cadeira de zoologia e geologia da recém-fundada Lawrence Scientific School, operação concretizada devido aos fundos oferecidos por Abbot Lawrence, empresário do ramo têxtil e associado a John Armory Lowell. Esta escola deveria se dedicar especificamente aos estudos das ciências, trazendo para o interior da mais tradicional universidade norte-americana as modernas tendências dos estudos científicos.[44] Apesar de ter sido criada com fins de promover o desenvolvimento das ciências práticas, a Lawrence School atraiu gerações de jovens das melhores famílias da Nova Inglaterra, os então denominados Brahmins, cuja formação educacional e ideológica passou a receber a marca da visão idealista—conservadora de Agassiz. Os Jameses, embora fossem de origem irlandesa, tinham aderido ao mundo das principais famílias da Nova Inglaterra. Em 1861, apoiado por seu pai, James se matriculou na Lawrence School, tornando-se aluno de Agassiz e sendo suficientemente seduzido pelos encantos retóricos do mestre a ponto de alistar-se, em 1865, na viagem ao Brasil.[45]

De fato, o ambiente da Nova Inglaterra mostrou-se especialmente permeável ao tipo de discurso de Agassiz, devido ao amplo envolvimento desta região com o pensamento transcendentalista, cuja evocação do divino na natureza da natureza e na natureza do homem conferia à apreciação do mundo natural pelo homem um caráter religioso, e cujo escopo era o desvelamento do divino no interior e no exterior da natureza humana. Conforme notou Barbara Novak, se a trindade Deus, Homem e Natureza fundamentava as elucubrações do homem do XIX, a natureza estava ela própria centralizada pela trindade da Arte, Ciência e Religião.[46] Ancorada numa apreciação evocativa do sublime, que desvelava a grandiosa mão divina na paisagem natural, a arte e a ciência surgiam como vocabulários de uma religião, cujos princípios deveriam repousar tanto na injunção platônica da permanência na aparência das formas, quanto numa visão romântica consubstanciada nas implicações do grandioso. Evocando o mistério dos tempos imemoriais nos quais Deus havia inscrito a história do mundo, ciências como a

Perfil de Louis Agassiz, desenho de William James, 1865.

43. Sobre a corrente religiosa desenvolvida pelo místico sueco Emmanuel Swedenborg e a conversão de Henry James Sr. ver, por exemplo, Howard M. Feinstein, *Becoming William James* (Ithaca: Cornell University Press, 1999), capítulo. 4, "A Conflict of Will", pp. 58–75.

44. Lurie, *Louis Agassiz*, pp. 132–140.

45. Paul Jerome Croce, *Science and Religion in the Era of William James: Eclipse of Certainty, 1820–1880* (Chapel Hill: The University of Carolina Press, 1995), pp. 85–86.

46. Barbara Novak, *Nature and Culture: American Landscape and Painting, 1825–1875* (New York: Oxford University Press, 1995), p. 47.

geologia, em sua tentativa de datação da idade da Terra e em seu estudo da miríade de formas e qualidades assumidas pelas rochas e pedras, e a história natural, que desvelava a variedade e complexidade dos seres vivos, com suas formas únicas, cada uma concretizando uma mensagem, surgiam como veredas pertinentes de acesso ao divino. Assim, a ciência reafirmava sua vocação de teologia natural, colocada a serviço dos homens. A partir de outra perspectiva, a apreensão do conjunto das maravilhas divinas era tarefa a ser atingida, igualmente, pela arte, provocando visões grandiosas de paisagens e cenários naturais, que sugeriam o caráter sublime da natureza.

Um dos pontos-chave da carreira de Agassiz nos EUA conectou-se à criação entre 1857 e 1861 do Museu de Zoologia Comparada. Concebido pelo mestre naturalista como instituição modelada pelos grandes museus europeus de história natural, o Museu de Zoologia Comparada tinha como objetivo projetar os EUA como país que abrigava coleções internacionais numa instituição científica que produzia e ensinava ciência. Para realizar tal intento, Agassiz começou colocando à disposição, num prédio improvisado na Kirkland Street, perto do campus central da universidade, a coleção que ele havia recolhido em toda a sua vida. Além disso, ele amealhou milhares de exemplares enviados por colecionadores amadores, simpatizantes e admiradores que apreciavam, entusiasticamente, a dedicação do professor à causa da ciência —consta que o próprio Henry David Thoreau, tão avesso a causas fáceis, achou que valia a pena colaborar com o grandioso projeto intelectual de Agassiz e chegou a lhe enviar um espécime de tartaruga.[47] Mais tarde, ele passou também a comprar as mais valiosas coleções européias, sobretudo quando de sua viagem à Europa em 1859. O objetivo de Agassiz era criar em Cambridge uma instituição do mesmo porte ou ainda maior que a Smithsonian Institution ou a Academy of Natural Sciences of Philadelphia. Ele visava montar uma coleção que cobrisse o mundo todo.[48] Perseguindo seus objetivos com perseverança absoluta, Louis Agassiz, no outono de 1860, inaugurou seu tão sonhado museu, localizado num prédio especialmente construído para tal fim, que havia custado centenas de milhares de dólares, soma esta conseguida majoritariamente por meio de subscrições privadas de empresários e negociantes da Nova Inglaterra.

No entanto, o sucesso acadêmico e social de Louis Agassiz encontrava-se, desde meados da década de 1850, desafiado por questões cruciais. Os grandes debates intelectuais que mobilizaram estas décadas nos EUA —grosso modo, dos anos 40 a 70 do século XIX —alinhavam-se em torno de dois pólos. Um primeiro grande pólo aglutinador das questões candentes destas décadas opunha o idealismo estático que subjazia ao criacionismo a concepções dinâmicas das transformações da natureza, que culminaram na teoria da evolução e suas possíveis implicações religiosas e filosóficas. Um segundo tema aglutinador dos debates do momento era o problema crucial da raça e de seu estatuto científico e social, cujos desdobramentos poderiam servir de baliza teórica condutora do movimento abolicionista e orientadora das decisões políticas relativas ao lugar que deveria caber ao negro numa sociedade norte-americana livre da instituição escravista.

47. Lurie, *Louis Agassiz.*, p. 146.

48. Ibdem, pp. 212–251, sobretudo p. 216.

Ambas as questões estiveram fortemente presentes no ambiente da Nova Inglaterra. Mais agudamente ainda foram estes temas debatidos no âmbito das mais importantes instituições acadêmicas norte-americanas, exatamente sediadas na região. Entre elas destaca-se a Universidade de Harvard, à qual Louis Agassiz pertencia como membro ilustre e William James primeiramente como estudante promissor da Lawrence School em 1861 e, a partir de 1864, como estudante da Faculdade de Medicina, na qual ele havia de diplomar-se, após inúmeros adiamentos, em 1869, e a partir de 1873 como professor sucessivamente de fisiologia, psicologia e, finalmente, filosofia.

No entanto, é preciso compreender bem como Agassiz conectava aspectos díspares em sua concepção grandiosa da ordenação e destino do mundo natural. Embora formado nas universidades suíça de Zurique e germânicas de Heidelberg e Munique, na década de 1820, nas quais a Naturphilosophie era a tônica principal, desde logo Agassiz se insurgiu contra o idealismo dos mestres, buscando na orientação de Georges Cuvier, naturalista francês, os métodos que lhe permitissem enfocar o estudo do mundo natural a partir de instrumentos analíticos empíricos, superando as visões abstratas e generalizadoras derivadas do idealismo. Demonstrando especial dote para o ofício de naturalista, já em 1829 o jovem estudante alcançava seu primeiro grande êxito. Segundo a autorização do mestre, Agassiz estudou minuciosamente a coleção brasileira de peixes coletada por Johann Baptist von Spix, companheiro de Carl Friedrich von Martius na viagem da missão austríaca ao Brasil, que havia permanecido inédita devido à morte inesperada de Spix em 1826. Tão preciso foi o estudo desenvolvido pelo jovem estudante que, em 1829, o trabalho saiu publicado com o título Peixes do Brasil, qualificando-o precocemente para vôos mais altos.

Um dos mais acalentados desejos de Agassiz era aproximar-se do geólogo e paleontólogo francês Georges Cuvier, cujas teorias e esquemas classificatórios que sublinhavam o empirismo vinham ao encontro das suas inclinações. Sobretudo a partir de 1832, ano no qual pôde ele estagiar no Museu Nacional de Ciências Naturais de Paris —o conhecido Jardin des Plantes —no qual atuava o mestre, Agassiz incorporou o esquema teórico-analítico de Cuvier. A visão de Cuvier negava a fluidez e a interconexão das diferentes espécies entre si, propondo uma classificação do mundo natural em quatro ramos estáticos e não inter-relacionados. Ao interpretar o mundo natural de forma não-dinâmica, o esquema explicativo concebido por Cuvier pressupunha uma descrição empírica minuciosa dos seres observados, uma vez que cada espécie era única em si mesma e o conhecimento de uma não autorizava qualquer injunção sobre a estrutura de outra. Além disso, rezava Cuvier, o mundo havia sofrido inúmeras catástrofes nas quais as espécies que o povoavam haviam perecido completamente, sendo outras criadas em seguida pela mão divina. Desta forma, não só na ordem sincrônica, mas também na diacrônica, não existia conexão entre os seres que vicejavam na face da terra. Agassiz absorveu o esquema do mestre que, ao mesmo tempo, ratificava o caráter idealista-estático do mundo natural e valorizava a pesquisa empírica.

Como cientista de sua época, a posição de Agassiz frente à ciência e à religião aparecia perpassada por uma série de questões que hoje facilmente apontamos como contradições, mas que no quadro da época se apresentavam como pontos de referência no amplo espectro possível de posições científicas, filosóficas, religiosas ou mesmo políticas. Era desta forma que Agassiz adotava procedimentos científicos defendendo a racionalidade e independência da ciência em um quadro de pensamento cujo vôo mais amplo levava à reafirmação do caráter estático e finalista do mundo natural. Se é verdade que a posição abraçada por Cuvier e Agassiz, ao sublinharem a importância do empirismo, havia levado a um sensível aperfeiçoamento nos métodos analíticos da história natural —como o da anatomia, que muito evoluiu devido aos trabalhos de Cuvier —é também verdade que nas mãos de Agassiz, a teoria pregada pelo mestre do Jardin des Plantes logo ganhou contornos metafísicos explícitos, uma vez que ele jamais se restringiu a apenas descrever e classificar os seres observados. Passando de um plano interpretativo a outro, em suas palestras Agassiz sublinhava a existência de uma intenção divina que atuava diretamente, por meio das sucessivas catástrofes e recriações do mundo. Nesta visão, ao cientista, como ser privilegiado, cabia desvendar o plano divino por meio da observação científica da natureza. Destinado a esclarecer os desígnios divinos, o cientista agora deveria fazer uma exegese da "bíblia da natureza", mostrando os caminhos traçados pela onisciência divina, e assim ocupando o lugar tradicionalmente reservado aos teólogos e pastores. Portanto, se por um lado Agassiz decididamente se alinhava no campo daqueles que consideravam a ciência empírica como a chave do conhecimento, por outro ele imediatamente se reconciliava com as visões metafísicas e religiosas que buscavam interpretar, no livro da natureza, os desígnios divinos.[49]

No entanto, ao defender a proeminência dos resultados das evidências empíricas, coletadas por meio de métodos científicos e analisadas segundo concepções racionais, Agassiz defendia a independência da ciência frente às restrições dos dogmas religiosos.[50] Notemos que sua defesa da proeminência da interpretação científica sobre explicações religiosas havia lhe fornecido a independência necessária tanto para discutir a teoria da glaciação da terra em termos de milhares de anos (negando os meros 5 mil anos propostos pela interpretação mosaica) como para assumir, em termos raciais, a teoria poligenista, proposta pelos defensores do racismo científico norte-americano, e cujos preceitos harmonizavam-se ao criacionismo.[51]

Assim sendo, a visão de Agassiz claramente se atrelava a uma perspectiva pré-moderna ou platônica da ciência, cujas diretrizes se reportavam a certezas como a da existência de tipos ideais, e sobretudo na reafirmação da precedência da idéia ou, em outras palavras, do plano divino sobre a realidade do mundo natural. Segundo ele, por exemplo, as espécies eram "categorias de pensamento corporificadas em formas de vida individuais", sendo a tarefa do naturalista a de desvelar os "pensamentos do Criador do Universo, manifestos nos reinos animais e vegetais".[52] Conforme aponta Menand, ao abraçar a teoria da recapitulação, isto é, de que a ontogênese recapitula a fitogênese, o pensamento de

49. Ibdem, pp. 31–70; Menand, *The Metaphysical Club*, pp. 97–116 e Lorelai Kury, "A Sereia Amazônica dos Agassiz: zoologia e racismo na *Viagem ao Brasil (1865–1866)*", *Revista Brasileira de História*, 21:41, 2001, pp. 157–172.

50. Stephen Jay Gould, *Time's Arrow, Time's Cycle* (Cambridge: Harvard University Press, 1987), p. 126.

51. Menand, *The Metaphysical Club*, pp. 97–116 e Lurie, *Louis Agassiz*, pp. 97–106; sobre a atuação de Agassiz no campo da geologia, especialmente pp. 99–100.

52. Louis Agassiz, *Contributions to the Natural History of the United States of America*, 1857–62, *apud* Menand, *The Metaphysical Club*, p. 128.

Agassiz também assumia bases profundamente hierárquicas, uma vez que ele acreditava que os seres mais evoluídos, em seu evolver, haviam transitado temporariamente por estágios mais rudimentares, nos quais os seres destinados à inferioridade permaneceriam por toda a existência. Neste sentido, a cadeia dos seres estava organizada segundo uma linha hierárquica de complexidade crescente. Igualmente, ao buscar confirmar a proeminência do tipo ideal ou das categorias fixas sobre as mudanças, o pensamento de Agassiz mantinha-se estático. E, finalmente, ao negar a existência de conexões entre as diferentes espécies em termos sincrônicos e diacrônicos, seu pensamento era essencialmente não-relacional.

Foram exatamente estes aspectos da ambiciosa concepção do mundo proposta por Agassiz que justificaram sua ampla aceitação, sobretudo junto ao público leigo norte-americano. As angústias que então experimentavam os contemporâneos para situar suas crenças num mundo em rápida transição reportavam-se ao fato de que as antigas divisões de esferas e hierarquias de saberes estavam sendo duramente desafiadas pela emergência de algo que ultrapassava as meras novas descobertas das ciências. Estas novidades diziam respeito à emergência de novas estruturas de pensamento e formas de enfocar o mundo natural, cujas bases passavam a repousar em premissas teóricas meramente materiais, constituindo sistemas de análise que se legitimavam no interior de estruturas referendadas por seus próprios protocolos, e nas quais a mão divina não ocupava nenhum estatuto analítico.[53] O ambiente da Nova Inglaterra, profundamente orientado pelo cristianismo e pelo transcendentalismo, porém igualmente impactado pela industrialização, sobretudo na área da indústria têxtil e estradas de ferro, mostrou-se como cenário especialmente propício ao desenvolvimento de tais discussões. Se as décadas de 1840 a 1860 foram anos de grandes incertezas e angústias entre os intelectuais, cientistas e religiosos que temiam a vitória de uma interpretação meramente laica do mundo sobre uma visão finalista-milenarista cristã, posições como as defendidas por Agassiz buscavam delimitar pontos de apoio que mostrassem que a crença na ciência e nos seus progressos, longe de se opor à fé na mão de Deus, na verdade a reforçava.

James foi chamado a defrontar-se com estes grandes desafios na juventude, em primeiro lugar em sua casa, uma vez que seu próprio pai dedicava-se com afinco a elucubrações místicas e filosóficas, participava do convívio dos transcendentalistas, sobretudo Ralph Waldo Emerson, para os quais a reflexão do âmbito da ciência e da religião era fundamental.[54] A figura central na vida de James, e com a qual ele se debateu furiosamente na juventude, na tentativa de descobrir sua vocação e estabelecer uma carreira profissional sólida e lucrativa em termos não apenas profissionais mas também financeiros, era a do seu pai, Henry James Sr. Este último tem sido descrito como um homem muito original em suas idéias e atitudes, adepto das idéias religiosas de Emmanuel Swedenborg e do socialismo utópico de Charles Fourier, porém extremamente instável em termos emocionais, além de completamente avesso ao mundo prático. Tanto assim que James Sr. jamais se profissionalizou, tendo vivido dos rendimentos que lhe deixou, meio a contragosto, seu pai, o milionário de Albany, William James, que

53. Menand, *The Metaphysical Club*, pp. 106, 108 e 125–128.

54. Croce, *Science and Religion in the Era of William James*, pp. 61–65.

havia feito fortuna com a especulação de terras em torno da construção do Erie Canal, em Nova York dos princípios do século XIX.

Tendo dedicado a vida a refletir sobre Deus e o estatuto da relação do homem com a divindade, sem nunca realmente se interessar em testar essas reflexões socialmente, Henry James Sr. desenvolveu um estilo de vida socialmente protegido e desvinculado dos desafios da vida profissional. De fato, com o correr dos anos, aquele que no passado havia sido o jovem traumatizado pela amputação de uma perna no início da adolescência, devido a um acidente com balões ígneos, e cujos sofrimentos físicos o atormentaram durante anos a fio, transformando-o no jovem rebelde que acabou sendo considerado a ovelha negra da família e quase deserdado, tornou-se o marido exemplar e pai extremoso de cinco filhos, a cuja educação ele dedicou seu abundante tempo livre e dinheiro disponível. Constam das fontes biográficas que, como resultado da escassa inserção social e profissional, Henry James Sr. dispunha de tempo, energia e capital suficientes para transformar a educação de sua prole na sua principal atividade.[55] Notemos que William James não só era o primogênito como o filho predileto, sobre o qual recaíam as maiores expectativas paternas.

Henry James Sr. parecia visar como modelo para seu filho um novo homem, livre do medo do castigo divino imposto por um Deus vingativo e das limitações impostas por uma sociedade mediocratizante. No entanto, este modelo encontrava-se atravessado pelas mesmas contradições que povoavam a vida de seu idealizador. Assim, Henry James Sr. parecia prezar o cosmopolitismo, a cultura refinada, o conhecimento moderno e científico e, de forma geral, tudo o que se opusesse a uma visão estritamente funcionalista da vida ou da profissão. Por outro lado, porém, James pai valorizava uma abordagem teórico-mística da existência, cujas diretrizes contradiziam o viés materialista-científico que se delineava no horizonte, opondo-se a que seu filho se submetesse à necessária especialização exigida pelo conhecimento científico moderno que então emergia.[56]

Mais ainda, as expectativas alimentadas pelo pai em relação ao seu filho primogênito parecem ter se enraizado numa constante batalha, encetada por Henry James Sr., para manter a proeminência na educação dos filhos sobre a possível influência das escolas, professores e colegas. A conseqüência mais imediata desta luta se concretizou, para William, numa adolescência despendida em recorrentes viagens entre diferentes países europeus e os EUA, com constantes trocas de escolas e professores que, tão logo começavam a produzir resultados, despertavam a crítica de Henry James Sr., justificando novas mudanças de país ou cidade, envolvendo o deslocamento de toda a família.[57] Além disso, à medida em que James se aproximava da idade de se definir profissionalmente, ele cada vez mais se defrontava com os padrões pouco práticos, para não dizer inatingíveis, idealizados pelo pai. Estes padrões se achavam em contradição tanto com a crescente especialização imposta tanto pela evolução das ciências e das artes, quanto pelo mercado de trabalho que se abria na segunda metade do XIX.

James, um jovem sensível e ambicioso —e, além do mais, preocupado em al-

55. Sobre Henry James Sr. ver, sobretudo, Feinstein, *Becoming William James*, "Book Two: Father", pp. 39–102 e Linda Simon, *Genuine Reality: A Life of William James* (New York: Harcourt, Brace & Company, 1998), capítulos 1–3.

56. Sobre este assunto ver, entre outros, Croce, *Science and Religion in the Era of William James*, pp. 23–82 e Daniel Bjork, *William James: The Center of His Vision* (Washington, D.C.: American Psychological Association, 1997), pp. 37–52.

57. Simon, *Genuine Reality*, pp. 50–73.

O Brasil no Olhar de William James

cançar logo uma colocação profissional lucrativa que compensasse a crescente descapitalização dos bens da família —desde cedo mostrou inclinação pelas artes. Provavelmente devido ao desagrado do pai, que se opunha a que o filho se tornasse um mero artista de profissão, James logo abriu mão de perseguir sua vocação em termos profissionais —lembremos, porém, que James continuou dando vazão aos seus talentos artísticos de forma amadora, como bem o demonstram os desenhos feitos por ele no decorrer da Expedição Thayer—optando pelo estudo das ciências.[58] Procurando estabelecer um campo de estudos e uma possível especialização, que além de lhe proporcionar uma inserção profissional fosse suficientemente nobilitante segundo os padrões paternos, James se matriculou na Lawrence School da Harvard, tornando-se aluno do mestre naturalista.

Apesar dos decididos passos tomados, desde cedo, por William James na busca de construir sua autonomia vocacional e profissional, é fato bem estabelecido por todos que estudaram a vida e a obra do fundador do Pragmatismo que praticamente o principal desafio encontrado por James ao longo de sua vida tenha sido a definição de seu próprio campo de atuação profissional. Submetido a uma pressão exagerada para preencher as expectativas idealizadas do pai que, além do mais, não servia de modelo de sucesso profissional, James despendeu anos martirizando-se entre dúvidas vocacionais, colapsos depressivos e problemas de saúde até bem entrado nos trinta anos. E embora ele tenha se formado em Medicina, nunca lhe passou pela cabeça praticar, tendo James sempre demonstrado maior inclinação para a filosofia da ciência do que para a prática científica, qualquer que fosse ela.[59]

É interessante notar, no entanto, que de forma geral a abordagem de ciência de Agassiz vinha ao encontro dos preceitos de James pai, que se sentia tranqüilizado em suas crenças pelo idealismo criacionista. Além disso, em meados da década de 1860, Henry James Sr. tornou-se membro assíduo do Saturday Club, popularmente conhecido devido à clara ascendência do defensor do criacionismo, como o Agassiz Club, do qual participavam os intelectuais mais proeminentes, como o próprio Emerson, Nathaniel Hawthorne, Henry Wadsworth Longfellow, entre outros, e cujo objetivo era discutir, ao longo de jantares, as grandes questões da época.[60]

Igualmente, o problema da delimitação das esferas da ciência e da religião perpassaram a vida de James como estudante de ciência na citada Lawrence School, onde ele conviveu tanto com um Agassiz, partidário do criacionismo, quanto com cientistas que assumiam posições diferentes, como Jeffrey Wyman, que ensinava anatomia comparada e mostrava-se mais aberto ao diálogo com o então denominado transformismo.[61] Quando James entrou na Lawrence School, em 1861, o tema do momento era a controvérsia sobre o evolucionismo, e James participou das preleções nas quais o mestre naturalista do momento, Louis Agassiz, reafirmava o criacionismo, inclusive tendo assistido o ciclo de palestras apresentadas pelo mestre no Lowell Institute, em setembro de 1861, "Métodos de Estudo em História Natural".[62] Embora admirasse os dotes de Agassiz, sobre-

58. Segundo Howard Feinstein em *Becoming William James*, o principal foco de tensão na vida profissional de William James girou em torno de seu desejo de tornar-se pintor profissional e a oposição do seu pai.

59. Bjork, *William James*, p. 86.

60. Menand, *The Metaphysical Club*, p. 99.

61. Allen, *William James: A Biography*, p. 83.

62. Croce, *Science and Religion*, p. 120–121.

tudo sua verve retórica e seu sotaque charmoso, além de prezar o seu conhecimento enciclopédico e sucesso profissional, desde cedo James se identificou com o evolucionismo, como parece bem demonstrar a análise de seus diários de 1863, recheados de reflexões nas quais seu autor aderia claramente a uma abordagem materialística-empiricista da realidade, negando as crenças idealistas da mão de Deus como razão da natureza. Em 1865, ele publicou uma resenha do artigo de Alfred Wallace, na qual ele claramente demonstrava sua identificação com a idéia da seleção natural.[63]

As diferentes concepções de ciência alimentadas por Henry James Sr. e William James —que colocaram pai e filho numa arena onde se enfrentavam, por um lado, o idealismo-finalista de uma ciência pré-positivista e, de outro, a ciência materialista e empiricista darwinista e pós-darwinista —é um dos temas clássicos de abordagem tanto dos biógrafos de William James quanto dos estudiosos da história das idéias no período.[64] William James, ao alocar suas reflexões exatamente no torvelinho do qual emergiu uma visão de mundo movida pelo materialismo dos protocolos científicos, produziu, pelo menos no contexto norte-americano, as primeiras reflexões filosóficas que possuímos sobre o processo por meio do qual a mente humana, que se abria para experiência a natureza —isto é, de um mundo no qual o finalismo ficava de fora —criava mecanismos afetivos capazes de digerir esta experiência inusitada. De fato, James se inseriu neste mundo novo da ciência moderna não como um cientista que, ao produzir novos conhecimentos, desvenda os mistérios da natureza, desencantando-o. Muito pelo contrário, o verdadeiro interesse de James, o "centro de sua visão", para utilizar a expressão de Bjork, foi analisar o processo pelo qual a mente humana, ao deixar-se capturar pelo empirismo e materialismo da ciência, isto é pela experiência material do mundo, engendrava os processos psicológicos por meio dos quais este conhecimento era integrado ao mundo subjetivo do indivíduo. É preciso notar que a visão de mundo de James, embora marcada pelo empirismo materialista, era avessa ao mecanicismo. Muito pelo contrário, o que interessava a James era descobrir exatamente os processos afetivos ligados à racionalidade, como ele bem expressou em seu clássico ensaio de 1879, The Sentiment of Rationality.

Enfocando estes mesmo temas —isto é, as possibilidades de apreensão da realidade do mundo pela mente humana —encontramos, por exemplo, em meio às anotações dos diários de 1873, uma passagem na qual James se referia claramente a sua principal preocupação, centrada na grande questão da ontologia, admirando-se do fato de que: "Este grande universo da vida não relacionado à minha ação é tão real!"[65] Embora estes grandes temas da obra de William James tenham aparecido, de maneira elaborada, apenas muito mais tarde, na forma de textos, como o famoso The Stream of Thought de 1890, os prenúncios destas questões se achavam já colocados nas anotações da viagem de James ao Brasil, realizada em 1865.[66] A busca, embora ainda não plenamente reconhecida intelectualmente, de vivenciar o mundo não relacionado ao si-mesmo, entregando-se à experiência de uma viagem aos trópicos, parece ser a mensagem maior deixada por James em

63. Bjork, *William James*, p. 51; William James, resenha de "The Origin of Human Races", por Alfred Wallace, em James, *Manuscript Essays*, pp. 206–208.

64. O argumento aparece desenvolvido em Daniel Bjork, *William James*, capítulos 4, 5 e 6.

65. Trecho do Notebook de 1873, citado em Ibdem, p. 101–102.

66. *Stream of Thought* apareceu como capítulo de *Principles of Psychology* (New York: H. Holt, 1910).

seus registros. Desta forma, o envolvimento de James na Expedição Thayer teve, com toda a certeza, impacto marcante em sua vida pessoal, sendo também possível retraçar a elaboração de idéias e posições filosóficas e morais, as quais, mais tarde, ganhariam importância decisiva na formulação de seu universo filosófico e ético. Além dos aspectos mais profundos, a história da participação de James na Expedição Thayer pode ser lida como parte importante no processo de sua formação por ter sido palco para descoberta pessoal dos meandros práticos e dimensões menos glamorosas da produção de conhecimento no âmbito da história natural, além de permitir-lhe conviver com a personalidade absorvente de Agassiz e analisá-la. É verdade que o jovem viajante dos trópicos, em cartas enviadas do Brasil, sobretudo naquelas escritas no início da viagem, chegou a lamentar sua decisão de viajar, uma vez que ele se via relegado, ao longo da expedição, ao trabalho meramente braçal e muito monótono de coleta e preservação de espécies:

> *Minha vinda foi um erro, um erro em relação àquilo que eu previra e um daqueles bem caros, tanto para meu querido velho Pai & quanto para minha querida e generosa velha tia Kate. Concluí que ficando não aprenderei quase nada daquilo que me interessa de História Natural. Toda a minha atividade será mecânica, coletar objetos & empacotá-los & trabalhar tão duramente nisto & viajar que não acharei nenhum tempo para estudar suas estruturas. O negócio se reduz, assim, em investir diversos meses em exercícios físicos. Posso eu bancar isto?*[67]

Embora de forma negativa, sua participação na viagem ofereceu oportunidade para que ele se enfronhasse mais intimamente no campo da história natural, inclusive preparando-o para perceber que esta não era sua área de interesse. Mesmo assim, a viagem proporcionou ocasião para o aperfeiçoamento da educação um tanto quanto errática que James havia recebido em suas sucessivas mudanças de país, de escola e mestres, experimentadas ao longo de uma infância na qual ele e sua família, sob a liderança do pai, haviam ziguezagueado por diferentes países europeus em busca de uma educação heterodoxa e cosmopolita.

> *Além disso, vejo agora a chance de aprender um bom bocado de Zoologia e botânica, uma vez que agora teremos bastante tempo livre; e estou recebendo um valioso treinamento do Prof. que ralha comigo a torto e a direito e me conscientiza das minhas muitas e grandes imperfeições.*[68]

Algumas vezes, James descreveu Agassiz em um tom ao mesmo tempo mordaz e condescendente:

> *Eu tenho aproveitado bastante escutando a fala de Agassiz, não tanto pelo que ele diz, pois nunca ouvi alguém pôr para fora uma maior quantidade de bobagens, mas para aprender a forma de funcionar desta vasta e prática máquina que ele é. Ninguém vai tão longe em generalizações como o faz seu conhecimento de*

67. Carta endereçada a Henry James Sr., Rio de Janeiro, 3 de junho, 1865.

68. Carta endereçada a Mary Robertson Walsh James, rio Xingu, 23 de agosto, 1865.

Retorno triunfante do Sr. Dexter do Brasil,
desenho de William James, 1865.

detalhes, e você tem uma sensação ainda maior do peso e da solidez do movimento da mente de Agassiz, maior do que a mente de qualquer outro homem que eu conheça, devido à contínua presença de seu grande conhecimento de fatos detalhados.[69]

Um dos fatos mais alardeados da expedição foi a descoberta de uma enorme quantidade de novas espécies. A facilidade com que Agassiz acreditava localizar estas novas espécies de peixes nos rios amazônicos se devia muito mais ao fato de o criacionismo, esposado pelo mestre, não oferecer os instrumentos analíticos para a delimitação conceitual de espécies, justificando que cada pequena diferença encontrada nos materiais coletados fosse considerada não como variação, mas como característica de uma espécie totalmente nova. Além disso, a delimitação de milhares de novas espécies vinha a confirmar aquilo que desde seu início aparecia como objetivo científico da expedição: contradizer a teoria da evolução, reafirmando o caráter estático da estrutura do mundo natural. O desfilar constante de novas espécies de peixes, plantas, rochas e outros objetos coletados pela expedição não deixou de ser ironizado por James em sua correspondência com a família:

> Agassiz está contente demais para fazer qualquer coisa. Eu temo que os deuses desejem a sua ruína —Desde que nós chegamos ao Pará, 14 dias atrás, ele localizou 46 novas espécies de peixes e um total de peixes maior que a coleção feita por Spix e Martius em quatro anos de estadia![70]

O mesmo senso de distanciamento crítico aparece no genial desenho de James, intitulado Triumphal ret[urn] of Mr. D. [Mr. Dexter] from Brazil (Retorno triunfante do Sr. Dexter do Brasil). Este, elaborado em traços rápidos e sem maiores pretensões em uma das páginas do diário, aparece acompanhado de legenda alusiva. A composição apresenta uma visão crítica do projeto ideológico da expedição, não deixando de passar pelo crivo da ironia nenhum dos aspectos constitutivos do projeto naturalista masculino colonialista exotizante que inspirava a Expedição Thayer. Apresentada na forma de uma peculiar parada militar, o "retorno triunfante de Dexter" —supõe-se a Boston —propõe ao espectador uma visão do quadro do vitorioso projeto colonialista cientificizante empreendido em distantes terras exóticas, apenas que, neste caso, ronda a composição o tom debochado e demolidor, alcançado tanto por meio da confissão de um calculado distanciamento do empreendimento de coleta como um todo, como por expor as fraquezas dos próprios participantes. À frente do cortejo encontramos o próprio Dexter conduzindo um carro puxado por cavalos. A seguir James mostra uma sucessão de objetos e pessoas coletados, conquistados e apropriados, os quais, porém, em vez de referendarem o caráter vitorioso de uma conquista, compõem um desfile carnavalizado de objetos-fetiche, do qual fazem parte "o grande diamante do Império" (legenda n°2) que aparece como uma enorme gema transportada por um carro puxado por cavalos, "os poemas de

69. Carta endereçada a Henry James Sr., Rio de Janeiro, 12 de setembro, 1865.

70. Carta endereçada a Mary Robertson Walsh James, rio Xingu, 23 de agosto, 1865.

Dexter", os "novos e desconhecidos gêneros de animais descobertos e captura-
dos por M. D." —no qual uma seqüência de animais exóticos, como uma
enorme ema puxada por uma coleira, seguida por um jacaré e este por um animal que lembra uma anta, aparece coroada por um homúnculo que carrega um
cartaz com os dizeres "40000000 novas espécies [de] Peixe" e, finalmente,
fazendo alusão ao caráter erotizado e às vezes quase libertino da expedição,
James não deixou de registrar, na cauda do desfile, a presença de "jovens e lindas
índias apaixonadas por Dexter". À frente da composição aparece um desenho
mais bem acabado, cuja legenda é "retrato do sr. D.", no qual podemos ver Dexter caído ao chão, obviamente bêbado, tendo diante de si uma garrafa em cujo
rótulo se lê "Old Tom".

No entanto, a crítica carnavalizadora de James não era produto de suas frus-
trações frente às dificuldades circunstanciais enfrentadas pela expedição, mas se
enraizava em uma percepção ampla das limitações que comprometiam o empreendimento de Agassiz como um todo. Realmente, as crescentes dificuldades
enfrentadas por Louis Agassiz no ambiente acadêmico norte-americano e sua
saúde debilitada haviam estado na base de sua tempestuosa decisão de empreender a viagem ao hemisfério Sul. Iniciada como uma mera viagem de férias, esta
primeira viagem de Agassiz ao Brasil acabou se tornando seu último grande empreendimento "pirotécnico" (a segunda viagem à América do Sul, incluindo o
Brasil, a Expedição Hassler, se deu em 1871–72, a convite de Benjamin Pierce e
não alcançou a mesma importância que a primeira). No que concerne à pesquisa
ictiológica, o objetivo da expedição era confirmar a teoria criacionista, cujo
princípio escorava-se na idéia da existência de uma distribuição peculiar das espécies por região do globo, distribuição esta que espelhava os desígnios divinos
quanto à vocação de cada região da terra. Já a comprovação da glaciação das áreas
tropicais viria a referendar a hipótese de Agassiz a respeito da existência de uma
série de catástrofes climáticas enfrentadas pela Terra, cujas conseqüências teriam
sido a destruição de todas as espécies e sua recriação pela vontade divina. A conclusão precípua desta teoria era a negação da teoria da evolução.

No entanto, outro grande fantasma rondava Louis Agassiz, assombrando a
Expedição Thayer desde seus inícios. Era este o crucial problema da raça e o envolvimento do líder da expedição com o racialismo em sua forma mais virulenta,
caracterizado pelo poligenismo, hibridismo, segregacionismo e expulsão dos
afro-americanos.

A Ciência da Raça

Um segundo grande conjunto de questões atravessou os EUA na época áurea de
Agassiz e na juventude de James, sendo este o da escravidão, da abolição e do
lugar dos afrodescendentes numa sociedade livre juridicamente expurgada da instituição escravista. Claro está que Agassiz, como homem do seu tempo e mais
ainda como figura líder do meio intelectual foi, desde seus primeiros tempos em
terras americanas, chamado a opinar sobre o assunto. E, se a posição científica

retrógrada a que Agassiz teimosamente se agarrou ao longo de toda a sua vida acabou por se refletir de maneira perniciosa na sua carreira científica, sua adesão às teorias raciais que pregavam a desigualdade e sublinhavam o caráter pernicioso da miscigenação —então cognominada de "hibridismo" —mostrou-se, conforme notou seu principal biógrafo, trágica para sua reputação.[71]

Ao lado dos estudos da fauna marítima e da geologia, uma das preocupações de Agassiz ligava-se ao estudo das raças humanas. Desde sua chegada aos EUA, no meio da década de 1840, o cientista havia se envolvido no debate norte-americano a respeito das raças, tendo ele se alinhado primeiramente ao lado dos poligenistas (isto é, aqueles que acreditavam que a humanidade não era uma, mas formada por diferentes espécies, tendo havido mais de uma criação divina, posição a qual ele nunca abdicou), e mais tarde abraçado a teoria da degeneração, que rezava que a miscigenação entre as diferentes raças humanas ou o hibridismo levava à degenerescência. A base desta crença era que as raças cruzadas, em vez de carregarem as melhores características de seus ancestrais, levavam a que traços atávicos viessem à superfície, expondo os descendentes de uniões mistas a todos os riscos de uma progressiva degenerescência. É importante notar que Agassiz esteve envolvido no debate a respeito da raça no ambiente norte-americano, defendendo tanto o abolicionismo —sendo ele partidário da abolição da escravidão —quanto a segregação das raças.

Praticamente desde sua chegada a Cambridge, Agassiz havia se envolvido com os baluartes da tese da inferioridade racial. Homens como Samuel George Morton e Josiah Nott, que publicaram o grosso dos estudos craniométricos racistas nas décadas de 1840 e 50, haviam se tornado correspondentes e anfitriões de Agassiz em cartas, passeios culturais e palestras apresentadas para públicos de senhores de escravos e simpatizantes no Sul.[72] Mais ainda, Agassiz não fez de sua adesão ao racismo nenhum mistério. A idéia de que as diferentes raças humanas houvessem sido criadas para habitar províncias zoológicas específicas, estando portanto aptas a responder apenas aos desafios de seu meio ambiente, encontrava sua base no poligenismo e moldava-se com perfeição à teoria de Agassiz do criacionismo, cuja idéia fundamental escorava-se numa visão estática do mundo natural. Assim, a adesão de Agassiz tanto ao poligenismo quanto à teoria da degeneração das raças pelo hibridismo, concebida e defendida nos EUA por Josiah Nott, médico que atuava em Mobile, Alabama, sob o argumento de que o cruzamento das raças produzia uma descendência biologicamente enfraquecida e com acentuadas tendências à esterilidade, surgia como passo natural a referendar a interpretação criacionista e hierárquica do mundo natural, desde sempre esposada pelo mestre naturalista.[73]

O triunvirato Agassiz, Morton e Nott promoveu a abordagem racialista-poligenista, defensora da segregação por meio do ataque ao hibridismo ou "mulattoism" ("mulatismo"), como os cientistas racialistas da época gostavam de se referir.[74] Entre as complexas e contraditórias idéias, tendências e posições a respeito da escravidão e da raça que circularam tanto no sul quanto no norte entre os anos que precederam e acompanharam a Guerra Civil americana, Agassiz

71. Lurie, *Louis Agassiz.*, p. 265.

72. Samuel George Morton, *Crania Americana; or, A comparative view of the skulls of various aboriginal nations of North and South America. To which is prefixed an essay on the varieties of the human species* (Philadelphia: J. Dobson; London: Simpkin, Marshall, 1839). e *Crania Aegyptiaca; or, Observations on Egyptian ethnography, derived from anatomy, history and the monuments* (Philadelphia: J. Penington, 1844). Josiah Clark Nott, *Types of mankind: or, Ethnological researches, based upon the ancient monuments, paintings, sculptures, and crania of races, and upon their natural, geographical, philological and Biblical history; illustrated by selections from the inedited papers of Samuel George Morton and by additional contributions from Prof. L. Agassiz, LL.D., W. Usher, M.D., and Prof. H. S. Patterson*, (Philadelphia, Lippincott, Grambo & Co., 1854).

73. Menand, *The Metaphysical Club*, pp. 97–116.

74. George M. Fredrickson, *The Black Image in the White Mind: The Debate on Afro-American Character and Destiny, 1817–1914.* (Hanover, NH, Wesleyan University Press, 1987), pp. 86–87.

parece ter se identificado e contribuído para duas grandes linhas de pensamento racialistas, a American School of Ethnology e o Free Soil Movement. Este último, inspirado em idéias que associavam um forte nacionalismo à supremacia da raça branca ou anglo-saxônica nas terras norte-americanas, advogava a homogeneidade racial como condição para a sobrevivência nacional. Este tipo de formulação, mais comum no Norte do que no Sul (o qual obviamente dependia da mão-de-obra negra, e portanto mostrava-se menos inclinado a abrir mão dela), embora propugnasse a abolição, via como solução final ao problema da presença da raça negra no conjunto da nação a emigração coletiva ou, pelo menos, a segregação dos afro-americanos em um cinturão de clima quente e semi-tropical no Sul, no qual os negros viveriam o mais apartados possível do âmbito político nacional, sempre sob a tutela de uma população branca que fiscalizaria o trabalho e a vida dos mesmos. Com isto, acreditavam os defensores da incompatibilidade da convivência da raça negra com a civilização, os negros seriam ao menos impedidos de cometer danos irreparáveis ao corpo da nação, uma vez que assim se preveniria, pela proibição legal, o "mulatismo" (isto é, o casamento inter-racial) e mesmo a mera convivência entre brancos e negros.[75] Este é exatamente o sentido da argumentação contida nas famosas cartas-resposta de Agassiz (em número de quatro), endereçada, em 1863, a dr. Samuel Gridley Howe, o qual, tendo sido nomeado para o American Freedmen's Inquiry Commission, havia resolvido consultar Agassiz a respeito de questões cruciais para a elaboração de políticas inter-raciais, tais como as possibilidades de sobrevivência da população negra e mulata liberta, minoritária no conjunto da população norte-americana. Sobreviveria esta como uma raça à parte ou seriam os afro-americanos absorvidos por meio da miscigenação? Se tal ocorresse, o que se poderia esperar da população híbrida? Seria esta fraca, degenerada e com tendências a desaparecer devido à crescente infertilidade que devastaria esta população à medida mesma que o "mulatismo" aumentasse?

As respostas de Agassiz referendavam os piores prognósticos de Howe, afirmando que a miscigenação era "contrária ao estado normal das raças, assim como ela é contrária à preservação das espécies no reino animal . . . Longe de se me apresentar como uma solução natural das nossas dificuldades, a idéia da amalgamação me causa muita repugnância . . ." Além disso, Agassiz especificamente não aconselhava a universalização dos direitos políticos para a população liberta negra, sob o argumento de que ". . . nenhum homem tem direito àquilo do qual ele não está preparado para usufruir . . ." Já com relação aos mulatos, Agassiz sublinhava que ". . . sua própria existência é provavelmente apenas transitória e toda a legislação que se refere a eles deve ser regulamentada segundo esta percepção e implementada para acelerar o desaparecimento deles nos estados do Norte . . ."[76]

Desde os anos de 1810, circulavam no Sul e no Norte propostas de "repatriação" ou emigração dos negros norte-americanos para a África, a América Latina e o Caribe. Uma das propostas mais populares, que havia circulado insistentemente nos anos de 1850 nos estados sulistas e que, na década de 1860, fora en-

75. Ibdem, 130–164.

76. Carta de Louis Agassiz endereçada ao dr. S. G. Howe. Nahant, 9 de agosto, 1863 IN: Elizabeth Cary Agassiz, (ed.), *Louis Agassiz: His Life and Correspondence* (Boston: Houghton and Mifflin, 1885), capítulo 20 (Project Gutemberg Ebook, *http://www.gutenberg.org/etext/6078*).

O Brasil no Olhar de William James

campada sob novo formato por defensores nortistas, tal como o general James Watson Webb —representante plenipotenciário dos EUA no Brasil durante a Guerra Civil —era a transferência da população negra norte-americana para o Brasil, sobretudo para as províncias tropicais do Norte, especificamente para a Amazônia, onde trabalhariam como aprendizes por certo número de anos.[77] E não por acaso Agassiz, como um dos criadores da teoria das províncias zoológicas, advogava fortemente a idéia de que a raça negra havia sido criada para colonizar especificamente áreas tropicais, áreas estas totalmente inadequadas para a sobrevivência e o labor do homem branco.[78] Nota-se que os projetos que visualizavam a transferência maciça de afro-americanos para áreas coloniais ou periféricas corriqueiramente lançavam mão do argumento da compatibilidade da raça negra com os trópicos para tingir iniciativas de expulsão dos negros do país com tons róseos da filantropia. Argumentavam os defensores da imigração forçada ou estimulada que a felicidade da raça negra dependia de seu enraizamento em seu ambiente natural, isto é, nas áreas de clima quente, pois apenas aí esta poderia prosperar.

Neste sentido, a viagem de Agassiz ao Brasil adquire novos significados. Além da antiga vinculação ideológica de Agassiz aos projetos expansionistas, o Brasil oferecia oportunidade para que Agassiz recolhesse provas materiais da degeneração provocada pelo "mulatismo", tão comuns na população brasileira fortemente miscigenada. Esta iniciativa havia de muni-lo de provas materiais a respeito dos perigos da degeneração, de forma que pudessem ser veiculadas em sua volta aos EUA. De fato, ele assim o fez ao recolher a já citada expressiva coleção de fotografias que documentaram as mazelas das raças puras e híbridas no Rio de Janeiro e Manaus, coleção que permanece até hoje praticamente inédita, dado o seu caráter francamente racialista. Frente a estas questões, vê-se que a organização e a partida da Expedição Thayer para o Brasil no ano de 1865–66 não se deu num clima que poderíamos chamar apropriadamente de inocente. Foi no contexto da circulação destes tipos de discussão e projetos que James participou da expedição sendo chamado, se não publicamente, decerto em termos pessoais, a se posicionar frente ao angustiante problema da raça.

Não que estas questões estivessem ausentes da vida de James antes da viagem ao Brasil. O jovem James havia sido também chamado a enfrentar as grandes questões políticas de seu tempo que se atrelavam ao corolário da raça e giravam em torno do problema da escravidão, do movimento abolicionista e, principalmente, em termos da definição do papel das raças e da miscigenação numa sociedade livre. Aqui, igualmente, a influência familiar foi decisiva. Embora aparentemente James tenha passado ao largo da agitação política da década de 1860 e tenha optado, por razões não de todo esclarecidas, por não se alistar na Guerra de Secessão, sabemos muito bem que a ebulição do momento esteve presente em seu dia-a-dia. Desde 1860, quando a família James havia retornado da Europa e se instalado em Newport, Garth Wilkinson (Wilky) e Robert (Bob), os dois filhos mais novos da família, haviam sido enviados, por influência de Emerson, para estudar na Frank Sanborn School, em Concord, Massachusetts. A San-

77. Hill, *Diplomatic Relations*, pp 159–162.

78. Fredrickson, *The Black Image in the White Mind*, pp. 138–145.

born School, de inspiração transcendentalista e fortemente comprometida com o abolicionismo, havia desde a década de 1850 se alinhado decididamente nas fileiras da luta anti-escravista.[79] Ao que parece, 1857 havia sido o ponto de inflexão no envolvimento não só da Sanborn School, como de grande parte da intelectualidade da região no movimento. Neste ano John Brown peregrinara pelo estado em busca de adesões e fundos para organizar o que acabou por se tornar o mais ousado e sangrento episódio da luta abolicionista —a Conspiração da Virgínia —ocasião que permitiu que ele se reunisse com os mais proeminentes pensadores da Nova Inglaterra, inclusive com Thoreau e Emerson, que se compromissaram de alguma forma com a colaboração.[80]

Bob e Wilky certamente mostraram-se bastante permeáveis à influência abolicionista, tanto que em 1862 ambos se alistaram para lutar na Guerra Civil, embora nenhum deles tivesse a idade legal requerida. Henry James Sr., que havia se oposto à adesão dos filhos mais velhos —William e Henry —aparentemente concordou com a decisão dos mais novos. Embora as razões pessoais que justificaram a mudança de posição de Henry James Sr. —se é que, de fato, houve alguma —mantenham-se ainda nebulosas, o certo é que a participação dos jovens James na Guerra Civil justificava-se plenamente devido à posição da família frente ao tema. Como rememorou Wilky em 1888, sua família acreditava "que a escravidão era um erro monstruoso, e para sua destruição valiam os melhores esforços humanos, mesmo às custas da própria vida."[81] Além do mais, os dois irmãos alistados acabaram servindo nos pioneiros regimentos negros —Wilky no Massachussetts Fifty-Fourth Regiment, sob o comando do famoso coronel Robert Gould Shaw, e Bob no Fifty-Fifth. Ambos experimentaram na pele as ambivalências, que montaram em abertas hostilidades, tanto nas cidades nortistas quanto nas frentes de batalha, contra o recrutamento de afro-americanos, iniciativa que tinha a ousadia de colocar, ombro a ombro, soldados brancos e negros. Wilkinson, que em 1863 contava com apenas dezessete anos, teve que defender-se à bala nos motins que explodiram em Boston naquele ano contra os regimentos negros e, meses mais tarde, foi duramente ferido, tendo retornado do front em perigo de vida. O fato de a família de James ter se posicionado favoravelmente à luta anti-escravista não significa que esta posição refletisse uma adesão à crença da igualdade entre as raças. Ao que parece, Henry James Sr. nunca duvidou da inferioridade intelectual da raça negra, sob o argumento de que esta se deixava dirigir apenas pela ilusão dos sentidos.[82]

A adesão das elites nortistas ao abolicionismo não se deu de forma homogênea nem livre de ambigüidades. Muito pelo contrário, diversas tendências circularam nas décadas que antecederam a Guerra Civil, compondo um espectro de posições políticas que iam do racialismo escravista mais bruto ao humanitarismo romântico, cujo melhor exemplo se encontra em A Cabana do Pai Tomás, de Harriet B. Stowe (1852). Embora estas diferentes posições se choquem frontalmente, pode-se detectar, como base comum de raciocínio entre todas elas, a existência de uma premissa, que prevaleceu a partir dos anos de 1840, de que a raças branca e negra eram diferentes entre si. Apesar de as

79. Feinstein, *Becoming William James*, pp. 254–258, Perry, *The Thought and Character of William James*, pp. 18–21 e Lawrence Lader, *The Bold Brahmins: New England's War against Slavery (1831–1863)* (New York: E. P. Dutton, 1961), cap. XVII, "John Brown and the Boston Plotters: 1857–1859", sobretudo pp. 233–235.

80. Lader, *Bold Brahmins*, pp. 233–254.

81. Garth Wilkinson James. *Milwaukee Sentinel*, 1888 *apud* Feinstein, *Becoming William James*, p. 259.

82. Henry James Sr., *Lectures and Miscellanies*, p. 69, *apud* Menand, *The Metaphysical Club*, p. 87.

similaridades entre as diversas tendências e a universalização de conceitos como o de raça no discurso político levarem a certa indiferenciação entre as posições francamente racialistas e as humanitárias, uma vez que, aos olhos da atualidade, todas elas exalam visões altamente preconceituosas, como notou Fredrickson, a tendência humanitária romântica produziu um corpo de crenças e imagens a respeito dos afro-americanos de impacto político importante. Filiados a muitas tendências religiosas e políticas, estes se inclinavam a associar as peculiaridades da raça negra a certas qualidades positivas, ligadas ao sentimento, à capacidade de crer —qualidades que alguns conceituaram, não por acaso, de femininas — dando origem a visões que, embora contaminadas de paternalismo e vitimização dos negros, eram socialmente menos maléficas do que as advogadas pelos racialistas. Ainda que produzisse estereótipos empobrecidos a respeito das qualidades sentimentais da raça negra, certas abordagens humanitárias chegaram a exaltar o relativismo e a sublinhar a contribuição positiva de todas as raças. Embora isto pareça insuficiente aos olhos de hoje, posições tais podem ter funcionado como freio a posições letalmente racialistas-segregacionistas, que passaram a levar a dianteira à medida em que o problema da raça se colocou de forma cada vez mais virulenta.[83] A família de James, por suas posições políticas, religiosas e seus laços sociais e de amizade, deve certamente ser inserida em algum lugar do amplo leque da militância humanitária-paternalista.

Como apontam muitos dos seus biógrafos, a Guerra Civil de William pode ter sido sua viagem ao Brasil. Em outras palavras, a decisão de James se envolver numa viagem aos trópicos por um dilatado período de tempo, a qual comportava riscos e desconfortos, além obviamente de implicar em separação da família, isolamento e mergulho num mundo desconhecido, pode ter sido inspirada em sua necessidade de reencenar as rudezas da frente de batalha na qual se encontravam seus dois irmãos mais novos. Além disso, esta lhe proporcionaria um necessário distanciamento das pressões familiares e indecisões profissionais que, a esta altura, o atormentavam. Foram estas, certamente, vivências que assumiram um papel definidor na elaboração de suas idéias.

O envolvimento de James na expedição parece ter sido fruto de decisões pessoais, combinadas com uma certa dose de admiração pelos dotes carismáticos e retóricos de Agassiz, faltando, desde de seu início, uma verdadeira adesão ao projeto científico-ideológico que norteou a viagem —a começar pela personalidade e modo de agir de Agassiz e James. Nada mais oposto ao estilo elegante e discreto de James, que cativava aqueles que o cercavam com seus carismáticos dotes de empatia, do que a personalidade retumbante de Agassiz, seus rasgos de eloqüência mesclados com uma determinação férrea, aliada a uma queda pela autopromoção. E todo o empreendimento Thayer teve, desde a origem, o carimbo do estilo de Agassiz.

Como notou seu principal biógrafo, Edward Lurie, nos anos de 1860 Agassiz havia incorporado em si mesmo a idéia de uma ciência norte-americana que, trazida da Europa, se enraizara no solo prolífico da América do Norte, tornando-se representante de um tipo de nacionalismo expansionista característico do

83. Fredrickson, *The Black Image in the White Mind*, pp. 97–129.

século XIX. Como tal, Agassiz havia imaginado a si próprio como alguém que se colocava acima de qualquer restrição ou crítica, agindo em termos da política acadêmica e científica de forma autoritária e exclusivista. Não obstante a popularidade do naturalista suíço estivesse mais em alta do que nunca, dissabores no âmbito do reconhecimento acadêmico haviam disposto Agassiz a abraçar, com a garra que o caracterizava, novas oportunidades. A aventura amazônica permitia-lhe, momentaneamente, desaparecer da arena acadêmica de maneira retumbante, e lhe proporcionava a oportunidade de realizar a viagem que todos os grandes naturalistas —de Humboldt a Spix e Martius e Bates —já haviam completado, isto é, a exploração da Amazônia, oferecendo-lhe ocasião para adicionar à sua já lendária figura pública as tonalidades românticas do explorador de selvas e rios tropicais. Assim, como se autodenominou Agassiz numa carta a sua mãe, "a criança mimada da América" podia, agora, ir passear no paraíso terreal.[84]

A Natureza Tropical no Olhar de William James

Toda uma outra perspectiva transparece nos registros legados por William James em sua passagem pelo Brasil. Desde a primeira vez em que passei os olhos pelos papéis escritos no Brasil pelo jovem James senti que ali palpitava um espírito original, alguém que, apesar de estar inserido numa viagem naturalista, se colocava numa posição de independência intelectual. Contrariamente ao que se espera de alguém que se engajara numa expedição de coleta de peixes e materiais geológicos na condição de assistente e coletor voluntário, James, em seus oito meses de estadia no Brasil, passados, como já se mencionou, principalmente no Rio de Janeiro e na Amazônia, garatujou cartas endereçadas a seus familiares, redigiu uma curta narrativa de viagem ao rio Solimões (esta incompleta), rascunhou um diário e produziu desenhos de qualidade desigual de cenas e figuras da expedição, que expressam uma consciência crítica e um distanciamento moral do empreendimento intelectual colonialista que norteava a expedição. E é por isso que, embora muito bem conhecidos por todos os estudiosos da figura carismática de William James, que já os esmiuçaram amplamente, sempre do ponto de vista de sua formação intelectual, de sua geração e da formação da Universidade de Harvard —como Ralph Barton Perry, Gerald Myers, Howard Feinstein, Kim Towsend, Louis Menand, Paul Jerome Croce, Daniel Bjork entre muitos outros —os registros brasileiros de James ainda merecem um tratamento que os insira no quadro da literatura de viagem naturalista do século XIX, distinguindo-os por sua especial empatia na análise do ambiente tropical e das populações não-brancas que o habitavam.

É claro que os papéis brasileiros de James não são sempre, digamos assim, iluminados por uma aproximação empática e relativista. Neles James expressou muitos sentimentos e emoções, como sua ambivalência com relação ao próprio sentido da viagem, narrou seus momentos de tédio e dúvida, sua vontade de ir o mais rápido possível para casa, seu mau humor com relação à morosidade ou preguiça dos nativos, tal como se poderia esperar de um jovem que, engajando-se

84. Carta de Louis Agassiz a sua mãe. 22 de março,1865. *Apud* Lurie, *Louis Agassiz*, p. 346.

numa viagem de tal envergadura, que pretendia percorrer áreas pouco conhecidas da América do Sul, se separava pela primeira vez de uma família absorvente, colocando-se sob os desígnios de um Agassiz capaz de decisões erráticas e intempestivas, e que, além do mais, mudava o roteiro da viagem ao sabor dos acontecimentos, mantendo seus dependentes sempre na expectativa de suas ordens. Acrescente-se a isso o episódio da varíola contraída por James, logo nos seus primeiros meses de estadia no Rio de Janeiro, cujas conseqüências poderiam ter sido ainda mais funestas e que compreensivelmente o indispôs por meses contra a viagem e tudo o que dizia respeito a ela.

Em outros momentos, James simplesmente sucumbiu à exotização, como por exemplo na sua muito citada carta a Henry James, endereçada da "Sede Original do Jardim do Éden",[85] e na qual ele lança mão de imagens derivadas de todo um repertório padrão de descrição da natureza tropical. Segundo ele:

> *Nenhuma palavra, apenas urros selvagens e inarticulados podem expressar a beleza estonteante da caminhada que estou fazendo. Houp la la! A desconcertante profusão & confusão da vegetação, a inesgotável variedade de suas formas & e colorações (ainda assim nos avisaram que estamos no inverno, momento em que a maior parte de seu brilho desaparece) são literalmente tais como você nunca sonhou. O brilho do céu & das nuvens, o efeito do ambiente que fornece as distâncias proporcionais aos diversos planos da paisagem faz com que você admire a velha senhora natureza.*[86]

Um pouco adiante, James decididamente exotiza, denominando o ambiente como formado por "florestas inextricáveis", e além do mais referindo-se aos moradores locais como parte naturalizada da paisagem:

> *À minha esquerda, em cima do morro surge a impenetrável e inextricável floresta, à direita o morro mergulha em um tapete de vegetação que alcança além do morro e que, mais à frente, ascende de novo em montanha. Abaixo, no vale, contemplo 3 ou 4 cabanas de barro e cobertas de palha dos negros, cercadas por vívidos conjuntos de bananeiras.*[87]

Estas e outras exclamações hiperbólicas estão em consonância com o que, no hemisfério Norte, se convencionou caracterizar a natureza dos trópicos. E assim o fizeram os biógrafos de James, que amplamente citaram e analisaram esta missiva como representativa de um tipo de experiência, intelectual e emocional, evocada pelo mundo luxuriante e libertador das selvas tropicais. Embora o próprio James não tenha localizado o local exato da excursão, é fácil determinar que esta havia se dado na floresta da Tijuca, paragem não muito distante da cidade do Rio de Janeiro (não vinte milhas, como supôs James, mas oito, como determinaram acuradamente os Agassiz), local aprazível, onde as altas classes do Rio de Janeiro costumavam, nesta altura do século, fazer pequenas excursões de recreio e piqueniques. Embora a floresta da Tijuca seja, ainda nos dias de hoje, de uma

85. Carta de William James a Henry James Sr. Rio de Janeiro, 15 de julho, 1865.

86. Carta de William James a Henry James Sr. e Mary Robertson Walsh James. Rio de Janeiro, 21 de abril, 1865.

87. Ibdem.

beleza admirável e de uma riqueza natural impressionante, ela era e ainda é uma floresta urbana, localizada nos limites daquela que era a capital do Brasil, sendo já naquela altura destino certeiro das curtas viagens de passeio dos estrangeiros e altas classes nacionais, fascinadas pelo discurso naturalista. Além disso, a excursão liderada por Agassiz pernoitou no local, hospedando-se no hotel Bennet, de propriedade de um inglês, que possuía instalações bastante modernas e agradáveis. Como bem notou James, o que ele fora fazer na Tijuca se resumia a um belo passeio, no qual a admiração da vegetação da mata atlântica, muito rica e variada, associada a belas paisagens de praias e rochedos, causaram forte impressão. Porém, muito longe estava a Tijuca de proporcionar uma experiência de selva tropical como de fato James teria em sua estadia nos meses seguintes na Amazônia.

No entanto, quando se espera que James seja convencional e que repita o usual, ele arrisca e se mostra tanto particularmente perspicaz na demolição do mito da natureza tropical quanto capaz de empatizar com o que vê, sobretudo com as populações nativas. E não mais que de repente somos convidados a descobrir que o Rio de Janeiro era uma cidade de ares europeus (As ruas & lojas da cidade me lembram muito a Europa),[88] que a Amazônia é relativamente civilizada (Esta expedição tem sido muito menos aventurosa e muito mais pitoresca que eu esperava. Eu também não vi ainda nem uma única cobra selvagem aqui),[89] que a verdadeira magia do ambiente tropical, ao fim e ao cabo, residia não nos seus ângulos mais gloriosos, mas sobretudo nos seus aspectos tediosos e repetitivos, (aqui tudo é tão monótono, na vida e na natureza, que você é embalado em uma forma de adormecimento).[90]

No entanto, a viagem ao Brasil vem sendo considerada pelos estudiosos de James como um não-evento, com exceção apenas de um momento, considerado como importante na sua definição vocacional. Uma das mais comentadas passagens a este respeito é aquela na qual o jovem viajante, exasperado pelas dificuldades da expedição e expressando uma recém-adquirida consciência sobre sua inadequação às tarefas naturalistas, teria pela primeira vez expresso seu desejo de se dedicar à filosofia:

> *Tenho agora certeza de que meu* forte *não é participar de expedições de exploração. Eu não possuo uma ânsia interna me empurrando nesta direção, como tenho em relação à diversas linhas especulativas. Sinto-me agora convencido para sempre que fui talhado antes para uma vida especulativa do que para uma vida ativa — & eu estou falando apenas em termos das minhas* qualidades, *pois em termos de* quantidade, *me convenci há algum tempo & me reconciliei com a noção de que sou um dos mais leves dos pesos-pena. Bem, porque não me reconciliar com minhas deficiências.*[91]

Afora proporcionar estes lampejos de definição vocacional, a viagem de James ao Brasil foi sempre tratada pelos biógrafos como um erro de cálculo ou como apenas mais um projeto malsucedido em sua atormentada trajetória inte-

88. Ibdem.

89. Carta de William James a Henry James Sr. e Mary Robertson Walsh James. Tefé ou Ega, 21 de outubro, 1865.

90. Carta de William James a Mary Robertson Walsh James. Óbidos, 9 de dezembro, 1865.

91. Carta de William James a Henry James Sr. Rio de Janeiro, 3 de junho, 1865.

O Brasil no Olhar de William James

lectual e pessoal. Estas análises, ao se limitarem a abordar apenas um aspecto da viagem, têm subestimado o impacto da experiência de James no Brasil, negligenciando o contexto da Expedição Thayer e do cenário de uma viagem ao Brasil da segunda metade do XIX.

O único estudioso de William James que chegou a visualizar uma dimensão mais profunda da sua experiência como viajante dos trópicos foi Daniel Bjork que observou que, para além dos aspectos mais aparentes das dificuldades enfrentadas, a viagem ao Brasil teria sido palco da primeira experiência de morte e renascimento de James.[92] Este tipo de experiência, composto por uma primeira fase de depressão e desesperança, podendo culminar numa vivência radical de pânico e perda do controle de si mesmo, seguido por uma fase de renascimento, tem sido interpretado como momento fundamental da vida tanto de Henry James Sr. —quando ele descobriu a doutrina swedenborgiana —quanto de William James.[93] Para este último, o episódio consagrado pelos estudiosos como de seu renascimento teria se dado em abril de 1870, quando James, ao ler o filósofo francês Charles Renouvier, teria ganho inspiração suficiente para vencer sua própria depressão e desesperança, por meio do "will to believe".[94] Este episódio vem sendo interpretado, por alguns autores, como ponto de inflexão a partir do qual James, ao encarar um universo desprovido de razão, teria cunhado a máxima que o conduziu de volta à vida, cujo sentido poderia ser entendido como "meu primeiro exercício de livre arbítrio será o de acreditar em livre arbítrio".[95]

Segundo Bjork, no Brasil, a primeira parte da viagem, passada sobretudo no Rio de Janeiro, marcada pela doença, sensação de inadequação e outras dificuldades, teria se concretizado como a primeira fase da experiência, isto é, a da queda e depressão. Neste sentido, a chave da experiência de James no Brasil residiria na segunda fase da experiência libertadora, isto é, na do renascimento, experienciada na forma da interação com a natureza tropical, que teria tido lugar principalmente no cenário amazônico. Esta fase da viagem, despendida entre a navegação dos rios e a observação da fertilidade das selvas tropicais, teria proporcionado um primeiro encontro de James com os aspectos simbólicos profundos da luxuriante natureza dos trópicos.[96] Teria sido em decorrência da observação do fluir dos caudalosos rios da bacia amazônica e da exuberante vegetação da floresta tropical que James teria, pela primeira vez, intuído a metáfora da água e seu fluxo como princípio psicológico.

A passagem de autoria de James, utilizada por Bjork para referendar esta análise, é de fato muito rica de alusões àquele que tem sido notado como um dos temas fundamentais ao universo de James, a idéia do fluxo dos pensamentos, em suas muitas interconexões —The Stream of Thought, metáfora básica em Principles of Psychology, publicado originalmente em 1890:

Depois disto foi decidido que íamos a uma praia que jazia oposta e passaríamos a primeira parte da noite. Eu suponho que a praia havia recentemente se conectado com a margem esquerda, mas a subida do rio já havia feito dela uma ilha com um canal largo entre esta e a margem. Fiz uma longa caminhada nela & não achei

92. Bjork, *William James*, capítulo 5, "The Original Seat of the Garden of Eden", pp. 53–68.

93. Feinstein, *Becoming William James*, pp. 68–70.

94. Em 1897, William James publicou o famoso livro de ensaios, *The Will to Believe and Others Essays in Popular Philosophy*.

95. O principal defensor desta interpretação é Ralph Barton Perry em seu clássico, *The Thought and Character of William James*, p.121.

96. Bjork, *William James*, pp. 65–66.

nem gaivotas nem ovos, mas sim duas enormes árvores prateadas, as quais ao descerem [o rio] haviam acabado com seus troncos cruzados entre si e seus galhos, presos no fundo, haviam acabado por ancorá-las neste lugar. A descida do rio as havia deixado altas e ressecadas. Não, não exatamente ressecadas, porque uma poça funda havia sido escavada por baixo delas pela correnteza e estava agora cheia por uma água verde estagnada & coberta por minúsculas moscas. Quem me dera ser um grande pintor, porque aqui há grandes temas! Nada pode ser mais simples. A praia nua, o oeste avermelhado, os troncos gigantes com suas copas tortas & raízes, (a mais larga não teria menos do que 20 pés de circunferência), a imensa correnteza em torvelinho &, ao longe, a linha fina da floresta. Era grandioso e solitário o quanto podia.[97]

O cenário da luxuriante natureza tropical, com suas literalmente milhares de formas de vida vegetais e animais, interconectadas e entrelaçadas em um constante e mutável fluxo de vida, parece ter capturado a imaginação criativa de James para sempre. A imagem gravada em sua mente, a partir de um solitário passeio no pôr do sol numa ilhota fluvial qualquer do rio Solimões, poderia ter dado origem a uma fértil elaboração dos processos de produção psicológica dos pensamentos. Lembremos que, desde seus inícios, James havia concluído que "odiava coletar", exprimindo sua aversão não apenas ao que isto implicava em termos mais concretos, isto é, que ele se via, no decorrer da expedição, obrigado a ater-se a atividades eminentemente físicas. No entanto, a oposição de James ao colecionismo me parece muito mais profunda e significativa à medida em que esta se opunha a uma visão classificatória e reificante da natureza. Apreendida em suas viagens às longínquas paragens ribeirinhas, a natureza entremeada e complexa da selva aparece, nos registros de James, como a oposição à "anti-conquista" realizada pelo naturalismo do século XIX. E é por isso que, segundo Bjork, James pode nunca ter deixado o Brasil, pois o sentido desta experiência teria se fixado como base de um longa e fértil reflexão, que preencheu sua vida intelectual. Iniciando-se com a idéia de fluxo de pensamentos, James derivou suas pesquisas para muitos temas, inclusive dedicando-se sistematicamente à pesquisa dos fenômenos psíquicos mediúnicos.

Porém, para além da percepção da natureza tropical, a viagem de James ao Brasil desafiou-o a estabelecer uma série de contatos pessoais —meramente funcionais e/ou sociais em alguns casos, decididamente afetivos, se não românticos, em outros —cujos desdobramentos ainda não foram explorados. Suas observações e relacionamentos se vinculam às vivências ligadas à raça. De fato, a viagem, sobretudo em sua etapa amazônica, obrigou o jovem James a desenvolver toda uma nova perspectiva social ligada ao contato e à convivência com as populações locais, sobretudo com os mestiços amazônicos, tão desprezados pelo hibridismo adotado por Agassiz.

Viajando pela Amazônia, William James parece ter aproveitado a oportunidade dos trópicos para observar o relativismo das crenças humanas. Para o jovem estudante James, o deslocamento nos trópicos significou também um deslocamento de perspectiva. Dormindo em redes e viajando de montaria, James

97. Diário de William James, 1865.

chegou a pensar que o mundo dos ribeirinhos era exatamente aquilo que parecia ser. Nem pessimista nem otimista, James parece apenas ter viajado apreciando a descoberta de outras formas de viver e pensar

Convivendo com barqueiros, guias e criados, compartilhando canoas e hospedando-se com famílias ribeirinhas, James teve a oportunidade de se sensibilizar para dimensões sociais e culturais radicalmente distintas daquelas de onde ele provinha. Para tal, ele mais uma vez teve que buscar dentro de si a capacidade de se desvencilhar dos conhecimentos adquiridos socialmente, colocando em exercício toda a sua capacidade de mergulhar "neste grande universo da vida não relacionado a minha ação", se expondo a novas experiências. Neste sentido, as anotações de James apontam que a sua experiência íntima da viagem caminhou em direção contrária à de outros membros da expedição —pelo menos daqueles que deixaram registros, como Louis e Elizabeth Agassiz —que tendiam a julgar, classificar e analisar os nativos segundo os conceitos de raça, mestiçagem e capacidade maior ou menor de se aproximar da civilização —sempre entendida como europeização.

James se revela, sobretudo, quando se mostra capaz de empatizar com os moradores locais, guias, pescadores e outros, índios, negros e mestiços que acompanharam suas excursões de coleta, muitas vezes como suas únicas companhias. Em uma de suas observações iluminadas, James —em dia de grande inspiração, observando a conversação dos seus barqueiros com um grupo de mulheres indígenas ou mestiças que pilotavam uma montaria rio abaixo, em algum ponto do rio Solimões —se pergunta:

> *Fico imaginando, como sempre faço, frente ao tom urbano e polido das conversas entre meus amigos e a velha. Seria a raça ou as circunstâncias que fazem estas pessoas tão refinadas e bem educadas? Nenhum cavalheiro da Europa tem mais polidez e, ainda assim, estes são camponeses.*[98]

O mesmo refinamento cultural e delicadeza de sentimentos James encontrou na convivência com a família do barqueiro cafuzo —o muito citado sr. Urbano —que o conduziu em uma de suas últimas expedições de coleta e que, além disso, hospedou James em sua casa por alguns dias. Logo à chegada, nada mais estranho, James se deparou com duas mulheres cafuzas, que pitavam seus cachimbos enquanto conversavam acocoradas sobre um tapete, no qual encontrava-se uma rede semi-acabada. No entanto, não vemos escapar de seus registros nenhum tom divertido, pitoresco ou depreciativo. Pelo contrário, a questão de James era entender como as pessoas locais podiam manter-se horas e horas em uma postura tão desconfortável para estrangeiros, parecendo serem elas "esqueletos nus" e não figuras de carne e osso. Dias depois, já bem aclimatado à família, comentou James:

> *Eu me sinto agora perfeitamente domesticado neste lugar & com estas pessoas. Nunca houve uma classe de pessoas mais decente do que estas. O velho Urbano, especialmente, por seu refinamento nativo, inteligência e espécie de limpeza e*

98. Ibdem.

pureza é talhado para ser amigo de qualquer homem que exista, não importando quão elevado seja seu nascimento & bens. Não há nem uma gota de nossas almadiçoadas brutalidade e vulgaridade anglo-saxônicas, tanto nos senhores quanto nos servos. Eu sempre me recordo quando os vizinhos vêm visitar Urbano de nossa família & da família Tweedy em Newport. Urbano & seus companheiros conversam com tanta beleza e harmonia, talvez ainda a mais do que Tweedy & o Pai, em um tom suave, baixo e vagaroso, como se a eternidade estivesse à frente deles. Eu nunca escutei ninguém praguejar ou empregar palavras exageradas, metáforas improváveis ou gracejos exagerados ou um monte de epítetos cáusticos ou anedotas vexantes como as que fazem o divertimento dos ianques.[99]

99. Ibdem.

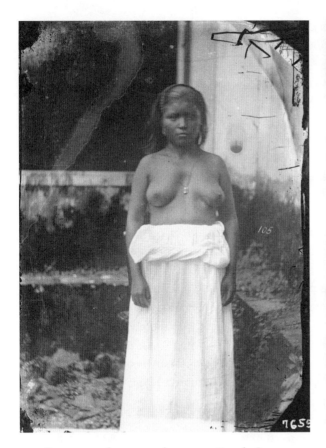

O acompanhamento das anotações de James parece sugerir que, à medida em que ele se envolvia com as expedições de coleta designadas por Agassiz, internando-se cada vez mais nos meandros da vida ribeirinha, ele começou a desenvolver dentro de si as ferramentas afetivas que lhe possibilitaram apreender as sutilezas de uma sociabilidade entendida, pela quase totalidade dos viajantes, como algo aquém das convenções sociais, portanto irrelevante ou incompreensível fora da chave do pitoresco.

Ao lado das experiências de James, decorrentes de sua empática convivência social, encontramos ao longo de suas anotações amazônicas um outro tipo de registro, por sinal muito delicado e sensível, relativo ao envolvimento romântico do viajante com as sedutoras moças amazônicas. Certas passagens, envoltas em tom engraçado, nos fazem imaginar aquele que foi descrito com um jovem vitoriano muito tímido com as mulheres, descobrindo possibilidades e se arriscando. É o que sugere, por exemplo, o pequeno vocabulário inglês-português-tupi que consta de seu diário. Logo no primeiro verbete somos surpreendidos por um James que se preocupou em anotar cuidadosamente a seguinte frase: "Serendéra ére mendáre potáre séra seirúma?". E somos quase compelidos a imaginar o jovem viajante abordando as senhoritas cafuzas e indígenas em remotas localidades, com um certeiro: "Minha querida, você se casaria comigo?".

Mais ainda se revela James ao se declarar apaixonado pela bela Jesuína, a qual ele conhecera em um baile em Santarém:

Ah, Jesuína, Jesuína, minha rainha da floresta, minha flor do trópico, por que não pude fazer-me a vós inteligível? Porque meu português é apenas "suficiente para as minúcias da vida" e não para a expressão de todos aqueles matizes de emoção que penetram minha alma. Depois de despender uma hora ao lado de Jesuína & fazer-me o mais eloqüente, ela confessou a Tal que não havia entendido "absolutamente nada" da minha conversa. Ela, agora, anda pela praia, com seus longos cabelos soltos flutuando, lamentando minha perda.[100]

Esta rainha da floresta da qual James se enamora, mas de quem não consegue se aproximar por não ser capaz de expressar em um português aceitável seus sentimentos, nada tem a ver com as imagens coisificadas das jovem mestiças amazônicas fotografadas por Hunnewell a mando de Agassiz. Assim, os registros de James se chocam claramente, em tom e conteúdo, com aqueles do Bureau d'Anthropologie, atravessados pelo pessimismo do hibridismo. Vemos assim o jovem James colhido entre dois mundos distintos —um primeiro, o da expedição, que embora familiar vinha vincado pelo discurso coisificador e cientificizante da raça, e o outro, das populações amazônicas ribeirinhas, o qual o atraía fortemente pois nele James encontrava a oportunidade de experimentar "[n]este grande universo da vida não relacionado a minha ação e que, no entanto, é muito real" —e podemos imaginar os conflitos íntimos do jovem viajante em seu paulatino mergulho no desconhecido.

Tão profundo foi o mergulho de James na vida amazônica que, na etapa final da viagem, umas poucas semanas antes de James ir para casa, dormir em rede, conversar acocorado, pitar cachimbo e viver uma vida de pouca ou nenhuma posse, e certamente sem nenhum livro, parecia ser a verdadeira vida; e a outra, aquela de Boston, dos livros, das pessoas morrendo por causa de suas idéias, algo totalmente longínquo. A passagem, muito significativa, merece ser citada extensamente:

Despendi os últimos quinze dias, desde que escrevi a você, de maneira muito agradável, neste lugar paradisíaco, na casa de um tipo de qualidades femininas, muito agradável e simpático, administrador dos correios, e eu estou escrevendo esta carta banhado pela suave luz do entardecer, na sala, sala de correio, dispensa, e como você quiser denominá-la, já que ela tem as três funções. Falo agora português como um livro e estou preparado para conversar por horas sobre qualquer assunto —decerto, os nativos parecem ter alguma dificuldade em me compreender, mas este é problema deles, não meu —meu negócio é falar e entendê-los. No todo, estou bem contente que a coisa esteja acabando —não que eu não tenha aproveitado partes da viagem intensamente e considero esta uma das melhores partes da minha vida; mas, o suficiente é tão bom quanto o banquete; odeio inteiramente coletar e almejo voltar aos livros, estudos &c. depois desta vida

100. Carta de William James para Alice James. Santarém, 31 de agosto, 1865.

O Brasil no Olhar de William James

elementar. Você não tem idéia, minha querida Mãe, quão estranha a minha vida de casa me parece das profundezas deste mundo, soterrado como ele é em mera vegetação e necessidades físicas & prazeres. Custo a acreditar que você possa me compreender, mas a idéia de pessoas fervilhando por aí, como fazem entre nós, se matando de pensar sobre coisas que não têm nenhuma conexão com suas meras circunstâncias externas, estudando ao delírio, perdendo o juízo por causa de religião, filosofia, amor & tal, respirando o perpétuo gás do aquecimento & da excitação, trocando a noite pelo dia, me parece inacreditável e imaginário, e ainda assim parti há apenas 8 meses. Ainda mais notável me parece a extraordinária variedade de personalidades que resulta de tudo isso —aqui tudo é tão monótono, na vida e na natureza, que você é embalado em um tipo de sono —mas, estranho dizer, é a minha antiga existência que já começou a me parecer um sonho. Ouso dizer que quando eu chegar terei por algum tempo pontadas de nostalgia por esta plácida Arcádia; mesmo agora, freqüentemente, basta que eu veja uma laranjeira ou um destes suaves pores do sol para me fazer encolher com a idéia de abrir mão de tudo isso.[101]

Estas e outras passagens iluminadas que ficaram gravadas em páginas redigidas em tom familiar e descompromissado mostram o jovem James enfrentando, de maneira informal, o famigerado conceito de raça e ainda assim invertendo-o, dando mostras da gestação do pensador carismático e professor brilhante que viria a exercer particular atração sobre todos que dele se aproximavam. Confrontando o convencional e o estereotipado do repertório da literatura de viagem aos trópicos, James experimentava sua peculiar habilidade de empatizar com o mundo que o cercava, relativizando os códigos culturais enquanto tais. Para quem, como James, havia começado a viagem sofrendo de um terrível enjôo marítimo[102] e que logo descobriria que "Se tem algo que eu odeie, é coletar",[103] a viagem ao Brasil acabou sendo bastante produtiva. Mostrando um viajante anticonvencional e empático, os papéis brasileiros de James merecem ser lidos a partir de uma moldura teórica mais adequada ao tipo de experiência que ele viveu. Certamente a leitura do material que à frente apresentamos virá confirmar esta perspectiva. Afinal de contas, por entre as dores e privações de uma viagem aos trópicos nos anos de 1860, residem nos papéis de James os traços de uma primeira descoberta do outro, a quem James, não sem esforço, amigavelmente apreciou.

101. Carta de William James para Mary Walsh James. Óbidos, 9 de dezembro de 1865.

102. Carta de William James a Mary Walsh James. Steamer *Colorado*, provavelmente 31 de março de 1865.

103. Carta de William James a Henry James Sr. e Mary Robertson Walsh James. Tefé ou Ega, 21 de outubro, 1865.

Notas sobre o Estabelecimento do Texto

Os papéis de William James datados dos anos de 1865–1866 reproduzidos neste edição foram transcritos a partir dos originais existentes no Houghton Library da Universidade de Harvard. Todas as cartas, com exceção de duas inéditas, foram confrontadas com as transcrições realizadas por Ignas K. Skrupskelis and Elizabeth M. Berkeley (with the assistance of Wilma Bradbeer and Bernice Grohskopf), *The Correspondence of William James, William and Henry, 1861–1884*, vol. 1, (Charlottesville and London: University Press of Virginia, 1992) e *The Correspondence of William James, 1856–1877*, vol. 4 (Charlottesville and London: University Press of Virginia, 1995). Comparei igualmente minha transcrição da narrativa "A Month on the Solimoens" com o texto estabelecido por F. Burkhardt, F. Bowers e I. Skrupskelis, em William James, *Manuscripts Essays and Notes* (Cambridge, Ma: Harvard University Press, 1988, pp. 354–357). O Diário do Brasil foi estabelecido em sua íntegra pela primeira vez, embora algumas passagens tenham sido cotejadas com a reprodução parcial do documento realizada por Carleton Sprague Smith em "William James in Brazil" in: *Four Papers Presented in the Institute of Brazilian Studies* (Nashiville: Vanderbilt University Press, 1951, pp. 97–138). Portanto, a transcrição dos documentos apresentados neste volume se beneficiou do magnífico empreendimento realizado por outros, sobretudo por aquele realizado sob a organização de Ignas Skrupskelis e Elizabeth M. Berkeley. Embora isso, alguns ajustes, sobretudo com relação a termos e nomes em português, foram realizados.

O estabelecimento do texto apresentado neste volume adotou procedimentos diferentes dos estabelecimentos anteriores, que haviam se guiado por uma preocupação mais técnica. O atual estabelecimento procurou facilitar a leitura dos documentos sem, contudo, alterar o sentido original dos mesmos. Pequenos ajustes foram introduzidos ao texto para facilitar sua tradução para o português, uma vez que não faz sentido reconstruir em outra língua pequenos lapsos de grafia e pontuação, que não interferiam no significado do texto. A tradução para o português, embora tenha procurado escapar de anacronismos, respeitando os códigos de linguagem do XIX, optou, sempre que possível, pela forma mais neutra de tradução. Os procedimentos adotados foram os seguintes:

1. As passagens cortadas ou rasuradas intencionalmente pelo autor foram desconsideradas.

2. A maior parte das abreviaturas do texto original em inglês foi desdobrada para facilitar a leitura e assim traduzida para o português. Por exemplo, "wh." tornou-se "wich", "sh." tornou-se "should", "seemg." aparece como "seeming", "S.Am", aparece como "South America", e assim em diante.

3. Os grifos do original foram mantidos.

4. As palavras grafadas em português no original foram mantidas na edição em inglês. Na maioria dos casos, a grafia do português do século XIX e os erros ortográficos do autor também foram preservados. Na versão em inglês, quando o significado da palavra não aparece explicado no próprio texto, optou-se por colocar contíguo a estas e entre [parênteses] sua definição sucinta e, em alguns casos, foram colocadas notas de rodapé explicativas.

5. Na versão em português, as palavras grafadas em português no original aparecem em itálico.

6. As palavras escritas em outras línguas que não o inglês e o português foram mantidas sem tradução em ambas as versões.

7. Os acréscimos introduzidos pela organizadora aparecem entre colchetes.

8. As notas explicativas, inseridas no correr do texto, foram mantidas em seu mínimo. Inclui uma *Lista de Pessoas, Termos e Lugares* que serve de guia explicativo das referências feitas por James.

Cartas do Brasil

1. Carta a Mary Robertson Walsh James

Vapor Colorado, descendo o estreito[1]
Sexta-feira, 10h30 da manhã [provavelmente 31 de março de 1865]

Minha mais querida Mãe,
Faz 48 horas que estamos detidos no porto neste vapor devido a diferentes acidentes —Acabo de ser perturbado pela voz sofredora do rev. Fletcher, que, de sua cabine, chama "camareiro". Ele quase se matou ao cair da escotilha na noite passada e nesta manhã não consegue se levantar. Eu saio para lhe procurar um camareiro para ele e descubro que vamos ancorar novamente —Uma densa neblina nos assola e, enquanto esta perdurar, não poderemos sair. Sapristi, c'est embêtant. Nossos companheiros são boas pessoas. Hartt do Museu & Seaver, o Caçador, eu acho que vou gostar. Eu ainda não tive muito contato com o Prof. Dr. Cotting, mas é boa pessoa, assim como a Sra. Agassiz. O navio é uma beleza, com exceção das cadeiras, que não são da alta qualidade do meu desideratum. Eu acredito que o piloto vá ainda permanecer a bordo por diversas horas, então eu não preciso terminar esta ainda. No todo, há em torno de 35 passageiros. Eu espero que Harry esteja contente nos tranqüilos domínios do terceiro andar. Deixe-o carregar a arma com munição. Quando ele for a suas rondas sociais, deixe-o estender o meu afeto a todas as jovens que ele encontrar. Parece que eu o vejo, fitando com olhos que jamais se deslumbram, a mais bela de todas, como o épico autocontido que ele é. Dê minhas lembranças a tia Kate & Alice, que estará, eu imagino, com você antes desta carta. —8:30 da noite —Aqui estamos nós, ancorados ainda no mesmíssimo lugar nas imediações da Ilha de Staten, com

1. O vapor movido a rodas de pás Colorado, que se dirigia à Califórnia, ficou parado no Estreito de Verrazano. O navio partiu no dia 1º. de abril, chegando no Rio de Janeiro no dia 23 de abril. Ver nota de Ignas Skrupskelis, *Correspondence of William James*, vol. 1 (Charlottesville: University of Virginia Press, 1992), p. 9.

Retrato divertido de Newton Dexter,
desenho de William James, 1865.
"Está conosco um sujeito queixudo e
queimado de sol chamado Dexter, de
Providence, que é um atirador certeiro
e já caçou por todo os EUA." (Carta de
William James, vapor Colorado
descendo o estreito, provavelmente 31
de março de 1865)

2. Aqui James se refere ao general William
Tecumseh Sherman (1820–1891), comandante
das tropas nortistas que se notabilizaram por
destruir fazendas e cidades sulistas durante a
fase mais avançada da Guerra Civil, que estava
terminando ao tempo em que esta carta foi
redigida.

o Forte Lafayette a bombordo, sem poder ir adiante até o
tempo limpar. Tem chovido e feito nevoeiro incessantemente o dia todo, mas o vento, em alguma medida,
diminuiu ao anoitecer, e espero, como a estação é instável,
que o sol brilhe amanhã. No fim das contas, o dia foi muito
agradável. Outro bom sujeito, Copeland, do departamento de engenharia da Lawrence Scientific School faz
parte do grupo. O Professor estava há pouco divagando
sobre o mapa da América do Sul e fazendo projetos como
se ele tivesse o exército de Sherman [2] ao seu dispor, ao
invés dos 10 noviços que ele realmente tem. Ele deve arranjar alguns estudantes do Rio para acompanhar os diferentes grupos, o que os tornará mais numerosos. Estou
certo, espero, que ele o fará devido à língua. Se cada um de
nós tiver um acompanhante que fale português, este fará as
coisas tornarem-se duplamente mais fáceis. O Prof. está
agora sentado oposto a mim, com suas faces radiantes,
fazendo digressões à mulher do capitão a respeito da educação deficitária do povo norte-americano. Ele falou inin-
terruptamente por, pelo menos, meia hora. Eu não tenho
idéia de como ela reagiu; presumo, no entanto, que ela se
sinta de alguma forma lisonjeada pela atenção. Esta manhã
ele fez um sermão bem característico ao Sr. Billings, amigo
do Sr. Watson. O sr. B. havia se oferecido para emprestar-
lhe alguns livros. Ag.: "Sr., poderia eu entrar em sua cabine
& pegá-los quando quiser?" Billings, estendendo seus
braços, declarou amigavelmente: "Senhor, tudo que eu
tenho é seu!" Ao que Agassiz, longe de ser conquistado,
balançando seu dedo indicador, replicou à pobre insensata criatura: "Cuidado,
Senhorr, para que eu não tire sua pele!" Isto ilustra muito bem como é o homem.
Oferecer seus serviços a Agassiz é tão absurdo quanto seria para um habitante da
Carolina do Sul convidar os soldados do gen. Sherman para partilhar de alguns
refrescos como convidados de sua casa. Seaver, o caçador, é, de fato, um homem
muito original. Tenho poucas dúvidas de que, se tivesse ele começado a vida de
forma apropriada, ele teria se colocado em patamares superiores da Ciência.
Como a coisa é, com todas as suas andanças pelo mundo, ele amealhou uma
quantidade de conhecimentos científicos rigorosos & ademais, ele pensa. Eu
gostaria apenas que Hyatt estivesse conosco e que estivéssemos, de fato, em
movimento. Ainda assim, minha queridíssima velha mamãe, se estivéssemos em
movimento, eu não poderia enviar-te esta carta e deve ser tão prazeroso para a
senhora receber notícias minhas quando estou quasi partindo como é para mim
dispor da chance de enviar-lhe minhas notícias. Está conosco um sujeito queixudo e queimado de sol chamado Dexter, de Providence, que é um atirador
certeiro e já caçou por todo os EUA. Não preciso dizer que ele fará um bom

serviço, apesar de eu não saber muito dele em termos pessoais. Ele é rico. Decidi manter um diário e devo começá-lo esta noite. Devo escrever-te mais algumas linhas pela manhã. Boa noite, minha velha Mãe, Pai, Harry, Tia Kate & Alice. Mille baisers. Sábado, 6:30 da manhã. A aurora nasceu resplandecente. Uma leve brisa noroeste, com um céu azul salpicado de branco. Os marinheiros estão levantando âncora & cantando. Eles formam um grupo de homens de aparência grotesca. Eu acredito que estejamos, enfim, realmente de partida. —

9 horas Estamos chegando a Sandy Hook. O navio começa a balançar vivamente. Nesta situação a pessoa se sente, alternadamente, pesada e leve. Minha terra natal, adieu! Adieu, minha querida família. Eu espero vê-los em não muito tempo. Vogue la galère! Vogue la maresia! Vogue la Vie! Comi agora a pouco um tremendo café da manhã, tendo sido esta minha última chance de fazê-lo por muito tempo. A senhora pode enviar minhas cartas, esta inclusive, para Wilky e Bob. Até logo. Inexprimível amor do seu afeiçoado.
W

— Neste momento o Prof. passou atrás de mim e disse: "A partir de hoje vou começar a mostrar a você um pouco do que quero que você faça." Hurra! Eu não havia sido capaz até agora de arrancar nenhuma só palavra do velho animal a respeito da minha sorte. Eu apenas sinto não poder contar-lhe. Adieu.

2. Carta a Henry James, pai e Mary Robertson Walsh James.

Do Mar
Sexta-Feira à noite, 21 de abril [1865]

Meus queridos Pais,
Todos estão agora escrevendo para casa para alcançar o vapor que sairá do Rio na segunda-feira. Eu estou fazendo a mesma coisa embora, até o momento, eu tenha muito pouco o que contar a vocês. Vocês não podem imaginar quão prazeroso é sentir que amanhã estaremos nas tranqüilas águas do Rio & os horrores da viagem serão superados. Ó, o vil mar! as amaldiçoadas Profundezas! Ninguém tem o direito de escrever sobre a "natureza do Mal" ou alimentar qualquer opinião sobre o mal, sem antes ter estado no mar.[3] O terrível abismo de melancolia no qual se é mergulhado oferece uma experiência profunda demais para não se tornar proveitosa. No meu caso, eu não sei ainda que fruto esta dará, estou certo, porém, que qualquer dia terei um assomo de sabedoria proveniente dela. Meu mal-estar não se manifestou na forma de um forte enjôo depois da primeira noite & segunda manhã, mas por 12 mortais dias eu estive, corpo & alma, no mais indescritível estado de desamparo, desgarro e abandono ao qual, eu espero, jamais retornar. Tivemos um vento contrário e um mar toleravelmente bravio esse tempo todo. Os "ventos alísios" que eu pensava serem suaves ventos matinais são

3. Aqui James faz um jogo de palavras com o título do livro escrito por seu pai, *The Nature of Evil* (1855). Ver nota Skrupskelis, *Correspondence*, p. 104.

abomináveis ventanias úmidas que embranquecem todas as ondas com espuma. Imagino que eu deveria escrever a vocês um relato iridescente a respeito da nossa navegação nos trópicos; mas o Atlântico tropical é certamente igual ao mar do norte. Eu imaginava que o céu teria a coloração de um azul-da-prússia escuro por sobre um mar da mesma cor, com rajadas de ventos perfumados e pássaros do paraíso; náutilos & peixes-voadores; golfinhos & atuns, cuja fosforescência rivalizaria com a luz do luar & e tudo o mais. Nem o céu, nem o pôr-do-sol, nem o mar têm tonalidades mais vivas do que o nosso. Nós vimos apenas uns poucos peixes-voadores saltando, mas eles não chegaram a ser nem tão interessantes como são os sapos em nosso país. Tivemos fosforescência apenas em uma ou duas noites, e nada mais, quando muito o mesmo número de vezes que nós a vimos em Newport. Quanto ao Cruzeiro do Sul & nuvens de Magalhães, elas não passam de produtos de terceira categoria. O oceano é um maldito lugar molhado e desagradável, esta é a minha conclusão; não se pode fazer uma bolsa de seda da orelha de uma porca. A bordo, o grande acontecimento tem sido as palestras diárias de Agassiz. O Bispo Alonzo Potter, com sua terceira esposa, está conosco. Ele e o Prof. oferecem o melhor exemplo que já vi do ditado: "Eu grasno e você responde".[4] Apesar de que acredito que Agassiz vá ficar com uma pequena dívida com o precioso Bisp., a não ser que ele recupere terreno amanhã. O Bisp. me contou que conhece o pai & que o pai se hospedou por alguns dias em sua casa quando ele esteve em Boston anos atrás. Ele leu Substance & Shadder & apesar de discordar da doutrina, apreciou a demonstração de habilidade & o estilo notadamente elegante.[5] No último domingo, ele pregou um sermão dirigido especialmente a nós "sábios", como somos chamados pelos de fora, o qual nos aconselhava a procurar imitar a devoção simplista e infantil à verdade do nosso grande líder. Nós deveríamos abrir mão das nossas teorias prediletas sobre transmutação, geração espontânea &c., procurando na natureza o que Deus lá colocou, ao invés de tentar encaixá-la em alguma teoria arquitetada pela nossa imaginação &c &c (Vide Agassiz passim). O bom velho Prof. se derreteu em lágrimas e soluçou profusamente. Ele impressionou profundamente tanto o capitão, quanto Sr. Billings (amigo de Watson) o qual é o grão-sultão da Universidade da Califórnia e o Bisp. E eu tenho certeza de que as palavras do último foram tão sentidas quanto seriam por um boneco de pau —Boa noite! querida, querida família! Escreverei mais amanhã.

Domingo à noite. Amada Família. Ontem às 10 horas da manhã nós ancoramos neste porto, tendo a aproximação do ancoradouro sido feita sem necessidade de um piloto. Nenhuma palavra minha ou de qualquer homem menos talentoso que Williams, o divino, poderia descrever a magnificência deste porto e de sua aproximação.[6] As montanhas arrojadas e grandiosas, próximas e ao longe, as palmeiras e outras árvores do verde mais vívido que jamais vi em qualquer lugar. A cidade "materializa", em sua arquitetura e efeito, minha concepção de uma cidade africana. Quase todo mundo é negro ou negra, palavras cujo significado, eu percebo, não chegamos a compreender entre nós; sendo a maioria deles africanos

4. O ditado no original comporta uma segunda interpretação, uma vez que a palavra utilizada caw (grasnar) foneticamente se aproxima da palavra "call" (chamar). De qualquer maneira, o sentido da expressão seria: "Você me elogia e eu faço o mesmo com você".

5. William se refere aqui, de maneira jocosa, ao livro de seu pai, Henry James, *Substance & Shadow* (1863). O bispo Potter conhecia James pai desde 1829, ano em que Henry havia abandonado a faculdade e fugido para Boston. Ver Louis Menand, *The Metaphysical Club* (Nova York: Farrar, Straus and Giroux, 2001), p. 129 e Howard Feinstein, *Becoming William James* (Ithaca: Cornell University Press, 1984), pp. 54–55 e 170–71.

6. Esta é uma referência provável ao clérigo puritano dissidente, Roger Williams (c. 1603–1683), fundador de Providence, Rhode Island.

Mulheres carregando barris de água,
desenho de William James, Rio de Janeiro
1865.
"Quase todo mundo é negro ou negra,
palavras cujo significado, eu percebo,
não chegamos a compreender entre nós
. . . " (Carta de William James, no mar,
baía do Rio de Janeiro, 21 de abril de
1865).

nativos e tatuados. Os homens vestem-se com ceroulas de linho e camisas curtas
do mesmo tipo de tecido. As mulheres usam enormes turbantes e andam com um
bambolear original o qual nunca encontrei em nenhum lugar. Suas atitudes, ao
dormir & ao recostar-se pelas ruas, são pitorescas ao máximo. Acho que ontem
foi o dia mais divertido da minha vida. Em torno do meio-dia, 9 de nós pegamos
um barco & fomos para o atracadouro. A estranheza dos lugares, o prazer de
andar em terra firme, o delicioso perfume da terra, comparados ao inferno das
últimas três semanas, foi totalmente intoxicante. Nosso português saiu maravilhosamente, todos os rostos relaxaram aos nos ver & sorriram de orelha a orelha.
A quantidade de amor fraterno expresso nas saudações & nos gestos era enorme.
Tivemos a melhor ceia que jamais comi. Adivinhe quanto custou. 140$000 réis.
quantia exata. Paga pelo sujeito mais rico do grupo. Os brasileiros são da cor de
índios pálidos, sem nenhuma partícula de vermelho e parecem muito velhos.
Eles são muito educados & solícitos, <u>todos</u> vestem chapéus pretos de pele de castor com fraques pretos e lustrosos, o que os faz parecer <u>épiciers endimanchés.</u>
Retornamos todos, em boa ordem, para o navio às 11 horas da noite e eu fiquei
acordado, recostado no convés, a maior parte da noite, escutando as notas suaves
do vampiro que vinham de fora do toldo. (Não sabendo o que era, vamos chamá-
lo de vampiro). Esta manhã, Tom Ward & eu demos uma volta em terra, a qual
foi igualmente nova & estranha. O clima é similar ao de Newport. Não tenho

conferido o termômetro. Esta tarde, o Imperador chamou Agassiz e estamos agora ansiosamente esperando o retorno do Prof. para descobrir o resultado da entrevista. Estamos esperando albergados no navio até que algum arranjo mais barato que um hotel seja entabulado. Acho que ficaremos 2 meses no Rio. Mas, o futuro está bem incerto. Eu creio que o trabalho aqui, sob as ordens do Prof., irá se acumular. Se ele achar as marcas das geleiras nas montanhas atrás do Rio, ele não precisará ir para os Andes e, talvez, nem para a Amazônia. Ainda assim, omnia exeunt in mysterium. Ele me falou que quer que eu trabalhe com pólipos & águas-vivas aqui no Rio. Durante a viagem tenho calculado bastante como voltar para casa. Enquanto estávamos no mar, Dexter, o sujeito grandalhão de Providence, Hunnewell & eu, que estávamos todos sofrendo do mesmo enjôo marítimo, juramos retornar ao Panamá pelo Pacífico & daí, através do istmo, para Nova Orleans, assim encurtando a viagem. Agora, talvez ocorra, no inverno, o estabelecimento de uma linha de vapores do Rio para N.Y. Se não, uma terceira maneira de retornar para casa seria o vapor francês da rota Pernambuco a Bordeaux e de lá para casa pelo Cunarder. Eu farei aquilo que acabar saindo mais barato, (exceto barco a vela). As ruas da cidade & lojas me lembram muito a Europa. Esta manhã, numa excelente livraria, recheada de livros franceses de trabalhos científicos & filosóficos & estimulado pela atmosfera européia das coisas, eu senti tal saudades do pecaminoso, mas muito humano velho continente que quase não me contive. Ontem tomei banho em um sarcófago de mármore, num pequeno cômodo de estuque e argamassa em meio a um pátio úmido com palmeiras. Eu teria jurado estar em Pompéia. Ainda assim, meu velho e confortável lar é o lugar do futuro. Uma das melhores coisas em Agassiz é sua genuína fé em nosso futuro. Poderia você avisar Lafarge que eu sinto muito não ter aceitado o dinheiro que ele me ofereceu para comprar-lhe penas, flores &c porque descobri que o Rio é o mercado e agora não tenho nenhum dinheiro meu sobrando. Eu poderia, então, fazer uma retirada de dinheiro em seu nome com o Sr. Davis, o banqueiro daqui. Pegarei $60 em ouro. E escreverei para ele. Agassiz acabou de chegar, encantado com a simplicidade e precisão das informações do Imperador, aparentemente, porém, eles não mencionaram nossas questões materiais. Ele irá visitar o Imperador novamente amanhã. Agassiz é, pessoalmente, um dos homens mais fascinantes que já vi. Eu poderia escutá-lo por horas. Ele é tão infantil. Bisp. Potter, que está sentado oposto a mim escrevendo, me pede que envie suas lembranças ao pai. Estou em tal estado de tumefação abdominal por ter comido bananas durante todo o dia que eu mal posso sentar para escrever. As bananas daqui não são nem um pouquinho melhores que as nossas, mas são tão baratas & saciam tanto frente a quanto custam. Meus companheiros "sábios" formam um grupo pouco interessante. Excetuando Tom Ward, não me importaria em nunca vê-los novamente. Gosto bastante do Dr. Cotting e também da Sra. Agassiz. Eu poderia tagarelar a noite toda, mas preciso parar em algum momento. Queridos velho Pai, Mãe, Tia Kate, Harry & Alice! Vocês mal sabem os pensamentos que tive sobre vocês desde que parti. E sinto ainda mais do que nunca solidariedade por Bob e Wilky devido ao fato das minhas atuais isoladas

circunstâncias se assemelharem às deles mais do que à vida que eu levava anteri-
ormente. Por favor, enviem esta carta a eles. Esta foi escrita tanto para eles
quanto o foi para todos os outros. Eu espero, que sob o novo regime, Harry esteja se levantando como uma fênix das suas cinzas. Abençoado seja. Eu gostaria
que ele ou outra pessoa com a qual pudesse conversar estivesse aqui comigo.
Agradeça a Tia Kate uma vez mais. Beije Alice até a morte. Acredito que o Pai
seja, entre os que conheci, o <u>mais sábio</u> dos homens. Envie meu afeto às garotas,
especialmente as Hoopers. Diga a Harry para enviar minhas lembranças a T.S.P.
& a Holmes.
Adieu
Seu amoroso
W. J.
Mande meu afeto para Washburn.

3. Carta a Alice James.

Rio — Exchange Hotel
27 de abril de 65

Minha queridíssima Alice,
O navio norte-americano Onward está de partida daqui para casa e um tal de Sr.
Harris, o almoxarife do navio, gentilmente se ofereceu para levar qualquer pacote pequeno que eu quisesse enviar. Aproveito a ocasião para me desincumbir
das encomendas dos Tappan. O Rio é o mercado de todas as curiosidades, estou
mandando todos os <u>objets</u> para você & solicitando que você os entregue para
Ellen Tappan. Eu marquei os pássaros que pertencem a ela. Alguns são para você.
4 estão marcados? 2 para cada uma de vocês; resolvam vocês mesmas quais. Claro
que, se preferir, você pode ficar com os outros, mas os Tappan, pelo seu dinheiro,
devem ficar com 15 dos 22. Os Tappan também devem receber o besouro grande
[desenho de besouro no manuscrito] e a arraia-manta, uma das borboletas azuis da
outra caixa, uma dúzia de besouros [desenho de besouro no manuscrito], 1/2 dúz.
de *[desenho de inseto no manuscrito]*, 1/2 dos outros besouros & a asa vermelha para
chapéu. O que sobrar é para você, eu apenas gostaria, se a senhorita Ellen
Hooper se dignar a aceitar, que você desse a ela a outra borboleta azul & dê à se-
horita Clover Hooper a dúzia de besouros *[desenho de besouro no manuscrito]*. Sinto
não ter conseguido uma boa borboleta azul para a senhorita Ellen H., mas a estação, que dura apenas 2 semanas, acabou um mês atrás & todas as melhores já
foram "expediés en Europe". Apenas uma pessoa as mantém aqui para vender.
Quem sabe conseguirei uma melhor mais tarde. Gastei apenas $20.00 nas coisas
dos Tappan. Eu não sei se estas são tão boas quanto Ellen esperava, mas, creio
que ela gostará de recebê-las tão cedo, porque comprei o que achei. Diga a Ellen
que não há gemas para <u>comprar</u> em nenhum lugar do Brasil. As gemas brasileiras
não são, de forma alguma, mais bonitas que as nossas. Mas, vou tentar achar algu-

mas e trazê-las comigo. As coisas que enviei para você perfazem apenas uma pequena quantidade, mas não posso arcar com muitas despesas agora, assim, por enquanto, contente-se com o que enviei. Os estoques para a venda são aqui muito pequenos. Diga a Lafarge que posso comprar aqui fotografias muito interessantes (para _ele_) com uma parte do seu dinheiro & mandarei as coisas dele na próxima oportunidade. Você sabe, _chérie_, que você pode chamar um empalhador para colocar olhos nos seus pássaros & para abrir suas asas & caudas. Ah! Chérie, chérie de Balle, que je t'aime. Beije toda a família em meu nome. Colocarei esta carta na caixa, mas vou enviar uma carta novamente esta semana pelo Colorado. Eu escrevi via Bordeaux no domingo. Esta última carta deve chegar às suas mãos antes que este pacote. Aqui tudo é prometedor. Minhas últimas palavras, minha queridíssima Alice, são _je t'aime!_
Seu afetuoso irmão
W. J.

4. Carta a Henry James

Acampamento dos Sábios
Rio de Janeiro
3 de maio de 1865
9 horas da noite

Meu queridíssimo Harry,
Uma outra chance de escrever para casa se apresenta; o Colorado ficou detido aqui devido a um acidente com o maquinário, até agora se passaram quase 2 semanas, então posso mandar esta carta por ele. Apesar de estarmos aqui já há tanto tempo, apenas agora começamos a trabalhar sistematicamente. Confesso que a ilimitada liberdade me cansou. Tive que ficar uma semana no hotel, que era muito caro e ruim. Muitos do grupo estão ainda lá. Minha vida dos últimos 8 ou 9 dias ficou marcada pela sensação original de ilimitada transpiração; uma ilimitada coceira de pele, devido às pulgas e pernilongos e, pior de tudo, nas duas bochechas e um lado do pescoço, por virulenta micose que apareceu no navio & que continua a "tremular", ardendo sem trégua; muita repleção & conseqüente desconforto produzido pela excelente cozinha francesa dos vários restaurantes da cidade, os quais acreditei ser minha obrigação experimentar antes de me fixar em algum; bastante agitação noturna por não haver absolutamente nenhum lugar para se sentar no hotel e nada para fazer a não ser "sair por aí" & partilhar de bebidas refrescantes. (Entretanto, suplico, não imagine que eu ande me embebedando) Creio que agora toda esta "vida fútil" tenha acabado para sempre. Temos um laboratório estabelecido no andar de cima da loja do Sr. Davis,[7] e temos 3 quartos junto a este, nos quais dormem 6 de nós. Tom Ward é meu colega. Gostaria de ter um desenho ou fotografia das nossas instalações para enviar a você. Elas são realmente pitorescas. O laboratório está construído em torno de

7. Elizabeth Agassiz em *A Journey in Brazil* (Boston: Ticknor and Fields, 1868), p. 59, situa este laboratório na Rua Direita, "a principal rua comercial da cidade".

O Brasil no Olhar de William James

um grande vão que termina em um domo que serve para iluminar os dois andares de baixo. 4 janelas bem arqueadas e sem vidraças abertas do vão para dentro da nossa sala de trabalho & que nos proporcionam luz *[desenho da janela no manuscrito*]*. As paredes são todas de pedra com mais ou menos 3 pés de espessura e com um acabamento grosseiro. Toda a mobília dos nossos quartos se resume aos nossos baús, camas & alguns ganchos. No laboratório, alguns barris, caixas & tábuas. Tom tem um catre. Dormi, nas últimas 2 noites, na rede & o que achei, de fato, muito agradável *[desenho do plano do chão no manuscrito]*. Nossa água fica estocada em grandes jarros de barro & nós a bebemos em canecas de barro como as que você vê nos palcos, cada uma de um quarto. O Prof. me encarregou, enquanto estiver aqui, das criaturas marinhas da baía (excetuando peixes), o que embora prazeroso, me deixará fora da maioria das excursões que os outros farão enquanto estivermos aqui. Você não pode nem imaginar a profusão das formas inferiores de vida que existem nas águas rasas daqui. Devo me manter trabalhando da maneira mais constante possível & procurar ser o mais útil possível ao Professor. Apesar de já terem sido coletadas diversas arrobas de diferentes coisas, não se fez nada que não poderia ter sido realizado tão facilmente escrevendo de Boston. Amanhã, no entanto, partirão 3 excursões. O Professor é um homem muito interessante. Eu ainda não o entendo muito bem. Sua charlatanice é quase tão grande quanto o seu real valor; e a primeira parece ser do tipo inconsciente e infantil, pela qual não se pode condená-lo da mesma forma que faria com a maioria das pessoas. Ele deseja ser demasiadamente onisciente. Mas, seu fascínio pessoal é muito notável. No fim das contas, não sei se nossa expedição acabará realizando tanto quanto o esperado. Sem dúvida, o Prof. em si mesmo é um capitão de primeira linha & sabe organizar esplendidamente. Mas, dos seus 11 assistentes, 3 são idiotas absolutos; Tom Ward, Dexter & eu mesmo nada entendemos; dos 5 que conhecem alguma coisa, um é bastante idoso & outro está em condição tão frágil que o menor esforço o faz sentir-se indisposto. Sobram 3 homens inteiros. Eu não desejo apontar defeito em todos, mas simplesmente mostrar que a verdadeira força do nosso grupo não é, de forma alguma, proporcional ao seu tamanho; não sendo, portanto, capaz de realizar tanto trabalho quanto se supõe ao se levar em conta simplesmente o número de pessoas que o compõe. No entanto, seria aconselhável não tocar neste assunto com estranhos. Tudo pode acabar dando bem certo; tudo o que temo é que as pessoas estejam inclinadas a ser otimistas demais em relação a ele.

Terça-Feira, 10 de maio.
Minha queridíssima família. O vapor parte amanhã, portanto sou obrigado a terminar agora esta carta muito boba que comecei há uma semana. Sinto muito ter que escrever hoje, uma vez que meu ser físico está naquele processo de convulsão que todos devem passar antes de se aclimatar, melhor agora do que depois. Imagino que estarei bem de novo amanhã. Eu tenho trabalhado tanto a ponto de não dispor de nenhum momento para escrever ou ler, nem mesmo um pouco de tempo para estudar português. No domingo, 4 de nós escalamos uma montanha

próxima daqui chamada Corcovado. A mais linda vista que jamais vi—a montanha possuía um estreito cume do qual três de suas encostas desciam em abrupta queda. O mar e as montanhas e as nuvens & florestas, juntos, formavam um cenário que não pode ser nem imaginado ou descrito, pelo que, creio, não devo nem tentar dizer algo a respeito dele. Aqui, a fartura da natureza é maravilhosa. A facilidade com a qual a vegetação tudo invade, com a qual o musgo cresce em todos os muros, por sinal, em poucos anos, unindo o que é artificial com o natural, torna tudo muito belo & muito distinto da característica insossa das coisas entre nós. A cor da vegetação é peculiarmente vívida. Eu não estive ainda em uma floresta virgem. Ontem o Prof. me disse que enviará quatro de nós para o Pará por terra, um será o geólogo, outros devem combinar entre si escolhendo aqueles que deverão ir. Acredito, neste momento, que Tom Ward & eu seremos dois deles. O 4º continua incerto. Se você olhar o mapa do Brasil você verá a província de Minas Geraes, um pouco ao norte do Rio; atravessaríamos ela até o rio São Francisco. Após descer parte deste rio, Tom & número 4 iriam para o rio Tocantins & e o desceriam até o Pará enquanto os outros dois, provavelmente St. Johns e eu, continuaríamos rio abaixo & então iríamos por terra para a Província do Ceará, aonde Prof. quer que se faça certo trabalho geológico. Prof. nada nos disse a este respeito. Tudo o que sei é que esta será uma difícil jornada de 5 meses, a maior parte do tempo em lombo de burro. Como transportaremos as coleções, eu não sei, uma vez que a região é quase inabitada & muito pouco viajada. O Imperador queria enviar Agassiz nesta viagem devido ao efeito moral que esta provocaria nos brasileiros, mas esta é uma viagem longa demais para ele realizar. Mencionou-se algo sobre o Imperador fornecer transporte & um acompanhante. Espero que ele o faça. Gostaria de poder contar-lhes algo definitivo sobre esta viagem agora, pois se eu a começar, vocês provavelmente não terão notícias minhas por muitos meses, com exceção da minha carta de despedida, a qual iria pela Europa. Creio que eu provavelmente retornarei para casa ao final desta viagem, se eu a realizar sem ir para a Amazônia. Eu terei visto o suficiente nesta viagem. Desde que tenho convivido com Agassiz, meu desejo de ficar com ele, assim como o de aprender com ele, tem diminuído bastante. Ele é, sem dúvida, um homem possuidor de algumas maravilhosas faculdades mentais, mas tão político & tão oportunista & iliberal em relação aos outros o que, tristemente, diminui o respeito que se tem por ele. Não conte nada disso a estranhos, pelo amor de Deus, pois meu julgamento é muito precipitado. Dexter é muito bom sujeito e eu tenho me dado bem com Tom Ward o qual, apesar da tendência de questionar a utilidade daquilo que está fazendo, é muito ativo & resistente e a melhor das companhias. Eu nunca vi uma tal energia física. Ele já conhece todo este lugar de cima para baixo. Descobrimos um delicioso restaurantezinho administrado por uma família francesa, a la bourgeoise, no qual a comida é perfeita & tudo maravilhosamente barato. Boa comida é o forte do povo do Rio, mas as coisas são, em quase toda a parte, muito caras. Acho que vou parar. Fico imaginando o que vocês estarão fazendo agora. São 5 horas da tarde no Rio. Eu suponho que vocês estejam agora se sentando para jantar ou esperando o sino, pois devem ser 3 da tarde em Boston.

Oceanos de afeto para todos vocês. pai & mãe & tia Kate & Harry & Wilky & Bob e Alice, de doce e pura face. Vocês não imaginam quanto anseio por notícias da guerra. Quando voltar para casa vou estudar filosofia pelo resto dos meus dias. Espero que esta carta não tenha um tom sombrio. Se esta o tem é devido ao meu desarranjo digestivo. Eu redigi hoje apenas devido à grave necessidade. Eu nunca desejei algo mais prazerosamente do que esta viagem por terra. Até logo! Adorada família. Espero que Harry esteja ganhando forças. Subscreva meu afeto a T.S.P., os Lafarge & a todos os meus amigos. Mais uma vez, adeus. Mandei as coisas que comprei para os Tappan pelo Sr. Harris do navio norte-americano Onward. Ele me disse que iria para Cambridgeport & mandaria a caixa para o pai. Talvez esta chegue às suas mãos depois desta carta. Adieu.
Seu afetuoso
W. J.

5. Carta a Henry James, pai.

Hotel da Europa
Rio de Janeiro, 3 de junho de 65.

Meu queridíssimo velho Pai,
& meus queridíssimos todos de casa—Eu tenho tanto a contar que nem sei por onde começar —Enviei uma carta para casa acho que há 15 dias atrás, dando a vocês notícias sobre minha varíola &c, mas como esta foi por navio a vela, é bem provável que a presente chegue às suas mãos primeiro. Aquela foi escrita na maison de santé, aonde eu jazia nos braços da deusa da abominação, e de cuja cama dura de palha, eterno arroz & frango e preço extorsivo fui ontem liberado. A doença já passou & aceitando a necessidade de tê-la contraído, tenho motivos para me considerar uma pessoa de sorte. Creio que meu rosto não ficará de forma alguma marcado, apesar de que, no momento, este tenha a aparência de uma imensa framboesa madura, estando coberto de tubérculos que, dizem os médicos, não serão absorvidos por mais algumas semanas ainda. As crostas das minhas feridas estão secando ou estão já secas & espero que em 4 dias a última delas caia. Minha moléstia começou há 4 semanas atrás a contar de hoje. Você não tem idéia do estado de bem-aventurança no qual eu fui mergulhado nas últimas 24 horas devido aos primeiros sopros da minha recém-conquistada liberdade. Vestir-me, andar por aí, ver meus amigos & o público, ir à sala de jantar & pedir meu próprio jantar, sentir-me ganhando forças & com a pele aveludada de novo, ocasiona em mim uma considerável reação. Agora que sei que não sou mais objeto de infecção, tornei-me perfeitamente cínico em relação à minha aparência, a ponto de me dirigir ao refeitório daqui, no momento de maior movimento, tendo sido convidado e autorizado pela boa gente do hotel. Apesar de caro, devo per-

manecer aqui mais uma semana antes de retornar para meus aposentos, pois preciso de uma cama macia ao invés de uma rede & uma poltrona e não um baú para sentar-me, por uns dias ainda. Lamento que minha moléstia tenha me custado tanto dinheiro, quase $200.00. A maison de santé, a qual era absolutamente o único lugar praticável para se ir, tirou vantagem da situação & me sangrou ao valor de dez dólares ao dia. Fiquei lá por 18 dias, pobremente acomodado. Não tenho idéia de como peguei esta doença. Ela está no ar do Rio & as mortes, especialmente entre os negros, são diariamente bem numerosas.

Na minha última carta eu mencionei algo a respeito de voltar para casa antes do que esperava. Desde então venho pensando séria & conscienciosamente na questão todos os dias e disto resultou minha decisão de assim fazê-lo. Minha vinda foi um erro, um erro em relação àquilo que eu previra e um daqueles bem caros, tanto para meu querido velho Pai & quanto para minha querida e generosa velha tia Kate. Concluí que ficando eu não aprenderei quase nada daquilo que me interessa de História Natural. Toda a minha atividade será mecânica, coletar objetos & empacotá-los & trabalhar tão duramente nisto & viajar que não acharei nenhum tempo para estudar suas estruturas. O negócio se reduz, assim, em investir diversos meses em exercícios físicos. Vale a pena eu arcar com isto? Em primeiro lugar, pecuniariamente? Não! No lugar de custar os $600 ou 700 que Agassiz me disse que me custariam os 13 meses, as despesas montarão a quase o triplo deste valor.

Até agora, minha estadia no Rio, excluindo a minha doença, já chegou a mais de $100 e eu não tenho vivido de maneira extravagante. É este um lugar excessivamente caro, ninguém do grupo gastou menos que isto & muitos já gastaram muito mais. O pobre velho Thayer vai fazer cara feia quando chegar a conta. Acho que Agassiz acredita que, sendo a façanha realizada, se Thayer não puder bancá-la, outros bolsos generosos se abrirão. Não tenho dúvidas que assim será. Neste meio tempo A. não permite que considerações financeiras perturbem seu repouso mental. Outro dia, Agassiz me disse que quando meu dinheiro acabasse ele poderia suprir o déficit, sacando o dinheiro do fundo que ele havia pedido para Anthony, o assistente idoso (o qual a mãe deve lembrar-se de ter visto no Lowell Institute) cujo estado físico se deteriorou completamente (o que era de se esperar) & o qual está voltando para casa. Eu recusei porque em segundo lugar eu não posso bancar esta excursão em termos mentais, (apesar de não ser este o exato adjetivo para isto). Antes de partir eu havia dito a mim mesmo, "W. J., nesta excursão você vai aprender a conhecer a si mesmo e a seus recursos um pouco mais intimamente do que você conhece agora & vai voltar com seu caráter consideravelmente desenvolvido & estabelecido". Isto se realizou mais cedo e, de alguma maneira, de forma diferente do que eu havia previsto. Tenho agora certeza de que meu forte não é participar de expedições de exploração. Eu não possuo uma ânsia interna me empurrando nesta direção, como tenho em relação à diversas linhas especulativas. Sinto-me agora convencido para sempre de que fui talhado antes para uma vida especulativa do que para uma vida ativa—& eu estou falando apenas em termos das minhas qualidades, pois em termos de quantidade, me convenci há algum tempo & me reconciliei com a noção de que sou um dos mais leves dos pesos-pena. Bem, porque não me reconciliar com minhas deficiências. Ao aceitá-las suas ações deixam de estar em conflito com suas faculdades e, desta forma, você fica muito mais próximo da paz de espírito. No vapor, comecei a ler as viagens de Humboldt. Eu mal havia aberto o livro quando senti como se estivesse sendo iluminado. Pelos Bons Céus! Quando homens como estes são providos da missão de viajar, explorar e observar para a humanidade, homens que gravitam em torno de seus trabalhos como o ar faz em nossas gargantas, que necessidade, que <u>interesse</u> temos <u>nós</u>, intrusos, de imitá-los e laboriosamente tentar substituí-los? Há no mundo homens para realizar todas as tarefas requeridas, sem forçar o talento de ninguém. As atividades dos homens são empregadas de 2 maneiras: no combate com as circunstâncias exteriores e no esforço de organizar as coisas em sua própria mente confusa. Querido pai, você deve estar compreendendo o que estou falando, apesar de, neste momento, me ser difícil reunir as forças do cérebro para me expressar com precisão. A coragem & energia de alguns homens é temperada pela resistência do mundo. Mas, do que me diz respeito, parece que não tenho o espírito desta extração e nem o orgulho que me envergonhe de dizer "Eu não posso fazer isso". Mas, eu possuo orgulho e vergonha mental a qual, apesar de parecer mais egoísta do que a da outra espécie, ainda assim é a única coisa que faz meu sangue ferver. Estas linhas parecem me satisfazer, apesar de que, para muitos, estas podem parecer o pináculo da indolência & vileza: "Ne forçons point notre talent,—Nous ne ferions rien avec grâce—Jamais un lourdaud, quoi-qu'il fasse,—Ne deviendra un galant".[8] Neste ponto, todo o tempo em que eu deveria estar envolvido na expedição, estarei ansiando por livros e estudos tal como o tenho feito até agora e sentindo que este trabalho não está em meu caminho e que ele representa tal desperdício de vida. Eu alimentava dúvidas a este respeito desde antes de começar, mas eu estava tão cheio de entusiasmo & o romance da coisa era tão grande que eu os reprimi. Aqui, em contato com a realidade, o romance se esvaiu & as dúvidas vieram à superfície: desta vez, resolvi escutá-las. Eu disse que minha decisão havia sido um erro bem caro em relação àquilo que eu havia antecipado, mas eu cheguei a uma outra conclusão <u>edificante</u> a partir dela. Esta só poderia ter sido atingida em algum momento &, talvez, apenas por meio de um grande engano, pois em relação a tal existem determinados axiomas familiares aos quais o indivíduo parece ser capaz de aprender apenas por meio da experiência individual.—Eu não sei se consegui me expressar de forma que você possa entender exatamente como me sinto. Ó meu querido e sábio velho Pai, como desejei vê-lo enquanto jazia ali com varíola e comecei a revolver todas estas coisas & como ansiei discuti-las com você de uma forma mais íntima do que eu freqüentemente faço. Quando chegar aí explicarei as lacunas. Como esta carta não será enviada até o próximo sábado (hoje é domingo) vou parar aqui por ora, pois estou muito cansado.

Quarta-Feira, 7 de junho. Querido Pessoal descobri que o vapor parte amanhã, ao invés de sábado, preciso, portanto, terminar hoje esta carta. Desde domingo

8. Citação de James de uma das fábulas de La Fontaine, "L'âne et le petit chien" (O Asno e o Cachorrinho).

meus olhos, que até agora estavam perfeitamente bem, começaram a dar sinais de sensibilidade, assim não ouso escrever nada. Lamento, pois eu esperava enviar uma boa carta para tia Kate por este vapor. O pináculo da alegria do meu primeiro dia de liberdade foi ao receber, à noite, uma carta dela, que continha também algumas linhas escritas pelo pai. As cartas que ela mencionou terem sido enviadas por navio a vela, ainda não chegaram, mas estando este viajando já há 56 dias, eu imagino que elas chegarão em 10 dias. Não ouso me fiar em navios a vela devido a minha infernal idiossincrasia, desta forma devo voltar via Europa. O vapor francês para Bordeaux, que parte no dia 24, está com todos os camarotes reservados, mas eu talvez possa arranjar algum se alguém desistir. Se não, terei que aguardar o Vapor Southampton de 8 de julho e então embarcar no primeiro Cunarder que se dirija para casa, o que me levará a chegar na segunda metade de agosto. Agassiz tem me tratado muito bem e cordialmente concorda que eu vá para casa, apesar, claro, do fato de que serei um par de mãos perdidas para ele. Ele é um ser extraordinário o qual, apesar de todas as suas fraquezas, exerce o maior fascínio pessoal que jamais vi.

Envio meu afeto aos rapazes, à adorável menina, ao escultural Harry, querida mãe & tia Kate e querido velho pai. Diga ao Harry que se ele jantar novamente nos Hoopers, mantenha minha imagem fresca na memória deles, subscrevendo-lhes meu afeto. Não há necessidade de contar para ninguém que estou voltando para casa. Mas, se você assim o fizer, eu absolutamente proíbo que se diga qualquer coisa a respeito dos meus motivos. Estes não são da conta de ninguém. Se insistirem, você pode responder que não sabe ou que eu já vi tudo o que queria & não estou interessado em prolongar a viagem. Eu, de fato, conheci o mais belo & extraordinário país & esta tem sido uma longa e preciosa jornada, mas minha vida, aparte da doença, tem se restringido aos meros exercícios físicos & à sensualidade. Adieu, minha queridíssima família, à tantôt.
Do seu W. J.

6. Carta a Mary Robertson Walsh James.

Rio, 6 de julho [1865]

Minha querida Mãe,
Nossa partida foi postergada novamente devido ao confisco para a guerra dos vapores costeiros. Os pobres brasileiros estão enfrentando reveses nas mãos dos bandidos paraguaios.[9] Nós provavelmente não partiremos antes do dia 22. É uma lástima, pois estamos todos cansados do caro & sujo Rio. Passei a semana muito ocupado empacotando coleções, uma vez que esperávamos partir para o Pará no dia de hoje. Estou bem, embora necessite do ar do campo & exercício. Eu vou para um lugar no interior assim que soubermos a data da partida, de qualquer maneira iremos esta tarde de trem a um vale cercado de morros chamado Tijuca. Recebi suas cartas enviadas pelo Maggie Louise há 3 dias atrás. As notícias eram antigas, mas a caligrafia muito boa. Não recebi nenhuma carta pelo vapor que

9. Referência à Guerra da Tríplice Aliança (1864–1870), na qual Brasil, Argentina e Uruguai enfrentaram o Paraguai, constituindo uma das mais sangrentas conflagrações da história sul-americana. James claramente se posiciona ao lado do Império do Brasil, o qual promovia uma agressiva campanha propagandística contra os paraguaios, caracterizados como bandidos e seu líder, Francisco Solano López, como um impiedoso caudilho.

chegou no dia 2, desta forma, creio que terei que esperar mais 6 ou 8 semanas. Não posso redigir por mais tempo devido à dor neurálgica do meu olho esquerdo a qual me obriga a agir cautelosamente apesar do médico dizer que não é nada sério. Vendi meu [livro] Zoologia para um dos colegas que está no interior por $25.00, peço então a você que solicite a Urbino enviar o seguinte: <u>Niemeyer:</u> Handbuch der speciellen Pathologie und Therapie. 2 vols. 8°. Por favor, não esqueça de fazê-lo, pois gostaria de tê-lo logo que chegar. Aqui, Dr. Nägeli o emprestou para mim & necessito dele.—Adieu, minha queridíssima família, especialmente Alice, cuja imagem parece tão bela & de rosto tão puro em meio a estes brasileiros.

Seu afetuoso
W. J.
Afeto & bênçãos ao Harry

No fim das contas, os brasileiros não são tão polidos. A palavra que imaginei significar agradável no meu passaporte significa simplesmente prolongado. Bah!

7. Carta a Henry James, pai.

Rio, 8 de julho [1865]

Querido Pai,
Escrevo no último momento. Dr. Nàgeli (que é um perfeito camarada) me levou, nesta manhã, ao <u>oculista</u> daqui. Este me assegurou que meus olhos estão esplêndidos & ele acredita que o problema seja "neuralgia", o único sintoma da febre intermitente, decorrente da anemia produzida em consequência da varíola. Eu espero que isto seja secundem artem suficiente. Ele me assegurou que eu não tenho <u>nada</u> a temer em relação à minha visão. Escrevo para aliviar qualquer ansiedade que minha carta possa ter causado.
Abençoado seja você & todos os outros.
Afeiçoadamente seu,
W. J.

8. Carta a Henry James

Sede Original do Jardim do Éden
15 de julho [1865]

Caro Harry,
Este lugar não está nem a 20 milhas do Rio, de cujo amaldiçoado local parti às 6 horas desta manhã e agora (2 horas da tarde) estou sentado numa pedra descansando da minha caminhada e pensando em você e nos entes queridos de Bosting. Nenhuma palavra, apenas selvagens e inarticulados uivos podem expressar a

beleza estonteante da caminhada que estou fazendo. Houp la la! A desconcertante profusão & confusão da vegetação, a inesgotável variedade de suas formas & cores (ainda assim nos avisaram que estamos no inverno, momento em que a maior parte de seu brilho desaparece) são <u>literalmente</u> tais como você nunca sonhou. O brilho do céu & das nuvens, o efeito da atmosfera fornece às distâncias proporcionais aos diversos planos da paisagem, fazendo com que você admire a velha senhora natureza. Quase cheguei a pensar que meu gosto pela natureza houvesse completamente desaparecido, agora, porém, ele me assalta com tais maciços & atordoantes golpes, como se fosse para superar as mais fortes apreensões. Estou sentado numa pedra ao lado de um tortuoso caminho. O caminho foi traçado por sobre "drift errático", o que muito agradou Agassiz, mas o que o torna realmente errático para o viajante [10] À minha esquerda, em cima do morro surge a impenetrável e inextricável floresta, à direita o morro mergulha em um tapete de vegetação que alcança além do morro e que, mais à frente, ascende de novo em montanha. Abaixo, no vale, contemplo 3 ou 4 cabanas de barro e cobertas de palha dos negros, cercadas por vívidos conjuntos de bananeiras.

Os morros de ambos os lados & o caminho descem abruptamente para as margens de uma lagoa grande, separada do mar azul-celeste por uma faixa coberta de floresta, e escuto ao longe o rugido contínuo da arrebentação das ondas. Se pudesse iria tão longe, mas o caminho é extenso demais. Uma parte do caminho na vinda atravessava uma moita de laranjeiras, onde as frutas, duras, doces e suculentas, polvilhavam o chão mais do que jamais o fizeram as maçãs da velha e boa estrada de Concord. Lá no mar se vê algumas ilhas de pedra, nas quais algumas palmeiras se delineiam em contraste com o céu & emprestam ao conjunto uma aparência tropical. Quantas vezes, meu velho e querido Harry, eu não teria oferecido tudo para ter você ao meu lado para apreciar a magnífica paisagem desta região. Do resto, não estou gostando tanto —Mas irei escrever mais antes da partida do próximo vapor. Por ora, au revoir.

[desenho do mapa da costa no manuscrito]

9. Carta a Henry James

Rio de Janeiro
23 de julho de 65

Meu querido velho Harry,
O Vapor francês, que chegou há 5 dias atrás, trouxe-me cartas suas e do pai, escritas ao tempo em que os Perkins estavam aí. Você não imagina quanto as apreciei. Mas, nelas você afirma que havia <u>acabado</u> de receber minha primeira, escrita exatamente 3 meses atrás. É muito desalentador ter que esperar tanto tempo por uma resposta. Nesta manhã, sinto-me capaz de escrever página após página, uma vez que anseio por um relacionamento humano, porém meus olhos dizem, imperativamente, não! Amaldiçoados sejam! Por fim, os vários atrasos foram superados & partiremos depois de amanhã, sem falta, o que nos transportará a 1500

10. Em carta ao professor da Harvard, Benjamin Peirce, datada de dois meses anterior a esta carta (27 de maio, reproduzida em *Journey in Brazil*, pp. 86–89), o próprio Agassiz havia comentado ao se defrontar com um "grande número de rochas erráticas" na Tijuca: "Ontem foi um dos dias mais felizes da minha vida". Optou-se por manter o termo "drift" em inglês para preservar o sentido especializado do termo. Note-se que aqui James estabelece um jogo de palavras com errático em termos geológicos (rocha que se separou de seu ambiente natural, no caso as geleiras) e na acepção vulgar de tortuoso.

O Brasil no Olhar de William James

milhas ou mais para perto de casa.[11] Não tenho idéia de como passaremos lá. Eu prevejo, entretanto, no todo, um tempo melhor do que temos tido aqui, o estilo de vida mais barato & simples, uma paisagem ainda mais rica, embora mais monótona. Coloco junto uma nota que escrevi outro dia. Desde então já estive em outros lugares panorâmicos & estive em duas grandes fazendas do interior. Muito interessantes. Eu almejo alguma conversação de caráter intelectual & não posso ler. Como eu gostaria de escutar seus artigos sobre Goethe & Arnold. Como eu gostaria de escutar o Pai discorrer sobre Fé & Ciência ou ler sua carta para o E. P. a respeito da ebriedade do Johnson,[12] como eu gostaria de escutar Chauncey Write filosofar por uma noite, ou ver Lafarge, ou Perry ou Holmes, ou Washburn. Depois de trabalhar no ofício de Tanoeiro durante todo o dia, a única coisa que posso fazer à noite é ir a um lugar que chamo o Alcazar, um tipo de café cantante francês ou "Bouffes", o qual acabou se tornando ainda mais lúgubre que o silêncio & escuridão. Mas, <u>preciso</u> parar. 50 vezes, obrigado por suas cartas. Afeto a todos Grandes & pequenos.

Do seu afetuoso irmão

W. J.

10. Carta a Henry James, pai e Mary Robertson Walsh James

Bahia, 28 de julho

Meus queridíssimos Pais,

Ao chegar neste lugar ultrapassamos o paquete de correio de Bordeaux & aproveito a oportunidade para escrever <u>uma</u> linha a vocês, para dizer-lhes que estou bem e navegando rápido para o Pará, com vento de popa, e nem um pouco nauseado. É este o mais estranho lugar de sobe e desce que jamais vi. Gostaria que a Mãe estivesse aqui para apreciar as vistas. Não tenho mais tempo uma vez que confiarei a carta para um ator francês que está embarcando neste instante.

Carinhosamente, Adieu

W. J.

Enviei outra carta pelo mesmo vapor no Rio.

11. Carta a Mary Robertson Walsh James

23 de agosto de 1864 [i.e., 1865]
No Rio Xingu
(se você não sabe que lugar é este, olhe no mapa)

Minha querida Mãe,

No dia em que chegamos ao Pará escrevi um bilhete para Tia Kate no qual eu reiterava o que eu já havia dito, isto é, que estaria aí de volta da viagem em outubro. Esta era meramente a data para a qual eu havia postergado minha partida anteci-

11. Planejada para o início de julho, a viagem foi postergada porque o vapor Cruzeiro do Sul teve que transportar tropas para o front da Guerra do Paraguai. De acordo com E. Agassiz, *Journey in* Brazil, p. 126, o grupo partiu para o Pará em 25 de julho.

12. O artigo de Henry James, pai apareceu anônimo no *North American Review*, vol. 101, núm. 209 (outubro de 1865), pp. 335–378. Sua carta para o *New York Evening Post* (E.P. no manuscrito), de acordo com Skrupskelis, *Correspondence*, vol. 1, p. 11, não foi localizada. Ele está se referindo ao Presidente Andrew Johnson (1808–1875), que foi empossado após o assassinato de Lincoln em abril de 1865. Acusado, algumas vezes, de beber excessivamente, fato que a carta comenta, Johnson teve uma administração atribulada, se defrontando com os desafios da Reconstrução pós-Guerra Civil e do *impeachment* votado pelo Congresso.

Homem com cachimbo, desenho de William James.

pada que eu havia decidido no Rio. Lamento muito se a decepcionei fazendo-a ter esperanças de me ver mais cedo do que o esperado —mas agora, quando o verdadeiro gozo da expedição está começando & eu estou experimentando as doçuras destas lindas florestas daqui, eu acho que seria impossível retirar-me daqui & esta manhã, falei ao Prof. que irei até o fim na viagem amazônica de qualquer maneira. Meus olhos estão melhorando e, ao começar a conseguir a olhar os objetos sem o pavor de passar metade da noite com uma dor cortante num deles, estou me despertando da tenebrosa semi-existência que levei nos últimos três meses & começo a sentir como se ainda houvesse ainda em mim um pouco de existência humana. —Nestas cinzas ardem ainda as fogueiras habituais.[13] Além disso, vejo agora a chance de aprender um bom bocado de Zoologia e botânica, uma vez que agora teremos bastante tempo livre; e estou recebendo um valioso treinamento do Prof. que ralha comigo a torto e a direito e me conscientiza das minhas muitas e grandes imperfeições. Esta manhã ele declarou que eu era "totalmente inculto". Ele já fez muito por mim &, evidentemente, fará muito mais antes que eu me afaste dele. —dia 25. A Sra. Agassiz é uma das melhores mulheres que já encontrei —Seu bom humor nunca se altera & ela é tão curiosa e tão atenta & interessada em tudo que vemos e sempre tão ocupada & bem composta que ela faz as vezes do anjo do barco. Nosso grupo consiste agora dos Agassiz, Dexter, Thayer, Hunnewell, um francês de nome Bourget, o qual o Prof. engajou no Rio, o Sr. Burkhardt, um brasileiro-americano chamado Talisman, que foi oferecido ao grupo, no Pará, pelo Amazon Steamboat Co. e o Major Coutinho, um engenheiro brasileiro enviado pelo governo do Rio para ser guia de Agassiz, os quais juntos formam um grupo muito numeroso & muito agradável. Simpatizo, particularmente, com Dexter e Hunnewell. Dexter tem levado uma vida muito áspera, mas ele é um sujeito nobre e de bom coração como nunca existiu & faz bem ao coração vê-lo trabalhando. A cada dia, gosto mais e mais de Hunnewell. Comecei por considerá-lo a mais deplorável companhia que existia, porém, nada melhor do que começar com uma pequena aversão[14] —Como afirma a Sra. Agassiz, as durezas e privações da viagem parecem cada vez mais esvair-se à medida em que avançamos. Estamos agora com um vaporzinho bonito e novo para o nosso uso exclusivo até Manaos. Depois disto, teremos que aceitar passageiros para Tabatinga, e depois disso, ainda não sabemos como continuaremos a viagem, porém até Tabatinga contamos com a mais abundante mesa suprida gratuitamente, e podemos parar onde e quando decidirmos. A hospitalidade brasileira ultrapassa tudo que sonhei. Até agora, todos os dias temos parado em alguma vila ou aldeia para caçar na mata e pescar. Agassiz está contente demais para fazer qualquer coisa. Eu temo que os deuses desejem a sua ruína —Desde que nós chegamos ao Pará, 14 dias atrás, ele

13. James faz aqui um jogo de palavras com a passagem do poema "Elegy Written in a Country Churchyard", do poeta inglês Thomas Gray (1716–1771). Cf. nota de Skrupskelis, *Correspondence*, vol.4, p. 113.

14. Segundo Skrupskelis, *Correspondence*, vol. 4, p. 113, James está aqui fazendo referência à famosa passagem de Richard Sheridan do poema *The Rivals*, "Em matrimônio, é sempre mais seguro começar com um pouco de aversão".

O Brasil no Olhar de William James

localizou 46 <u>novas espécies</u> de peixes e um total de peixes maior que a coleção feita por Spix e Martius em quatro anos de estadia. O motivo é que ele faz com que todos o ajudem.—O calor não é nada, nem se pensa nele. O termômetro vai de 90 a 96 graus todos os dias da 1 às 4 horas, mas durante todo o resto o tempo permanece deliciosamente fresco. Em nenhum momento o calor apresentou a qualidade de um ar quase morto e sufocante de um dia muito quente na nossa terra. Há sempre vida no ar. As noites são quase frias. Todos nós dormimos em redes no convés sob o toldo e sentimos pena dos coitados que em casa precisam dormir em camas. Decididamente, a rede brasileira é <u>o</u> leito para o clima quente.

Dia 26. Ontem, após ter escrito o [trecho] acima, tomamos café da manhã & depois do café da manhã alcançamos uma vila chamada Monte Alegre, onde estamos até agora (4 horas da tarde) O lugar está situado num canal estreito ou espécie de bayou. O <u>rio</u> continua, neste ponto, com quase 40 milhas de largura e temos navegado entre ilhas que pontilham o seu curso. (Quer dizer o Amazonas, o Xingu, de onde a primeira parte desta carta foi redigida, nós só subimos poucas milhas & regressamos). Nesta amaldiçoada Monte Alegre fomos iniciados numa das provações, isto é, pernilongos. Você literalmente nunca sonhou qualquer coisa parecida com a quantidade que tivemos a bordo na noite passada. O pobre Dexter, apesar de ter um mosquiteiro, foi obrigado a perambular pelo convés por toda a noite & eu dormi mais ou menos uma hora e 1/2. A margem é um lugar muito bonito, de matas & brejos, passei ontem & hoje atirando e matei alguns pássaros muito curiosos. No fim de quase todas as tardes temos visto garças e garçotas voando ao longo da margem. As florestas aqui são lindas, não tão grandiosas e emaranhadas quanto aquelas em torno do Rio, porém suaves & risonhas & muito mais penetráveis. Estamos agora navegando tão próximos à margem que quase se pode tocar os galhos. Há aqui menos trepadeiras parasitas do que existem no Rio e quase nada parecido com as cortinas escuras entrelaçadas de liames que balançam de árvore para árvore & fazem as matas tão imponentes. Não vimos ainda nenhum macaco silvestre, nenhuma cobra, porém muitos papagaios e periquitos. O barco está cheio de macacos domesticados & papagaios domesticados que foram embarcados nos diferentes lugares onde paramos. No todo, o aspecto da natureza aqui não é exatamente o que a mágica palavra tropical sugere para nossas mentes inexperientes em nosso meio. Tirando as palmeiras, com as quais você se acostuma rapidamente, é como a paisagem muito rica e fértil de nossa terra. É com certeza muito formosa, e o início da noite, depois do jantar, quando sopra a brisa fresca e a luz do luar aumenta, e as garças voam ao longo da margem, não é para ser esquecido.

Dia 27. Chegamos durante a noite em Santarém, uma bonita vilinha ou aldeia. Dexter, Tal e eu iremos subir o Tapajós numa canoa por oito dias para coletar alguns peixes &c. enquanto o Prof. e o grupo irão seguir. Vamos alcançá-los em Manaos. Agora são 5:30 da manhã. Mas temos muito que fazer esta manhã, portanto preciso encerrar esta carta, a qual o vapor de rio abaixo levará esta tarde.

Agora que meus olhos estão melhorando poderei escrever e mantê-la informada do que estou fazendo. Só Deus sabe quando terei notícias suas, pois, eu suponho, você deve ter parado de escrever por um tempo devido à expectativa do meu retorno. Se Harry mantiver a sua promessa & mandar as cartas que o Pai enviou para o E. P. sobre a ebriedade de Johnson, agradeceria muito. Gostaria que você também me enviasse o N. American. Pilhas de afeto para todos da família, não excluindo Alice, cuja figura branca de leite está sempre assombrando a minha memória e me chama para casa. Estenda o meu afeto aos abençoados rapazes, se eles estiverem em casa. Não faço idéia de onde qualquer um deles se encontra agora. Adieu, Adieu,

Do seu W. J.

Mande as cartas por navio para Pará, aos cuidados de James Bond.

12. Carta a Alice James

31 de agosto [de 1865]

Minha mais querida Alicinha,

Você sabe onde fica o rio Tapajós? Se não, olhe no mapa. Escrevo para ti sentado numa canoa no dito rio, a cerca de 50 milhas da foz, estando os homens neste momento ocupados em empurrar, contra o vento, o barco para o mais perto possível da margem direita. Agora que a tua pequena mente pode formar a exata idéia do lugar onde estamos, te direi como chegamos até aqui. Chegamos a Santarém todos juntos num Vapor. Em Santarém o Prof. Agassiz disse a Dexter, a um brasileiro cujo nome é Talisman Figuereido de Vasconcelles e o qual chamamos de Tal por apelido & a mim, que uma coleção de peixes do Tapajós seria de grande interesse e que ele gostaria que nós fizéssemos a viagem. Seguindo as indicações, deixamos o Vapor com um barril de biscoito & várias garrafas de vinho & cerveja que o capitão forneceu, junto com algumas barricas e latas meio cheias de álcool para conservar os peixes. Todos nós consideramos a expedição muito tola porque o Prof. nos deu apenas 8 dias para completá-la, e nenhuma coleção que valha alguma coisa pode ser feita neste tempo; mas o Prof. é sempre dado a fazer as coisas desta maneira precipitada. Em poucas horas, Tal conseguiu uma canoa grande com uma espécie de cabine na popa, com 4 Índios & um branco como capitão. Nós a abastecemos com uma grande provisão de carne, que foi cortada em postas, salgada e, ao ser pendurada ao sol para secar em festões, em torno de todo o barco, se tornou, no segundo dia, o maior ornamento do barco, assim como um pouco de manteiga, picles, peixe seco, farinha de mandioca, rum para os homens, um cacho de bananas e uma cesta de laranjas. Como de hábito, antes de termos realmente começado, um dos nossos homens desertou e, então, Tal foi à caça de outro & conseguiu seqüestrar de seu patrão um menino índio selvagem, o qual, temendo que pudesse ser encontrado, ficou escondido na cabine até que estivéssemos fora das vistas da povoação. Desde então, o rapaz tem servido como camareiro. Seus cabelos de um negro azulado caem por sobre suas sobrancelhas, mas ele é um jovem selvagem prestativo & esperamos, mantendo-o humilde & fraco, fazer dele um excelente servo por todo o tempo que permanecermos no Amazonas. No momento, ele está ocupado em tirar o bicho, como é este chamado, do pé do Ilustríssimo senhor Talisman. O bicho ou bicho-de-pé é uma criatura que se deleita em perfurar a pele do seu pé e que, se não for removido rápido, provoca grandes feridas.

1º de setembro. Minha querida Bal! Céus! Céus! Este é o primeiro dia de outono, o dia em que as multidões debandam da fria e velha Newport. Ó, o que eu não daria para estar lá agora, retribuindo uma visita aos Tweedy ou talvez a Lafarge, o que seria ainda melhor. No presente momento, não sei onde está nenhum dos meus entes queridos —provavelmente, o querido velho Pai & Mãe estão no bom e velho 13 Ashburton e o pobre literário Harry, abençoado rapaz, estará até agora em Newport, aproveitando o céu & as brisas. O paradeiro de Tia Kate e do untuoso Wilky & do gafanhoto[15] Bob, nada consigo conceber— nem o teu, Ó Bal. Ó, Bal, Bal, quando eu te encontrar novamente, não é que vou te oferecer refrescos & sorvetes. Vou te abraçar apertado & vou te chamar de linda, vou beijar o orvalho dos seus brilhantes cabelos &c, &c. O que, neste momento, eu não daria por algumas energéticas imprecações do pai ou pelos contidos comentários da mãe. Ai de mim! quando chegará este dia? como Bob costumava dizer. O que diria a abençoada mãe se ela me visse agora, trajando nada além de camisa & calça, ambas em assustador estado de ruína, com a cabeça raspada & barba por fazer & mãos feridas & pés bronzeados pelo sol & bochechas inchadas pelo que restou da minha varíola. Não abro um livro faz bem três meses, não tenho uma companhia que seja nem de longe compatível com meus gostos, não recebi ainda mais do que 4 ou 5 cartas de casa. Resumindo, sou uma mera ruína & sinto-me como a mais completamente abandonada e miserável criatura; porém, no entanto, como diz o pai, não pretendo perder nem um pingo da coragem nem de esperança, —me recuperarei quando chegar em casa, se for feliz o suficiente para assim o fazer. —Bem, vamos dar uma trégua a isto. Desde que escrevi ontem, já avançamos rio abaixo. São

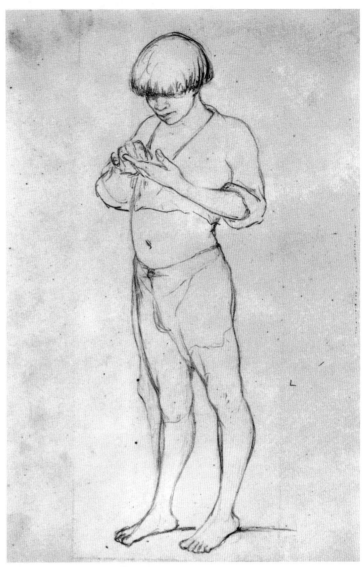

Menino índio de pé, desenho de William James.

". . . Tal foi à caça de outro & conseguiu seqüestrar de seu patrão um menino índio selvagem ..." (Carta de William James, 31 de agosto de 1865).

15. No original James fez um trocadilho usando a palavra "hoppergrass" e não "grasshopper".

Três meninos, desenho de William James, 1865.

"Os índios que vi até agora são ótimas pessoas, de uma linda cor acastanhada com cabelos lisos e finos . . . fim das contas, acredito, neste ponto, eles são mais bem apessoados que os negros e os brancos . . ." (Carta de William James, 31 de agosto de 1865)

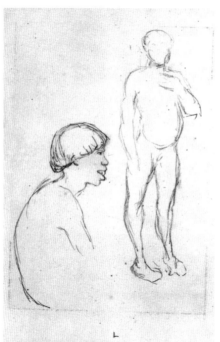

Perfil de menino índio, desenho de William James, 1865.

"Dormimos ao relento nas praias todas as noites e confraternizamos com os Índios . . ." (Carta de William James, Tefé ou Ega, 21 de outubro de 1865).

agora, mais ou menos, 10 horas da manhã. Ancoramos nossa canoa em torno de 1/4 de milha de uma pequena vila e em torno de 20 milhas acima de Santarém. Esta manhã, ao nascer do sol, Dexter partiu com sua arma & Tal & eu, juntamente com o sujeito dono da canoa, fomos para a vila para saber se poderíamos achar peixes ou alguma informação de como achá-los nesta região. Descobrimos que a vila formava um muito lindo e pitoresco conjunto de casas, totalmente cobertas por folhas secas de palmeiras amareladas, as quais eram muito bonitas. A maioria delas, porém, estava vazia, com ninguém além de alguns vira-latas & macacos domesticados perambulando ao redor. Descobrimos que a maioria dos habitantes estava fora, há alguma distância, cultivando sua roça de mandioca. Aqueles que haviam permanecido, principalmente mulheres mestiças fumando seus cachimbos e cuspindo ao redor, sorriram zombeteiramente frente à nossa proposta de comprar peixe, bananas, abacaxis, ou qualquer coisa. Parece que estas pobres criaturas nunca tiveram o suficiente com o que satisfazer suas próprias necessidades, muito menos para vender a forasteiros.—Com relação à pescaria, esta tem sido uma busca inútil. Nós voltamos da vila, nos banhamos numa linda água cristalina em uma praia de areia, tomamos uma xícara de café que nosso jovem selvagem José havia fervido numa panela em uma fogueira na praia, Tal foi dar um passeio. Dexter foi caçar

& eu perambulei por algum tempo pelas imediações, na esperança de pegar insetos ou outros animais, mas não tive muito sucesso. Os 3 homens que compõem a
tripulação saíram para pescar desde o amanhecer & ainda não voltaram. Momentos antes de começar a escrever, José trouxe para a cabine da canoa um pedaço de
peixe assado num espeto o qual, com biscoito & suficiente quantidade de cerveja
compuseram nosso desjejum—Tendo preenchido o intervalo de ontem para
hoje, vou agora retomar minha narrativa da parte inicial desta excursão aventureira. Partimos de Santarém às 2 horas com um forte vento de rio acima, e
havíamos percorrido 15 milhas antes do anoitecer. As águas deste rio são de um
esverdeado transparente, completamente diferente do amarelado barrento do
Amazonas. A margem direita, perto da qual nos mantivemos navegando, está, em
toda a parte, perfilada de lindas praias de areia quase branca, das quais brotam
grandes árvores & arbustos. Em alguns lugares, a floresta é, por longa distância,
densa & alta, em outros, ela é baixa & cheia de moitas. Em algumas partes há, em
grande número, graciosas palmeiras baixas, em outras, estas não aparecem. A
margem oposta é discernível aos olhos como uma linha azul e rio acima, não se vê
nenhuma porção de terra; é difícil acreditar que não se está no mar. Tão longe
quanto fomos rio acima, umas 70 milhas, o curso não se mostrava nem um pouco
mais estreito. Na primeira noite aportamos numa praia na qual acendemos uma
fogueira & passamos café & assamos um pedaço de carne. Fazia uma lua de 4 a 5
dias. Perambulei pela praia com uma lanterna & peguei diversos sapos que estavam a tornar, com suas cantorias, a noite melodiosa & certa quantidade de pequenos besouros. Tivemos dificuldade de conseguir pendurar nossas três redes
na cabine, na qual passamos a noite. Na manhã seguinte, antes do amanhecer,
partimos novamente. Encontramos uma família de índios numa canoa com todos
os seus pertences domésticos. Compramos deles um abacaxi & um periquito. Por
volta das três da tarde, todo o céu à leste escureceu e escutavam-se os trovões tornando-se mais e mais fortes. A tempestade, ao varrer o rio, fazia com que as águas
sob as nuvens assumissem um vívido tom esverdeado, mais bonito do que você
pode imaginar. Acabamos por chegar a uma pequena enseada, formada por dois
depósitos de areia, na qual havia arbustos & palmeiras. Tivemos tempo apenas
para tirar a vela do traquete & abrir o mastro da proa, quando a tormenta
desabou sobre nós. Tal & Dexter pularam para dentro da cabine, joguei minha
camisa na direção deles. Abaixo caiu a chuva, a vela principal quebrou-se —dano
o qual, provavelmente, salvou a canoa que começou a derivar rapidamente para o
meio do rio. O velho piloto jazia no fundo da canoa morrendo de medo. Tal &
Dexter pularam fora, nus em pelo & desceram a âncora. Aí então começou o melhor de tudo. O ar tornou-se assustadoramente frio e a chuva aguilhoava nossos
corpos nus como tiros de uma espingardinha de chumbo. Nunca senti tanta dor
desde quando o Pai me batia com o cortador de papel na rua quatorze, esta se não
era mais forte, era certamente muito mais fria. A chuva passou em 15 minutos &
nos dirigimos para a enseada, todos tiritando de frio, para sacudir a canoa. Tendo
conseguido encalhar a canoa, pulamos na água, a qual parecia quase quente em
contraste à violência da chuva e teria te divertido bastante ver 8 homens, com
suas roupas largadas na margem, apenas com suas cabeças para fora d'água,

coaxando como sapos & regozijando-se pela temperatura. No entanto, o sol escaldante reapareceu rapidamente, secando-nos. No topo de um morro polvilhado de bananeiras encontramos uma casa indígena, ou melhor, uma cabana, feita de palafitas e folhas de palmeira & amarrada com cordas de cipó. A porta estava cuidadosamente trancada com espinhos & esteiras, parecendo que o proprietário com sua família tivessem se ausentado em uma viagem de algumas semanas. Colocamos a porta abaixo, levamos nossas redes & trastes para dentro e tomamos, pelos dois dias e meio que ali ficamos, refúgio na casa. Esqueci de contar que quando nós aí desembarcamos encontramos, na praia, duas canoas indígenas sem ocupantes. Os dois homens da canoa maior já estavam longe, tendo fugido para a floresta ao nos verem aproximar pensando que havíamos vindo recrutá-los para o exército.[16] Todavia, as 2 mulheres & crianças haviam ficado, assim como toda a população da outra canoa, a saber: um velho selvagem, sua linda jovem esposa & 3 lindas crianças nuas, e os encontramos todos juntos na casa. Os índios que vi até agora são ótimas pessoas, de uma linda cor acastanhada com cabelos lisos e finos. Suas peles são secas e limpas, eles transpiram muito pouco, no fim das contas, acredito, neste ponto, eles são mais bem apessoados que os negros e os brancos, os quais, neste clima, estão sempre com uma aparência suada & oleosa. Eles limam seus dentes frontais, tornando-os pontudos; possuem pescoços curtos, ombros muito largos & peitos amplos, seus pés parecem assim *[no manuscrito, desenho de pés com polegares muito abertos]*. Todos os índios que já vi eram cristãos & civilizados e quando há calmaria, os homens da nossa canoa assobiam para o vento & pedem a São Lourenço para fazê-lo soprar mais forte. 2 de setembro. Bom dia, doce criança! Mais uma vez, à distância, eu te saúdo. Arriscando-me a redigir a mais longa carta já escrita, continuarei com minha narrativa, já que esta, provavelmente te divertirá ao contar-te o que ando fazendo & estes poucos dias são apenas uma amostra dos muitos meses que virão. Enquanto estivemos neste lugar, contratamos o velho índio para ficar & pescar para nós. Ambos, ele e seu filhinho, que nasceu para estátua, usando seus arcos e flechas, pegaram muitos peixes, e jogaram veneno na água para pegar outros, mas tiveram pouca sorte. Nos banhamos muitas vezes, atiramos em pássaros, encontramos alguns poucos insetos na matas e na praia, descansamos nas nossas redes nos escaldantes meios-dias, tomamos nosso café & comemos nosso peixe seco, conversamos & transpiramos por 2 dias e, então, partimos rio abaixo, com uma coleção muito pequena para o Prof. Devemos chegar de volta a Santarém esta noite & depois de amanhã pegar um vapor para Manaos, aonde reencontraremos o resto do grupo. 4 de setembro. Santarém Ó Bal Bal! Je t'embrasse. Esqueci de te contar como a família de índios dormia à noite—isto vai te divertir—era numa praia nua. Eles tinham fixado 4 estacas na areia. E, deles, balançavam 4 velhas redes de palha, sendo as das 2 crianças miniaturas e o bebê dormia na da mãe. No meio destas ardia uma fogueira. Não havia nada por sobre suas cabeças, para protegê-las da chuva, que, numa das noites que lá estivemos, virou um temporal e eles apresentavam uma aparência muito selvagem & pitoresca ao luar na praia desolada. 5 de setembro. A bordo do vapor, indo para Manaos. Fui ontem interrompido na minha redação. Quando chegamos em Santarém encontramos o

16. James comentou, em mais de uma ocasião, o medo provocado pelas práticas brutais de recrutamento que o governo brasileiro empregava durante a Guerra do Paraguai, práticas essas que pesavam especialmente sobre as populações pobres indígenas, mestiças e afro-brasileiras.

O Brasil no Olhar de William James

Gaulês Galante & Hunnewell, que havendo estado acampando por lá enquanto nós subíamos o rio, estavam então abrigados em uma grande casa, toda para eles. Eles haviam sido mais bem sucedidos na coleta do que nós e descobrimos que a casa estava sendo assediada o dia inteiro por meninos nus de todas as idades até 12 anos, que traziam lagartos, conchas, casas de vespa, insetos &c. Bourget os pagava com variadas moedas de cobre, que os ingleses chamam de "dumps", que é a única moeda de pequeno valor daqui, sendo a prata tão escassa quanto durante nossa guerra. [No manuscrito, desenho de um círculo com a inscrição: "Eu acabei de desenhar aqui o contorno deste dump"] Temos que carregar grandes sacos delas para qualquer lugar que nos dirijamos. Nos dois dias em que ficamos em Santarém fomos recebidos na casa de um excelente velho cavalheiro, Coronel fulano de tal, o qual mostrava-se exageradamente polido & nos abraçou na saída como se fôssemos seus irmãos perdidos há muito e que haviam reaparecido momentaneamente & que seriam rudemente separados de novo para sempre. Dou minha palavra, eu quase me sinto humilhado com a hospitalidade e amabilidade que encontramos aqui, aonde quer que vamos, sem sermos capazes de retribuir de nenhuma maneira, nem mesmo expressar nossa gratidão em termos inteligíveis. À mesa com brasileiros, nós sorrimos e fazemos reverências aos montes, gaguejamos uma frase em português, nos debatemos um tanto com ela & terminamos por conversar entre nós mesmos, sem prestar mais atenção em nossos anfitriões. Se qualquer brasileiro for, a qualquer tempo, a Boston, Bal, considerarei meu dever imperativo colocar nossa casa toda, dia & noite, a dispor dele e fazer da minha família & da família dos meus amigos, seus escravos durante sua estadia. Esta hospitalidade & a maneira livre, aberta e despreocupada do viver daqui são muito deliciosas. A ausência de roupas e a independência em relação à mobília, sendo tudo que alguém requer é sua rede & um teto sobre a cabeça para o caso de chuva, faz com que você se sinta em casa em qualquer lugar que se estiver. Estas redes são deliciosas. Se eu tiver algum dinheiro, com certeza levarei comigo muitas delas para casa. Enquanto escrevo no convés do vapor, ao olhar ao redor, isto é o que vejo.

[Desenho do convés do vapor com as redes na página esquerda]. Fiz para você uma espécie de perspectiva do convés. Deus queira que você possa entendê-la. Esta é só uma metade dela. Penduramos nossas redes, como você pode ver, elas têm as mais delicadas tonalidades & quando a lua brilha & as pessoas estão todas se balançando em cordas, que é o que elas são, a cena parece do mundo de fábulas. Estamos agora saindo de Obydos, o qual você pode localizar no mapa. São por volta de 2 da tarde. O calor é horrível, nenhum de nós, com exceção do Gaulês Galante, Bourget, ousou desembarcar, uma vez que nas margens não há lá nenhuma sombra & o solo é uma chama de luz & calor. A luz é aqui ainda pior que o calor. No entanto, quente como está agora, estamos certos de termos um fresco entardecer e uma noite como qualquer um desejaria. Estamos entrando agora numa região de pernilongos & como eles mordem! Há tantos tipos diferentes deles & você pode distinguí-los pela sensação. —A noite em que passamos em Santarém tivemos um baile, oferecido em nossa honra por algumas lindas senhoritas indígenas, amigas da velha senhora indígena que vive no porão da casa de

paredes grossas e cobertas de musgo, na qual estávamos morando. Este teve lugar numa ampla casa de folhas de palmeira com um lindo assoalho de chão batido. Havia um jovem negro janota que tocava o alaúde e os refrescos consistiam, não de sorvetes, Pena! não tínhamos tanta sorte, mas de uma imensa garrafa negra com vinho português e dois copos. Era esta uma cena bem pitoresca & eu queria que harry & lafarge a tivessem testemunhado. A única iluminação provinha de uma lanterna de modelo primitivo, com um rolo de fios como pavio, a qual soltava fumaça & tremeluzia & lançava sombras nas paredes de traves e folhas & pendurado, junto com estranhos utensílios domésticos, entre outros, um relógio de Connecticut. As moças eram muito bonitas, com esplêndidos e sedosos cabelos negros. Em seus penteados, elas usavam dois tipos de flores (6 de set.) brancas de perfume selvaticamente agradável. Dançamos nossa quadrilha habitual & polca, junto com outra estranha dança de "quadra", de cujo nome esqueci-me. Conversamos, gesticulamos, enfim, nos confraternizamos & passamos uma noite muito alegre. É desagradável no último grau viver em um país & sentir-se estrangeiro, ser impedido, pelas dificuldades de uma língua estrangeira, de dar vazão aos pensamentos que surgem em sua alma & as moças soltaram gritos & riram zombeteiramente dos nossos erros. Ah, Jesuína, Jesuína, minha rainha da floresta, minha flor do trópico, porque não pude fazer-me a vós inteligível? Porque meu português é apenas "suficiente para as minúcias da vida" e não para a expressão de todos aqueles matizes de emoção que penetram minha alma. Depois de despender uma hora ao lado de Jesuína & fazer-me o mais eloqüente, ela confessou a Tal que não havia entendido "absolutamente nada" da minha conversa. Ela, agora, anda pela praia, com seus longos cabelos soltos flutuando, lamentando minha perda.—Ao entardecer, alcançamos Manaos & encontramos novamente a principal luz da ciência moderna. Talvez, neste mesmo navio, haja cartas de casa as quais receberemos em Manaos. Os céus permitam que assim o seja. Aqui, minha amada Alice, terminarei esta longa carta descritiva. Acredito que esta lhe dará a idéia de nosso estilo de vida. Pilhas de afeto para todos de casa. Ó, em nome do feliz dia de retorno.

Seu amoroso irmão

Wm. James

13. Carta a Henry James, pai

Vapor Icamiaba
Rio Solimões
12 de setembro '65

Queridíssimo Papai

Na outra noite, ao chegar em Manaos, foi muito grande a minha alegria ao receber um pacote de cartas suas (25 de maio & 22 de junho—havia recebido uma intermediária no Rio), da Mãe (21 de junho), de Billy & Ellen Washburn & de T. S.

Perry. Naquela altura não pude fazer mais do que meramente "acusar" o recebimento. Agora já posso suadamente esboçar algumas linhas em resposta. É meio dia e o calor é pavoroso —todos nós chegamos à conclusão de que, pelo menos para <u>nós,</u> não haverá mais inferno. Já nos tornamos verdadeiros alambiques & descobri que você se acostuma ao calor. No entanto, não é o calor estagnado e enjoativo de casa. Mais se assemelha a um cozimento cheio de vida e as noites permanecem frescas. Estamos apenas entrando na terra dos pernilongos e suspeito que o nosso sofrimento será grande devido a eles & às moscas. Enquanto o vapor estiver em movimento, não os sentimos, mas quando pára, você mal pode abrir a boca sem enchê-la deles. O coitado do Sr. Burkhardt está bastante envenenado e inchado em resultado às picadas que tomou há dez dias num igarapé. Ao mesmo tempo em que os pernilongos, os outros seres vivos também parecem se multiplicar, portanto há um lado bom nisso. O rio é bem mais estreito, com uma largura de 2 ou talvez 3 milhas (não sei julgar), todo escuro e barrento & correndo rapidamente em torvelinho ao longo de belas florestas & Ilhas. Nós todos vamos até Tabatinga, onde o Prof. & Madame, acompanhados de alguns outros, entrarão no Peru para subir as Montanhas, enquanto Bourget & eu pegaremos uma canoa com alguns homens para passar um mês no rio entre Tabatinga & Ega. Bourget é um cachorro, rosnando e latindo para todos, porém é um coletor muito aplicado & eu posso me dar muito bem com ele. Teremos uma vida de ciganos, ainda que muito desconfortável. O melhor aspecto deste rio é que não se pode tomar banho nele em função dos numerosos peixes antropófagos que tiram pedaços de você com as mordidas. É <u>possível</u> que Tom Ward esteja bem & em Manaos quando voltarmos no final de outubro. Que Deus permita, pobre sujeito! Prefiro vê-lo do que a qualquer outra pessoa do continente. Agassiz está perfeitamente contente com ele, com sua inteligência & energia, de fato, ele o considera o melhor integrante da expedição. Não vejo motivo para me arrepender da minha determinação em ficar. Pelo contrrárrio, como diria Agassiz. Ao passo que começo a usar meus olhos um pouco cada dia, me sinto como um ser completamente novo. Tudo ressuscita, interna & externamente, e agora eu tenho certeza de que irei aprender. Tenho me beneficiado muito em ouvir Agassiz falar, não tanto pelo que ele diz, pois nunca ouvi alguém pôr para fora uma quantidade maior de bobagens, mas por aprender a forma de funcionar desta vasta e prática máquina que ele é. Ninguém vai tão longe em generalizações como o faz seu conhecimento de detalhes, e você tem uma sensação ainda maior do peso e da solidez do movimento da mente de Agassiz, maior do que a mente de qualquer outro homem que eu conheça, devido à contínua presença de seu grande conhecimento de fatos detalhados. Ele também dispõe de uma habilidade diplomática, e vejo que em todas as conversas comigo ele implica com a minha maneira displicente e superficial de pensar. (17 de setembro). Acabo de dizer muitas coisas contra ele, as quais repetidas para estranhos podem dar a impressão de que não gosto mesmo dele. Não é o caso em nenhuma hipótese, portanto gostaria que vocês não repetissem nada disso. Agora que tenho ficado mais íntimo dele & posso conversar livremente com ele, tenho prazer em estar em sua

Retrato fotográfico de Louis Agassiz.
"Tenho me beneficiado muito em ouvir Agassiz falar . . . , pois nunca ouvi alguém pôr para fora uma quantidade maior de bobagens, mas por aprender a forma de funcionar desta vasta e prática máquina que ele é." (Carta de William James, rio Solimões, 12 de setembro de 1865)

companhia. No início via apenas os defeitos, mas agora suas qualidades maravilhosas bem que ofuscam aqueles defeitos. Tenho a certeza de que ele é um homem que me fará bem —Terá certamente merecido férias ao chegar em casa. Nunca vi um homem trabalhar tanto. Desde que chegou ao Brasil, ele tem realizado física, intelectual e socialmente o trabalho de dez; o único perigo é o de exagerar.

Nossos planos mudaram mais uma vez. O Prof. muito acertadamente desistiu da expedição peruana, & resolveu enviar Coutinho para a geologia & a mim para os peixes &c. Viva! Nenhum membro do grupo terá tido uma parcela mais interessante do trabalho, embora a viagem vá se tornar muito árdua com o calor, os pernilongos & a fome. 15 dias serão gastos a pé para carregar as nossas provisões & 6 barômetros (!!!). Iremos até Urimaguas em vapores peruanos, e de lá seguiremos de canoa, a cavalo e a pé até Rioco, nos altos da primeira cordilheira acima de Moyobamba, lugar este que você achará no mapa.[17] O major é um curioso e garboso pequeno dândi, porém um engenheiro de primeira linha e fala francês apenas um pouco melhor do que eu falo português, mas iremos nos dar muito bem juntos. Escreverei novamente de Urimaguas.

Estou começando a perder a paciência com a sonolência & ignorância dos brasileiros. Estes índios são particularmente enervantes devido a sua preguiça & indiferença. Seria engraçado se não fosse tão enfurecedor perceber o quanto é impossível apressar alguém, não importa quão iminente a emergência. Que estranhas & divertidas foram todas as cartas que chegaram de casa, relatando o que todo mundo fazia, fazia, fazia. Para mim, apenas acordando da minha vida de inatividade forçada e de uma atmosfera de futilidade brasileira, me pareceu que uma pequena fresta havia se aberto e que um dos nossos ventos noroestes de outubro havia soprado vida em meus pulmões. Antes não fazia idéia da grandeza da energia americana. Por exemplo, aqui eles enchem o vapor de lenha num ritmo (calculado com precisão) de 8 a 12 achas por minuto. Demora 2 horas e meia para colocar o tanto de lenha que seria carregado em menos de 15 minutos em casa.— Cada nota de casa me faz me orgulhar do nosso país. Pergunto-me o que o Sr. Russell pensaria agora da "Bolha".[18] Não tenho acompanhado os jornais, mas tenho ouvido bastante. Espero que o nosso povo não cometa a tolice de enforcar Jeff Davis por traição.[19] Há alguém que acredite em Vingança nesta altura? Se não for por isso, por qual outro motivo enforcaríamos o pobre diabo? A morte violenta de Lincoln fez muito mais para ganhar a simpatia das pessoas indiferentes & hostis a ele do que seria possível fazer em prósperos anos de vida, o que aconteceria também com Jeff se ele for enforcado. Coitado do velho Abe! O que será que tanto comove as pessoas em referência a sua carreira simples, imparcial, genuína e honesta? Não sei porque, mas, "apesar de pouco afeito à melancolia",[20] mal posso pensar em Abraham Lincoln sem me sentir ao ponto de debulhar-me em lágrimas. Será porque ele parece representar a forma pura e simples da natureza humana, contrária a todos os acréscimos do convencional?—Gostei imensamente da sua carta a respeito de Johnson. Graças a Deus alguém escreveu isso e que às vezes aparece uma voz a murmurar a verdade honesta de seu coração, sem ser maculado pelo lixo prático & tradicional que compõe todo o universo da

17. James se refere às cidades peruanas de Yurimaguas, Moyobamba e Rioja, situadas na zona de transição entre as terras baixas da Amazônia e a serra oriental dos Andes. Não chegou a realizar esta viagem.

18. James faz referência a um comentário polêmico do Secretário de Assuntos Estrangeiros Lord John Russel (1792–1878), simpatizante da causa dos rebeldes confederados nos EUA: "a grande bolha Republicana estourou". Cf. Skrupskelis, *Correspondence*, vol. 4, p. 124.

19. Jefferson Davis (1808–1889) foi presidente dos Estados Confederados durante a Guerra Civil norte-americana. Após a rendição do Sul em Appomatox, Davis foi encarcerado e sofreu maus tratos até a sua libertação em 1867. Não chegou a ser julgado por um tribunal.

20. James cita *Otelo*, peça de William Shakespeare: "albeit unused to the melting mood".

maioria das pessoas. Adeus. Não posso escrever mais nesta remessa. Tenho escrito a T.S.P. & Ellen Washburn. Agassiz vai arcar com as minhas despesas de viagem para o Peru. Sobraram ainda uns $100,00, o que irá durar por algum tempo. Se me faltar, emprestarei o déficit de Dexter. Estou muito contente por ter ficado. Mares de afeto para todos.

Endereço: James B. Bond Pará

Seu filho afeiçoado W. J.

14. Carta a Henry James, pai e Mary Robertson Walsh James

Tabatinga dia 18 [de setembro de 1865]

Queridos Pais; Ai de mim. O plano peruano, como tantos outros dos nossos desígnios, não vingou. Acaba de estourar a revolução anual, tornando o tráfego dos vapores incerto, e as cartas de recomendação do governador às autoridades, o único meio de conseguir ajudantes, agora são tão eficazes quanto seriam umas cartas de A. Lincoln no Alabama há um ano; o povo, composto de ladrões vis e assassinos nos melhores dos tempos, agora apresentam maiores riscos do que nunca para os viajantes neutros —em resumo Coutinho, por mais ansioso que estivesse para realizar a viagem, decidiu que a coisa não pode ser realizada no momento. Bourget ficou sozinho em Tabatinga. Os demais voltam para Ega, salvos Tal & eu, pois desembarcaremos na primeira parada e procuraremos seguir de canoa, ficando um mês na estrada. A maior dificuldade é a de conseguir homens. Estes dois meses são aqui tempo da colheita e todos os Índios estão acampados nas praias de lama para apanhar tartarugas & um peixe grande chamado Pirarucu, que é a carne desta terra. Nem mesmo a oferta de dinheiro os atrai, porque nada podem fazer com ele, sendo cada homem tão rico quanto o seu vizinho & compreendendo o quão útil é a ausência de luxo. Ademais, quando se consegue alguém, eles têm o hábito de fugir para a floresta ao discordarem de qualquer um dos nossos modos, o que aniquila todo o planejamento. Estamos levantando a âncora para a partida rio abaixo neste exato momento em que eu escrevo. Tabatinga é uma cidade florescente contendo 5 casas, 5 choupanas, um haste de bandeira e 2 canhões. A população é composta de 1 branco, o "Administrador" da Alfândega [21] e um certo número de Índios & vários bilhões de pernilongos & moscas. Passei onze horas ontem tomando medidas barométricas a cada quarto de hora, sem comida, roupa ou abrigo a não ser de pernilongos. Levei um bom número de picadas. —Aqui aconteceu algo um tanto divertido. Acolhemos a bordo deste barquinho mais 5 naturalistas, além do nosso grupo. São os remanescentes de uma grande expedição enviada pelo governo espanhol para a exploração da América do Sul.[22] Passaram por todo os Andes, naufragaram, compõem um grupo de marmanjos dos mais amarfanhados, barbudos e amarelados que você jamais viu. Desceram com uma coleção muito grande do Rio Napo para Tabatinga e agora estão finalmente tomando o rumo de casa.

21. Tabatinga constituía o último assentamento brasileiro no rio Solimões antes de chegar na fronteira com o Peru. O funcionário da alfândega (Administrador da Mesa de Rendas) era na época Manoel Alfredo Ferreira da Cruz, cujo nome aparece no acordo firmado entre os dois países em julho de 1866. Relatório do Vice-Presidente do Amazonas, 5 de setembro de 1866 (Manaus, 1867), p. A-5. Center for Research Libraries, Brazilian Government Digitalization Project, Provincial Presidential Reports (*http://brazil.crl.edu/bsd/bsd/u094/index.html*), acessado em janeiro de 2006.

22. Esta expedição fazia parte da Comisión Científica del Pacífico, a qual percorreu a costa do Pacífico, os Andes e a Amazônia entre 1862 e 1866. Elizabeth Agassiz, *Journey in Brazil*, p. 208, identifica os nomes de quatro dos integrantes. Sobre a expedição, veja-se Robert Ryal Miller, *For Science and National Glory* (Norman: University of Oklahoma Press, 1968).

Homem dormindo na canoa, desenho de
William James.
"O Prof. me disse ontem à noite que eu
deverei embarcar numa canoa com um
cavalheiro negro para uma lagoa abaixo
daqui para pescar . . ." (Carta de
William James, 6 de novembro, 1865)

Você devia ver as embarcações nas quais passaram os últimos dois meses & das quais agora se despedem. Pitorescas o suficiente —2 jangadas com construções cobertas de palmeiras, cobertas de macacos & papagaios e cada qual com um fumeiro na proa para espantar os pernilongos. Ao lado desta viagem a nossa parece uma excursão de férias. Por Zeus, presto a eles as minhas homenagens. 3 deles tinham a saúde tão deteriorada que tiveram que voltar para a casa, 1 faleceu & os outros 4 seguiram para a Califórnia. Embora eu não tenha opinião formada nem de um lado nem de outro a respeito deste assunto, é bom prever todas as possibilidades; quando o Prof. estiver pronto para regressar ao Rio é possível que eu esteja fazendo e adquirindo tantas coisas que poderei me sentir inclinado a segui-lo. Um dos elementos necessários para tal decisão será a sua opinião. Portanto, gostaria que vocês me escrevessem assim que receberem esta carta e me digam o que vocês acham deste assunto. O Prof. estará no Pará provavelmente em janeiro. Ele espera lá encontrar algumas cartas autorizando a sua permanência na América do Sul até o outono. Deverei ter a passagem gratuita até o Rio e, se o serviço de vapores estiver já funcionando nessa altura, do Rio a N. Y. e penso que é bastante provável, se descer em janeiro, que serei um dos beneficiários da expedição. Nesse caso as minhas despesas limitar-se-iam ao dinheiro de bolso. Mas na pior das hipóteses, tenho a certeza de que $500 em ouro cobririam todos os gastos. Além disso, há os seus sentimentos quanto à minha ausência por mais um período tão longo. Por favor, escrevam, queridos Pai & Mãe & me digam exatamente como vocês se sentem. Quanto mais precisa a informação, mais fácil será a minha decisão. Tenho enfrentado, até agora, um tanto de melancolia produzida por minha doença, mas agora estou começando a perceber que a viagem tem sido excelente para mim & venho desfrutando dela mais e mais a cada dia que passa. Até logo. Afeto para a velha querida Tia Kate, Harry e Alice. Esta última continua desejando estar morta? Mille baisers para ela. Escrevam aos cuidados de James B. Bond, Pará, via navio a vela, caso não haja vapor americano
Seu sempre afeiçoado
W. J.

15. Carta a Henry James, pai e Mary Robertson Walsh James

Teffé ou Ega 21 de outubro [1865]

Meus queridos Pais

Cheguei aqui da minha viagem de canoa há 3 dias e encontrei cartas do Pai, da Mãe & do Wilky que acabara de ouvir da minha doença no Rio através de T. Ward. Quase partiu o meu coração ver o quanto vocês ficaram preocupados com isso & a ansiedade desnecessária que isto provocou em vocês. Quase chego a pensar que teria sido melhor esconder o episódio inteiro do seu conhecimento até bem após o seu desfecho. Na verdade não foi nada —agora eu reflito sobre este como uma das mais agradáveis e insólitas experiências da minha vida. Deixou o meu rosto completamente sem marcas, a ponto de Agassiz declarar que não teria sido varíola e sim apenas um caso leve de varioloide. Atualmente a minha saúde é provavelmente a melhor da minha vida. Venho observando ao longo dos últimos meses a maneira quase instantânea que os numerosos cortes, arranhões & picadas têm sarado. Nunca me senti tão animado, nem tão satisfeito quanto me sinto agora com a maneira pela qual gasto o meu tempo. Sinto que estou ganhando muito em todos os sentidos. Gostaria de poder enviar esta carta por telégrafo para instantaneamente neutralizar o efeito de algumas das minhas cartas anteriores as quais, por um bom tempo depois da doença, foram calculadas para transmitir a idéia de que eu estivesse descontente. A verdade é que a minha cegueira me deixou muito melancólico & desalentado por algum tempo. Só posso me congratular por ter me poupado de agir guiado pelos meus sentimentos, pois a cada dia, durante os últimos dois meses, tenho agradecido aos céus por ter ficado aqui & persistido na empreitada, ao invés de voltar prematuramente para casa. É claro que, quando chegar esta, vocês já estarão bastante tranqüilizados a meu respeito, mas eu daria muito para poder voltar atrás na corrente do Tempo e mandar esta carta 4 meses atrás pois sei, pelo tom das suas cartas, o quanto de ansiedade vocês estavam sentindo. Céus! como gostaria de ver todos vocês e tranqüilizá-los em pessoa.

— Me separei do grupo em São Paulo no dia 20 do mês passado & cheguei aqui no dia 16 deste, após subir dois rios, o Içá e o Jutaí, e fazer a coleta de peixes, a qual se mostrou muito satisfatória para o Prof., uma vez que incluía quase 100 novas espécies. Como um todo, foi um mês muito original e cuja estranheza será por mim lembrada até a morte; muito desconforto em função dos insetos & chuvas, muito êxtase pela bela paisagem, muito trabalho duro e calor, um companheiro muito desagradável, Talisman, a melhor comida possível, tartaruga & peixe fresco todos os dias e, perpassando tudo, um delicioso gosto de liberdade e ciganice, o que adocicou tudo que podia ser desagradável. Dormimos ao relento nas praias todas as noites e confraternizamos com os Índios, que são muito agradáveis socialmente, porém em termos mentais são um povo dos mais áridos. Imagino que seja a raça mais exclusivamente prática do mundo. Quando eu chegar em casa vou aborrecer vocês com todo tipo de estória sobre eles—

Encontrei o resto do grupo neste lindo lugar, numa casa maravilhosa e pitoresca. Foi bem agradável encontrá-los novamente. O Prof. tem feito muito exercício & se encontra magro & nervoso. A boa mulher, Sra. Agassiz, está perfeitamente bem. Os rapazes, coitados, todos sofrem nas pernas a terrível condição provocada por um tipo de carrapato chamado "muquim", o qual se aloja em baixo da pele e produz pavorosas feridas. Não se pode andar pela floresta sem que eles se agarrem a você & pobre Hunney está com ulcerações terríveis. Entretanto, não há pernilongos por aqui. Desde ontem à noite já estamos com tudo embalado — nosso trabalho de empacotar, seu volume, sua imundice e sua miséria, é maravilhoso. Vinte e nove barris cheios de espécimes daqui e quase nenhum deles cheios de mais. As rudes exortações do rude Dexter ao enfrentar o trabalho de tanoeiro deixariam qualquer um de cabelo em pé —mas quando um bom barril se apresenta, o sereno contentamento que resulta, quase compensa o passado. Dexter diz que ele sente a mesma coisa por um barril decente do que por uma mulher bonita.—Quando chegar o vapor seguiremos rio abaixo até Manaos, onde esperamos encontrar o navio de guerra que o governo prometeu ao Prof. Já Dexter & Tal subirão o Rio Negro por um mês. Os demais irão descer o Rio Madeira no vapor. Não sei exatamente o que vou fazer, mas é provável que haja necessidade de sair de canoa, para a qual estou preparado; apesar de ter começado a estação de chuvas, o que torna muito desconfortável viajar de canoa. Estaremos no Pará certamente em meados de dezembro. Estou muito ansioso por descobrir se os vapores New York & Brazilian estarão em operação. Talvez fiquemos sabendo disso em Manaos, onde também existe a possibilidade de encontrar cartas a nós dirigidas e jornais americanos. Por que vocês não mandam o North American com os artigos do Pai e de Harry? Valeria para mim qualquer preço.

22 de outubro a bordo do velho lar, isto é, o Vapor Icamiaba. É o único refúgio de descanso que temos nesta terra e, ainda assim, somente quando está em movimento, pois quando paramos em algum lugar é certo que o Prof. virá para dizer como seria desejável apanhar um grande número de peixes deste lugar, e quer queira quer não, você precisa se mexer. Escrevi na minha última carta algo sobre a possibilidade de voltar novamente para o sul com o Prof. Eu acho que isto é tão provável quanto o meu desejo de explorar a África Central. Se há algo que odeio, é coletar. Não a considero nem um pouco compatível com o meu gênio, mas é justamente por este motivo que este pequeno exercício que estou tendo aqui é o melhor para mim. Estou ficando cada vez mais prático, ordenado e eficiente. Aquela bela desordem que antes prevalecia nos meus domínios & que fazia a Mãe soltar um lindo suspiro ao entrar no meu quarto, é considerada, pelas pessoas que conheço por aqui como um crime hediondo e eu acabo me sentindo muito suscetível & envergonhado. —22 de outubro —que glorioso tempo vocês estão experimentando em casa agora e como todos nós gostaríamos de estar envelopados nele por um dia. Muitas vezes senti saudades de um bom dia de inverno, escuro, azedo, com poças de gelo derretido na rua Washington—Ó, a felicidade de ficar parado num dia assim, no meio do caminho entre Roxbury & Boston &

vendo passar na sua frente carruagens cheias. Será esplêndido chegar em casa no meio do inverno e me deleitar com o frio. Fico contente em saber como o Wilky está e de ter notícias dele. Gostaria que o Bob me enviasse uma linha—e só recebi uma carta da Alice este tempo todo. Que vergonha! Ó! linda criança branca, como o homem vermelho da floresta gostaria de novamente apertá-la ao peito. Havia proposto, amada Alice, escrever-te uma longa carta por este vapor descrevendo minhas maravilhosas aventuras entre índios selvagens & tigre & e vários detalhes que possam interessar tua linda mente feminina, mas estou me sentindo tão lento & amarfanhado esta manhã que não consigo bombear o fluxo de palavras e a carta irá seguir no vapor de Manaos esta noite. Esta expedição tem se mostrado bem menos aventureira & bem mais pitoresca do que esperava. Não vi até agora uma única cobra à solta. A aventura com o tigre se resume a ele ter se aproximado a 30 passos do nosso mosquiteiro & rugido a ponto de nos acordar e depois nos manter acordados a noite toda com rugidos próximos e a distância. Confesso que senti um certo medo ao ser acordado por ele, pois quando me deitei havia me zombado dos receios do Tal a respeito de tigres.[23] Já a aventura com Índios selvagens consistiu em espiar dois deles nus a uma certa distância na beira da floresta. Ao gritar para eles em Lingoa Geral,[24] fugiram. Senti uma estranha e inesperada sensação de emoção ao me deparar de repente com estes filhos da Natureza. Entretanto, agora te digo em confiança, minha amada criança branca, aquilo que você não pode contar para o resto da família (porque estragaria a aventura), que, algumas horas depois descobrimos que os tais Índios selvagens eram um par de mulatos de uma outra canoa, que haviam entrado para tomar banho. Você ainda freqüenta a escola da senhorita Clapp? Pelo amor de Deus, me escreva, Bal. Diga a Harry que se ele encontrar Bancroft para dizer que Burkhardt já está bem melhor, depois de encontrar um remédio indígena de grande eficácia. Por favor, estenda o meu afeto aos Tweedy, Temple, Washburn,

23. Aqui James emprega "tigre" no sentido genérico, muito provavelmente se referindo a uma onça.

24. *Língua geral*, também conhecido como *nhengatu*, era o dialeto mais comum usado na Amazônia no século XIX.

Lafarge, Paine, Childs, Elly Van Buren e, de fato, a todos que estão de alguma maneira ligados a mim. O melhor do meu amor para Tia Kate, Wilk & Bob, Harry & toda a família. Anseio pelos <u>esforços</u> literários de Harry e por um número ou mais do "Nation". Não se pode mandar muitas revistas ou jornais aos cuidados de James B. Bond, Pará.

Sempre amoroso

W. J.

16. *Carta endereçada à Família*

Manaos, Rio Negro
[novembro, 1865?]

Chegamos ontem à noite & encontramos cartas do Pai & Bob— as quais traziam notícias, primeiro da minha pretendida volta e, depois, da minha resolução de ficar. Fico contente em saber que vocês não estão mais pensando na minha doença. Tenho apenas um instante para escrever. O Prof. está completamente esgotado pelo trabalho árduo. Ele recebeu jornais os quais não tive tempo de ler, estando o tempo todo ocupado com a carga, já que todos os outros sujeitos estão adoentados. Também recebi uma carta gentil da Clover Hooper & uma muito boa de Looly Shaw de Zurique. Nosso navio de guerra chegou ontem à noite do Pará, porém não trouxe cartas. Por favor, mande Harry escrever & <u>Por Favor,</u> envie o N. American Review. Estou começando a ler & tenho muito apetite por matérias. Salve, Colúmbia, Glória Aleluia! Os vapores estão funcionando; & ao Pará —o caminho de casa está livre, as comunicações com as retaguardas abertas, graças a Deus, até janeiro! Adeus.

Afetuosamente seu

Wm. James

Alice James, desenho de William James. "Havia proposto, amada Alice, escrever-te uma longa carta por este vapor descrevendo minhas maravilhosas aventuras entre índios selvagens & tigre . . ." (Carta de William James, 21 de outubro, 1865)

17. *Carta a Alice James*

Manaos 6 de novembro [1865]

Queridíssima Bal

> Meu innocente amor,
> Meu amor primeiro!

Ontem à noite, enquanto me balançava na rede na varanda aqui às margens do Rio Negro, à luz do luar que me alcançava ao atravessar laranjeiras e bananeiras, pensei em ti & escrevi os versos que se seguem, em imitação de uma balada inglesa antiga.

viz:

O happy wind, that bloweth North
From where may love abideth
Blow me a kiss from her sweet jawth
To tell me how she tideth![25]

A palavra "jawth" precisa de alguma explicação. É uma pequena modificação da palavra jaw, na falta de qualquer outra palavra para rimar, & as letras <u>th</u> foram acrescentadas para tornar a rima mais perfeita.

Esta manhã, eu me encontro dividido entre emoções conflitantes. O vapor chegou do Pará durante a noite, & trouxe cartas para todos menos para mim, e os rapazes estão todos sentados por aí com seus colos soterrados por manuscritos, e de tempos em tempos, soltam um bufo de alegria ou batem nas coxas com prazer, insultando a minha miséria com a sua alegria. Eu <u>de fato</u>, inicialmente, resolvi não escrever para casa e não voltar mais, mas agora me ocorre que a falta de cartas para mim pode ter resultado da expectativa quanto à minha volta em outubro, portanto eu volto atrás. Não tenho notícias para contar e nada para dizer. Não sei de onde surgiu esta perfeita indisposição para escrever que sinto desde que cheguei nas Amazonas. Estamos parados aqui em Manaos há quinze dias, pela falta de álcool.[26] Esta demora tem sido fortuita para o Prof., que estava totalmente esgotado pelo trabalho duro e precisava de um descanso. Também estive indisposto, com ferimentos nas pernas, dos quais estou começando a sarar. Foram produzidos, num primeiro momento, pelas picadas de pium & depois agravados, suponho, pela nossa dieta quase exclusivamente oleosa & de animais, e pelo calor. Parece estranho, mas com exceção da farinha de trigo, importada dos E.U.A. & arroz, quase não se consegue verduras e legumes para comer aqui. As "frutas tropicais" são a maior balela jamais sonhada. As únicas frutas disponíveis aqui são bananas-da-terra, as quais enjoam bastante, & abacaxis. Estes últimos, com certeza, esplêndidos, suculentos como laranjas, do tamanho de um chapéu de castor e tão doces que você nem pensa em colocar açúcar neles. Custam apenas 12 centavos, mas não há muitos disponíveis. A Sra. Agassiz está bem & é uma mulher muito boa, porém, como muitas da sua classe em Boston, está tão preocupada em maximizar as oportunidades e tão convicta em "compreender" que ela está impedida de se divertir nos trópicos. Ela escreve abundantemente. Não sei o que resultará disso, mas temo que seja descritivo demais. — 7 de novembro. Linda Criança Branca! Ontem o café da manhã me assaltou e depois do café o velho querido Hunney me trouxe uma carta do velho querido Billy Washburn, que surgiu de algum lugar. Passei a manhã escrevendo para ele. Nesta manhã, fui até uma cachoeira perto daqui e coletei 2 gafanhotos. Desde o café da manhã estive colocando os toques finais numa dúzia de barris, que irão ao Pará neste vapor & escrevendo —a Bond, e agora estou com liberdade para me endereçar a ti. O Prof. me disse ontem à noite que eu deverei embarcar numa canoa com um cavalheiro negro para uma lagoa abaixo daqui para pescar, enquanto ele

25. Aqui James faz uma brincadeira, de tradução difícil. O poema diz: "Ó feliz vento, que sopra para o norte/ De onde o amor possa suportar/ Soprar-me um beijo de seu delicado queixo / Para me dizer como ela está!

26. James está se referindo à falta de álcool, necessário para a conservação dos peixes coletados. Cf. Agassiz, *Journey in Brazil*, p. 276. De acordo com Elizabeth Agassiz, foi durante esta interrupção na viagem que o professor decidiu empreender seu "estudo das variadíssimas misturas" de raça, para o qual estabeleceu um "salão fotográfico".

seguirá no pavorosamente desconfortável navio de guerra que o governo cedeu para que ele suba o Rio Purus. Sairei no dia 9 ou 10, suponho que durará quinze dias. Encontro-me naquele feliz estado de equilíbrio, no qual não faz a menor diferença o que eu faço ou deixo de fazer. Temos estado muito parados aqui & eu tenho conseguido ler um pouco. Dexter & eu, juntamente aos Agassiz, fizemos uma excursão de três dias das mais pitorescas, para um lago aqui por perto, pescando, velejando, comendo & bebendo & dançando com as donzelas indígenas.[27]—Foi o período mais pitoresco que já passei. Não sei, cherie de Balle, o que deu em mim, mas não posso escrever mais. Se esta carta alcançar o vapor do Pará, estará em suas mãos em 15 dias. Pense nisso! Não pode imaginar o quanto todos nós ansiamos estar em casa, ou quanto eu anseio ver Harry & ler seus artigos. Você <u>precisa</u> mandar os dele & do Pai para James B. Bond Pará. Mande o meu afeto aos queridos Watson, tudo em Boston me parece sagrado. Mande lembranças afetuosas para Ellen, <u>nossa</u> Ellen, quero dizer & para os Tweedy. É minha esperança me ver em casa em fevereiro. Creio que não irei trazer quase nenhum presente, já que não consigo encontrá-los. Amor para Tia Kate e para todos.

Seu afetuoso mano,

W. J.

18. Carta a Mary Robertson Walsh James

Óbidos, 9 de dezembro de 65

Minha querida velha Mamãe,

Aproveito os últimos minutos antes da chegada do Vapor para te escrever algumas linhas, as quais, possivelmente, chegarão a você uns 15 dias antes que eu mesmo o faça. Acabei de retornar de uma curta viagem de canoa, como parte da mesma história de sempre, <u>peixes,</u> tendo eu pouca sorte devido à cheia prematura do rio. Tenho agora à minha frente apenas mais duas semanas de trabalho & então, o sabá. Estou esperando Hunnewell neste vapor para que ele seja minha companhia. Consegui, com infinitos esforços, engajar 3 homens e uma boa canoa & amanhã vamos começar juntos a subida do rio Trombetas. Despendi os últimos quinze dias, desde que escrevi a você, de maneira muito agradável, neste lugar paradisíaco, na casa de um tipo de qualidades femininas, muito agradável e simpático, administrador dos correios, e eu estou escrevendo esta carta banhado pela suave luz do entardecer, na sala, sala de correio, dispensa, e como você quiser denominá-la, já que ela tem as três funções. Falo agora português como um livro e estou preparado para conversar por horas sobre qualquer assunto —de certo, os nativos parecem ter alguma dificuldade em me compreender, mas este é problema deles, não meu —<u>meu</u> negócio é <u>falar</u> e entendê-<u>los.</u> No todo, estou bem contente que a coisa esteja acabando —não que eu não tenha aproveitado partes

27. É provável que James se referisse ao baile em homenagem ao estadista Tavares Bastos (que havia visitado o atelier fotográfico naquela época), oferecido no "palácio" do Presidente da Província Antônio Epaminondas de Melo em Manaus. Este evento foi descrito por Elizabeth Agassiz em *Journey in Brazil* (pp. 279–81). Numa correspondência particular à Sra. Thayer, Elizabeth oferece maiores detalhes, comentando que "Ren" Thayer tirava para dançar "os pares mais escuros que encontrava", Elizabeth Cary Agassiz to Mrs. Thayer, Manaus 8 November 1865, Museum of Comparative Zoology, BMU 2761.10.1.

da viagem intensamente e considero esta uma das melhores partes da minha vida; mas o suficiente é tão bom quanto o banquete; <u>odeio</u> inteiramente coletar e almejo voltar aos livros, estudos &c. depois desta vida elementar. Você não tem idéia, minha querida Mãe, quão estranha a minha vida de casa me parece das profundezas deste mundo, soterrado como ele é em mera vegetação e necessidades físicas & prazeres. Custo a acreditar que você possa me compreender, mas a idéia de pessoas fervilhando por aí, como fazem entre nós, se matando de pensar sobre coisas que não têm nenhuma conexão com suas meras circunstâncias externas, estudando ao delírio, perdendo o juízo por causa de religião, filosofia, amor & tal, respirando o perpétuo gás do aquecimento & da excitação, trocando a noite pelo dia, me parece inacreditável e imaginário, e ainda assim parti há apenas 8 meses. Ainda mais notável me parece a extraordinária variedade de personalidades que resulta de tudo isso —aqui tudo é tão monótono, na vida e na natureza, que você é embalado em um tipo de sono —mas, estranho dizer, é a minha antiga existência que já começou a me parecer um sonho. Ouso dizer que quando eu chegar terei por algum tempo pontadas de nostalgia por esta plácida Arcádia; mesmo agora, freqüentemente, basta que eu veja uma laranjeira ou um destes suaves pores do sol para me fazer encolher com a idéia de abrir mão de tudo isso. Certa feita, este sentimento tornou-se tão forte, que eu quase não pude suportar considerar a possibilidade de não retornar ao soberbo Rio com o Prof. e revisitar todos aqueles lugares na costa que eu pude gozar tão pouco quando passei por eles, devido aos meus olhos. Mas, tudo se acabou—e tremo de alegria ao pensar que mais um curto mês & nós estaremos voltando para casa. Bem-vindas sejam, ondas azuis escuras! Bem-vindos minha nativa neve derretida & gelo & fornos de aço fundido, revistas, teatros, amigos & tudo! mesmo igrejas. Diga ao Harry que desejo vê-lo & lê-lo, tanto quanto alguém com enjôo marítimo deseja a terra firme; e o Pai, antes, nunca soube o que ele significava para mim & sinto como se pudesse conversar com ele noite & dia por uma semana, e a idéia dos suaves encantos de Alice, Tia Kate & você me parecem bom demais para serem deste mundo. Espero ardentemente que Bob e Wilky estejam ambos em casa, porque eu os amo como nunca antes. Estenda meu afeto a todos os meus amigos, homens & mulheres, de casa & de fora dela, aos Tweedy, Temple, Lafarge, Perry Washburn, Paine, Watson, a todos de fato e acredite, minha querida mãe, que sou sempre seu —W. J.

P.S. Fez-se a noite —um ar perfumado, não cheio de pernilongos, mas preenchido pela melodia dos insetos, sapos e bem-te-vis, as estrelas estão pulsando ao mesmo tempo, eu estou escrevendo à luz de uma vela de cera amarela, em mangas de camisa & calças de linho, em um chão azulejado, com todas as portas e janelas abertas —Quão diferentes de suas circunstâncias do momento— quais <u>seriam</u> elas, eu freqüentemente me distraio divagando, mas não posso nunca saber por certo. Até logo! antes do fim de janeiro!

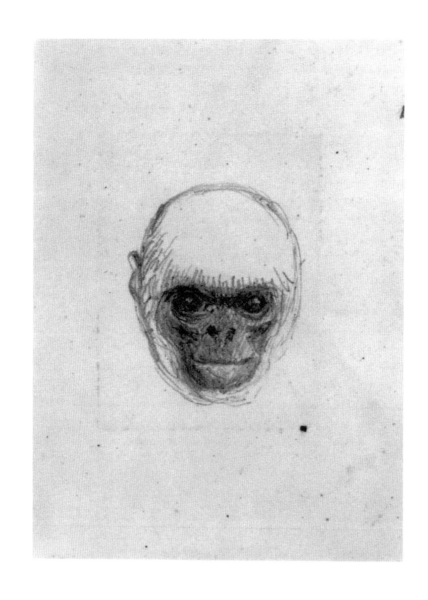

Diário do Brasil

Desta forma eu fui e encontrei o major deitado em sua rede, aparentemente muito adoentado, com o Signor Urbano. Um cafuzo bem apessoado, com muito mais sangue negro do que índio, de mais ou menos 60 anos, vestido em um terno brilhante de alpaca preta. Eu não consegui tirar de Coutinho se ele havia de ser meu anfitrião ou apenas meu piloto, mas entendi que ele havia de me levar até sua casa, distante 3 dias de canoa Solimões acima e de lá eu deveria seguir sozinho, com alguns índios, em direção ao lago Manacapuru para pescar. Prof. me contou que não entendia nada do assunto & que eu deveria combinar tudo com o major & o cavalheiro.

Desta forma, eu desci para a praia com este último que tinha, eu descobri, um companheiro tão marrom quanto um índio, mas que pelas suas feições parecia ser um branco, para examinar sua canoa. Eu a achei excessivamente pequena, dificilmente esta poderia carregar qualquer das minhas bagagens. Seu U. subiu de novo para falar com o major para fazê-lo escrever ao chefe da polícia requisitando outra montaria, enquanto isso eu voltei para casa. Descobri que Parkes & Thayer tinham comprado dois abacaxis grandes os quais partilhei com grande prazer. Enquanto lá estávamos chegou um menininho com um recado, mandado pela lavadeira. Parkes se interessou pelo garoto e começou a conversar com ele. Este deu o nome de sua mãe, mas quando perguntado quem era seu pai, ele respondeu: "Eu não tenho pai; eu acho que meu avô que é meu pai". Resposta mais caracteristicamente brasileira. Eu fiz uma lista das coisas que eu gostaria de ter para a viagem, incluindo um mosquiteiro e a dei para Tal. À noite, na varanda, folgamos em nossas redes, escutando Dexter & Bourget cantando. O francês supera o inglês, especialmente no aspecto musical. O pobre velho Burkhardt insistia em acompanhar a cantoria de Bourget com um uivo tremulante que era muito divertido.

10 [NOVEMBRO][1]

As mercadorias chegaram pela manhã. Mosquiteiro, uma caixa de biscoito salgado, farinha, pirarucu, café, açúcar, sardinhas, ervilha em lata, víveres diversos,

Macaco, desenho de William James, 1865. "Ele se deitava de barriga, enviando-me indescritíveis olhares de censura & levantando poeira com seus braços até quase se enterrar nela" (Um mês no Solimoens)

1. Elizabeth Agassiz, *Journey in Brazil*, p. 282, se refere à futura expedição de James ao lago Manacapuru na entrada do dia 9 de novembro de 1865.

2. Agassiz redigiu esta carta em francês, endereçada ao presidente da província do Amazonas, Antônio Epaminondas de Melo, em 9 de novembro de 1865. Relatório do Vice-Presidente. 5 de setembro de 1866 (Manaus, 1867), p. A-345–46. Center for Research Libraries, Brazilian Government Digitalization Project, Provincial Presidential Reports (http://brazil.crl.edu/bsd/bsd/u094/index.html), acesso em janeiro, 2006.

3. Corretamente grafada como *priprioca* (derivada dos termos Tupi *piripiri* e *oca)*, esta espécie de planta nativa da Amazônia *(Cyperus articulatus L.)* possui qualidades aromáticas e vem sendo usada já há séculos, pela população indígena e mestiça, na fabricação de perfumes e cosméticos, muito antes de ser "descoberta" pela moderna indústria de cosméticos. Ver Peter Mann de Toledo, "A Lenda do Índio Piripiri", *Folha do Meio Ambiente*, 153 (nov.-dez. 2004).

cachaça, cerveja &c &c. Eu não sei se terei que alimentar o velho cavalheiro de cor ou não. Pela manhã ele veio a casa e despachou os barris: um grande, cheio, 2 pequenos, cheios & 6 pequenos, vazios e as outras coisas, para o barco, e disse que o melhor seria que partíssemos às 4 horas da tarde. Eu descobri que havia estado em casa um garoto com um lindo filhote de tartaruga matta matta. Bourget a havia comprado para Agassiz, mas eu o convenci a me deixar ficar com ela para levá-la para casa para Wyman, viva, se possível. Eu então subi e encontrei Coutinho que me disse que meu companheiro havia de me acompanhar na pescaria e ficar comigo o tempo inteiro. Fiquei um tanto contrariado, porque, apesar de supor que passarei melhor em termos materiais & trabalharei mais, não poderei ficar tão independente, e receio à necessidade de ter que usar meu português por tantos dias. Além disso, o negro velho me parece rígido e estranho. Do quarto de Coutinho eu me dirigi para o da sra. Agassiz. A excelente, porém, fútil mulher <u>olhará</u> tudo sob uma luz tão romântica e inatural, que ela não parece andar por sobre sólido chão. Ela parece imaginar que nós somos meros personagens andando por aí em estranhas fantasias, num palco de cenário apropriado &—pas plus difficile que ça. Ela me disse—que estava todo agitado e raivoso perante à idéia de ir novamente aos pernilongos e piuins do maldito Solimões, ao qual eu me havia congratulado pensando ter dado um eterno adieu, na forma mais entusiamada: "Bem, James, você se divertirá <u>muito,</u> não é. Eu te invejo". Oh, que mulher tola!—Eu me esqueci de dizer que Coutinho me disse que o Prof. vai permanecer em Manaos até, pelo menos, a chegada do próximo vapor de rio abaixo e provavelmente não irá subir ele próprio o Rio Madeira. Eu perguntei como ele iria coletar lá. Ele me disse, por meio de um grupo enviado de Manaos. Eu disse, não há ninguém para ser enviado a não ser eu mesmo. Ele respondeu que era eu quem o prof. tinha em vista. Eu respondi que eu gostaria de ir com Hunnewell, porém sozinho, não. Parece que na noite passada o Prof. escreveu uma carta muito severa para o presidente a respeito do capitão do Ibicuy.[2]—Fui, então, para o estabelecimento fotográfico, e lá cautelosamente admitido por Hunnewell com suas mãos negras. Ao entrar na sala encontrei o Prof. ocupado em persuadir 3 moças, às quais ele se referia como sendo índias puras, mas as quais eu percebi, como mais tarde se confirmou, terem sangue branco. Elas estavam muito bem vestidas em musselina branca, tinham jóias e flores nos cabelos e exalavam um excelente perfume de pripioca.[3] Aparentemente refinadas, de qualquer modo não libertinas, elas consentiram que se tomassem com elas as maiores liberdades e duas delas, sem muito problema, foram induzidas a se despir e posar nuas. Enquanto nós estávamos lá chegou o sr. Tàvares Bastos e me perguntou ironicamente se eu estava vinculado ao Bureau d'Anthropologie. Às 2 horas voltei para casa. Logo mais apareceu meu cavalheiro de cor e me disse que seria melhor dormir a primeira parte da noite & começar por volta das 2 horas. Ele viria e bateria na minha porta nesta hora. Eu prontamente concordei. O funcionário do Hotel havia prometido, no café da manhã, nos oferecer um jantar suntuoso com "pudim". Mas o jantar foi o de sempre & o "pudim", como disse Dexter, "mal dava" para 8 por ser do tamanho do punho de um homem & sem calda. Depois do jantar houve um adeus de partir o coração de Parkes, Bourget & Thayer a quem Dexter e Hunnewell acompanharam a bordo enquanto eu fui, em meio ao calor fervilhante, pegar algumas provisões que havia esquecido. Na volta, eu e Burkhardt descansamos até que Dexter & Hunney chegassem e nós despendemos a maior parte da noite falando sobre nossos planos para o futuro, o que faríamos ao chegar em Nova Iorque, i. é., fazer uma boa farra, e como nós iríamos de Nova Iorque a Boston, eu não gostando de carruagens, mas preferindo chegar em casa em torno do anoitecer, &c. Por um momento, discutíamos como se, de fato, isto fosse ser realizado imediatamente. Ilusão abençoada, mas sua plena realização se mantém incerta! Permitam os céus que isso ocorra! Dormi pouco devido à repentina invasão de pernilongos que assobiavam mas não morderam, e ao barulho que os gatos faziam no quintal. Por último escutei uma leve batida na porta & o nome Seu Guilherme, sussurrado. Parece que ele havia calculado me encontrar acordado. Eu acendi uma lamparina, enrolei minha rede, joguei-a sobre os ombros, assim como alguns poucos pertences, apertei a mão de Hunney, fechei a porta da frente e desci para praia com Seu U. &, num instante, partimos.

Colossal statue of Messrs James & Dexter erected by the city of Boston 1866.

DIA 10.

O barril e toda a minha bagagem foi colocada na montaria da polícia, que era a que estava, por milagre, pintada e era remada por dois rapazes, de tipo pequeno e magro, [**desenho de pequeno perfil no texto**] vestidos com roupas de algodão rústico branco, com um terceiro como timoneiro. A montaria na qual nós viajamos era mais comprida e larga (mais ou menos 5 1/2 pés de largura) do que aquela que nós usamos em nossa última viagem, porém fazia menos água. A tripulação consistia dos senhores U. & M. [i.e., Urbano e Miguel], 4 índios & eu. Um índio velho, de tipo bem respeitável, civilizado, embora se mantivesse ainda como um perfeito índio, manejava o leme, 2 outros, excelentes e robustos camaradas e perfeitos cavalheiros, remavam enquanto o quarto dormia deitado no <u>girau</u> ou piso do estrado da canoa. Ambos os meus companheiros pareciam ter se livrado de seus comportamentos reprimidos junto com seus sapatos e paletós e, logo, nós estávamos conversando, rindo & brincando, como velhos amigos. Um peso havia já sido tirado da minha mente. O Sr. U. é o mais engraçado & inteligente tipo de velho camarada. Ele quase imediatamente propôs que eu fosse para casa em janeiro e voltasse em maio ao Pará & de lá para Manaos, com uma carga grande de mercadorias americanas, roupas, facas &c. Ele aí me esperaria & nós iríamos juntos para sua feituria [4] no Purus. Em dezembro, eu iria novamente para casa com um grande carregamento de borracha, o qual eu venderia com grandes lu-

4. No sentido amazônico, o termo *feitoria* refere-se à pequena propriedade ribeirinha, que possui uma clareira para o roçado. Além de exercer a função de *prático* ou piloto de embarcações ribeirinhas, Sr. Urbano era, provavelmente, conforme sugere o diário, também um *regatão* ou comerciante, que vendia bens à crédito para a população ribeirinha. Para uma descrição deste sistema e de sua relação com a expansão do comércio da borracha, ver Barbara Weinstein, *The Amazon Rubber Boom 1850–1920* (Stanford: Stanford University Press, 1983, sobretudo capítulo 1.

cros. Enquanto conversávamos, a aurora triste e solene começou a despontar, mostrando a mata, revelando-se, revelando-se, como numa pintura. Certamente, nenhum epíteto como "exuberante manhã"[5] poderia se mostrar pertinente ao habitante destas regiões. O misterioso movimento da perfumada brisa fresca e fria, ao mesmo tempo em que o céu começa a clarear & avermelhar & todos os ruídos da noite cessam, quando os pássaros da manhã começam com suas cantorias e gritos, tudo isso torna estas primeiras horas as mais deliciosas de todo o dia daqui. Descemos o rio rapidamente, com os homens remando com vigor com seus remos grandes, acompanhando a margem esquerda do rio barrento. Ao levantar do sol encontramos uma grande montaria, que se aproximava da margem, conduzida apenas por mulheres indígenas, 7 no total. A patroa, uma velha senhora de pequena estatura, sentava-se na boca do toldo, fumando seu cachimbo. Ao nos encontrarmos nós a saudamos e paramos juntos. Apesar deles falarem português eu não consegui compreender se todos os seus homens haviam ido para a guerra ou se eles haviam ficado para trás com medo de serem enviados para a guerra. Como pode uma população como esta, com tais hábitos e objetivos, se preocupar com a guerra ou querer se alistar no exército? Fiquei encantado, como sempre fico, ao tom urbano e polido das conversas entre meus amigos e a velha. Seria a raça ou as circunstâncias que fazem estas pessoas tão refinadas e bem educadas? Nenhum cavalheiro da Europa tem mais polidez e, ainda assim, estes são camponeses. Nós compramos algumas melancias da velha senhora & seguimos nosso caminho.

Momentos depois encontramos outra canoa e a saudamos. Sr. M. perguntou de onde vinham os homens, "se não for inconveniente perguntar". Estranha polidez para quem está acostumado a escutar, em nosso país, nossos barqueiros falarem entre si! Assim que o sol ficou a pino eu fui para baixo do toldo, onde havia apenas espaço para uma pessoa e, em minutos, adormeci. Quando acordei, nós já havíamos adentrado um parana,[6] que formava um atalho para o Solimões.

Desembarcamos num banco de barro, fizemos café & assamos alguns pirarucus & tomamos banho e então partimos novamente. Ambos meus companheiros, apesar de serem, certamente, velhos amigos, entre si, se chamam de Signor, assim como chamam de signor o velho índio timoneiro. O homem que tinha estado a dormir tinha o que parecia ser um grande abcesso na perna, o qual eu, com boa vontade, abri & assim mostrei minhas habilidades profissionais. Meus companheiros foram fazendo todos os tipos de perguntas sobre a América, e, como de costume, entoaram a costumeira lamúria sobre a falta de população aqui e a limitada ajuda que o governo oferece para melhorias internas. Ambos são liberais ao máximo. Eles demostraram a usual ignorância infantil sobre nossas mais comezinhas questões e se debruçaram, com admiração, sobre algumas cartas de casa que eu trazia em meu bolso. Outra coisa que tenho freqüentemente notado nestas pessoas é que elas parecem ter mais curiosidade sobre as informações geográficas do que quaisquer outras. U. me perguntou sobre os pontos da bússola. Segundo ele, estes eram norte, sul, oeste & sudoeste e eu não acho que ele tenha acreditado em mim quando eu lhe disse que estava errado. O

5. Em inglês "jocund morn". Provável referência a uma estrofe do poema "Canto the Second" de Lord Byron.

6. *Paranã*, neste caso o termo se refere a um canal navegável existente entre dois rios ou como conexão de dois cursos do mesmo rio. Em suas cartas, James se refere a estes canais como bayous. Na acepção regional da Amazônia se usa o termo *igarapé*.

O Brasil no Olhar de William James

paranã era muito estreito & bonito. Num lugar onde havia uma linda praia plana, coberta de uma relva que brilhava como esmeralda, jogamos a rede & pegamos diversas arauanas,[7] que foram reservadas para o jantar. Às 4 horas mais ou menos chegamos à boca do paranã & olhamos novamente através dos rápidos redemoinhos do rio amarelado, pontuado por toras de madeira que boiavam, a longa e selvagem floresta rasteira do grande e velho Solimões. Com alguma dificuldade, decorrente da força que a correnteza tomava na curva, nós ancoramos a canoa no canto mais alto da boca do paranã onde havia um banco baixo de barro, coroado por grandes juncos, fizemos fogo & cozinhamos nosso jantar. *[**desenho de peixe no alto da página].* Depois disto foi decidido que íamos a uma praia que jazia oposta e passaríamos a primeira parte da noite. Eu suponho que a praia havia se conectado recentemente com a margem esquerda, mas a subida do rio já havia feito dela uma ilha com um canal largo entre esta e a margem.

Fiz uma longa caminhada nela & não achei nem gaivotas nem ovos, mas sim duas enormes árvores prateadas, as quais ao descerem [o rio] haviam acabado com seus troncos cruzados entre si e seus galhos, presos no fundo, haviam acabado por ancorá-las neste lugar. A descida do rio as havia deixado altas e ressecadas. Não, não exatamente ressecadas, porque uma poça funda havia sido escavada por baixo delas pela correnteza e estava agora cheia por uma água verde estagnada & coberta por minúsculas moscas. Quem me dera ser um grande pintor, porque aqui há grandes temas! Nada pode ser mais simples. A praia nua, o oeste avermelhado, os troncos gigantes com suas copas tortas & raízes, (a mais larga não teria menos do que 20 pés de circunferência), a imensa correnteza em torvelinho &, ao longe, a linha fina da floresta. Era grandioso e solitário o quanto podia. Eu dei boas noites para os meus amigos & deitei sobre o meu acolchoado de borracha. Mas, com a noite, os pernilongos começaram a cantar como o grande órgão de Boston. E não deu para dormir até que eu peguei meu mosquiteiro & me enrolei nele.

DIA ONZE

Cerca de três horas da manhã, a julgar pela lua que havia se levantado naquela hora, eu fui acordado pela movimentação dos índios, e lá fomos nós. As canoas mantendo-se o mais próximo possível da margem esquerda. Apesar de ter coberto meus pés & rosto, não pude cochilar devido às miríades de pernilongos cujos gritos estridentes quase abafavam o barulho dos remos. Nós mantivemos um ótimo ritmo ao longo do dia. Café da manhã e jantar de piraín & farinha.[8] E os homens remando quase sem descanso até 9 horas da noite quando nós chegamos ao "sítio" de um francês chamado Sr. Roberto. Eu nunca tive uma sensação tão grande de alívio como a que experimentei ao desembarcar da canoa cheia de pernilongos em uma praia, em frente de uma casa grande, onde, nós sabíamos, conseguiríamos dormir. Sr. U. subiu à praia, que neste lugar tinha a forma de um penhasco, em direção à casa do francês, enquanto isso nós fizemos fogo & passamos café na praia. Eu vi, do alto da praia, que as árvores e os arbustos haviam sido derrubadas por uma boa distância. Sr. Mig. me disse que este era o sítio mais

7. Arauanã ou Aruanã *(Osteoglossum* sp.), peixe de rio que se reproduz entre novembro e dezembro, o que explica a abundância dos mesmos na época, e o qual alcança o tamanho de 60 a 90 cms. Manuela Carneiro da Cunha e Mauro Barbosa de Almeida, orgs., *Enciclopédia da Floresta* (São Paulo: Companhia das Letras, 2002), p. 544.

8. *Piraí,* em Tupi, peixe pequeno; *farinha* significando farinha de mandioca.

rico & melhor administrado desta região do país. Em seguida, retornou Sr. U. com uma lamparina & a chave de uma grande construção em forma de celeiro, na frente da qual nós estávamos. Entramos rapidamente com nossas redes e fechamos a porta. Este era um cômodo grande, de paredes de pau-a-pique, com um esplêndido telhado de palmeira & dois grandes alambiques para destilar cachassa A única lamparina lançou nossas grandes sombras negras e tremulantes sobre as enormes paredes negras & telhado, fazendo se levantar uma multidão de morcegos, que guinchavam e voavam em todas as direções. Eu derrubei um com um bastão & guardei-o para colocá-lo no barril pela manhã. Apesar dos morcegos, eu dormi como chumbo a noite toda. Eu acho que nem os pernilongos teriam me incomodado.

DIA DOZE

Levantamos antes do nascer do sol & fomos para a casa do francês. O encontramos de pé no alto do penhasco, nos esperando. Eu me dirigi a ele em francês, mas ele falava apenas português até que eu disse a ele, pela benção dos céus, pare. O homenzinho magro, de olhos azuis e barba grisalha, o qual parecia estar encantado por ver um estranho, conversava com uma disposição que aqueceu meu coração. Ele gaguejava e continuava caindo no português, igual ao que fiz quando encontrei Burkhardt pela primeira vez—(mentira, eu não usei o português quando encontrei B.). Ele disse que ele estava tão desacostumado com a sua própria língua que havia perdido toda a fluência dela. Como eu espero encontrá-lo de novo quando retornar para Manaos, não direi nada sobre sua propriedade ou conversa. Ele nos levou "à sua velha e arruinada casa e nos ofereceu café & um copo de cachass[a], que apesar de estar verde desceu bem & me pareceu incapaz de parar de conversar. Ele implorou para que eu ficasse o dia inteiro. Quando nós conseguimos escapar meus amigos ficaram rindo por bastante tempo, devido à maneira com que "O Roberto stava gostando de conversar com Seu Guilherme". Mais duas horas de remo ao longo da margem e chegamos ao sítio do meu anfitrião. Uma praia alta, soterrada por vegetação desordenada, bastante relva alta, bananas, papaias, tabaco, palmeiras espinhosas, um perfeito mar de vívido verde, mas não havia floresta por 4 ou 5 acres, nos quais estavam dispostas suas roças de mandioca. Oh, céus, como encontrar tempo ou palavras para descrever, para Billy Washburn ou quem quer que leia este, a fisionomia deste lugarzinho campestre. Primeiramente fomos para uma casinha, toda em palafita e folhas de palmeira, limpa & amarela como ouro. Eu me sentei numa rede. Havia duas velhas senhoras acocoradas, como só estas pessoas podem se acocorar (como se fossem esqueletos nus), sobre uma esteira, à frente da qual se encontrava uma rede meio tecida na sua moldura.

DIA 16

À noite. Estou sentado em frente à casa do meu excelente velho amigo Urbano, escrevendo isto. Eu me atrasei tanto com a escrita deste tipo árido de composição que eu acho que agora é quase impossível recuperar o tempo perdido, podendo eu agora apresentar apenas uma espécie de retrospecto geral dos últimos 4 dias. Eu me sinto agora perfeitamente domesticado neste lugar & com estas pessoas. Nunca houve uma classe de pessoas mais decente do que estas. O velho Urbano especialmente por seu refinamento nativo, inteligência e espécie de limpeza e pureza é talhado para ser amigo de qualquer homem que exista, não importando quão elevados seu berço & dotes. Não há nem uma <u>gota</u> de nossas amaldiçoadas brutalidade e vulgaridade anglo-saxônica, tanto nos senhores quanto nos servos. Quando os vizinhos vêm visitar Urbano, eu sempre me recordo de nossa família & da família Tweedy em Newport. Urbano & seus companheiros conversam com tanta beleza e harmonia, talvez ainda mais do que Tweedy & o Pai, em um tom suave, baixo e vagaroso, como se a eternidade estivesse à frente deles. Eu nunca escutei ninguém praguejar ou empregar palavras exageradas, metáforas improváveis ou gracejos exagerados ou um monte de epítetos cáusticos ou anedotas vexantes como as que fazem o divertimento dos ianques.

[O diário acaba aqui, mas o caderno contém ainda diversos rascunhos e desenhos, além de um poema com a grafia de alguma outra pessoa que não James, algumas poucas notas sobre remédios, um rascunho de carta em português endereçada a um amigo e um curto vocabulário Inglês—Português—Língua Geral. O poema e as notas esparsas não foram aqui reproduzidos. A carta está transcrita à frente, e em seguida, o vocabulário]

Mau caro João[9]
Mando nesta carta o retrato que prometti. Não sei se Voscé achará bom. O sr. Hunnewell & eu chegamos do Pará em 3 dias. Moramos com 4 outros companheiros em uma casa bem grande—GRANDE!

Achamos o companheiro surdo do Tocantins de quem eu fallei com Vosce— Ele não poude trazer as colleções, porque os cavallos morrerão &c &c. Muito infeliz. O vapor de Nova York há de chegar en 3 dias. Eu vou m'embora nelle, mas Hunnewell fica mais dous mezes para cassar na Ilha do Marajó. Na casa de fronte d'aquella onde nós moramos tem moças muito bonitas. Eu sou inamorado d'uma d'ellas mas não posso fazer visita para ella—não posso senão olhar & sospirar. Também muito infeliz! Pode dizer à seu pai que aqui comemos ainda menos de que em Óbidos. Aqui tem sorvettes—Vosce não deve cognecer—Si podesse mandava para Vossce; mas é impossível—ficava sô ágoa—muito boa cousa. Como estâ Vossce? Como estâ o Titus? Como esta Óbidos? O sol esta sempre quente & o Rio sempre correndo? Nunca esquece mim d'aquelle lindo lagur [lugar], nem do mez que tenho passado em casa do Senhor seu Pai, nem do João barrigudo? Recommenda mim, assim que o H. bem ao Sr. seu pai e à senhora sua Mai. Dá lembrancias de nós também ao Sr. Jeffreys. Adeos! Meu caro João. Deus guarda Vosce assim que o Tito, fico sempre seu amigo
William James.

9. Rascunho de carta escrita em português rudimentar por James em Belém do Pará, em dezembro de 1865, endereçada a João, filho do hospedeiro de James em Óbidos. A carta tem muitas correções, as quais foram consideradas nesta transcrição.

comb	tiuáua
My dear, will you marry me?	Serendéra ére mendáre potáreséra
[Querida, você se casaria comigo?]	seirúma?
Do you find many Cs. on Solimões?	Chá purá rá ere té carapaná
[Existem muitos Cs.[10] no Solimões?]	Solimões oropí
fogo	tatá
sol	curaçí
lua	iaçí
estrella	iaçí tatá
Pleides	ceio çí
homem	apuegaúa
mulher	cunhá
menino (baby [nenê])	taína
rapaz	curumí
rapariga	cunhá mucú
grande	uassú
pequena	miraira
alto	pocú
baixo	iatóca
casa	oká
toldo	panacaríka
azul	soquiri
verde	iaquira
preto	pichuna
branco	tinga
amarella	tauá
encarnado	piranga
rocho	sombuíka
pedra	ita
madeira	uba
palmeira	pinaua
pakova	pakua
Qual e o caminho	Mauá ta pé
e longe	a pé ka tú
dia	ára
noite	poitúna

10. James aqui se refere, possivelmente, a *carapanãs*, moscas minúsculas, conforme sugere a frase em língua geral.

Manuscrito — Vocabulário Tupi-Português-Inglês (Diário brasileiro de William James).

114

rocho	som buika
pedra	ita
madeira	uba
palmeira	pinana
pakova	pakova
Qual e o caminho	mauá ta pá
e longe	a pé ka tu
dia	ara
noite	poi tuna

115

Comb	tinana
my dear, will you marry me?	serendéra ére mendáre potáre séra seiruma?
Do you find many Cs. on Solimões	chá purá rá ére té carapaná. Solimoés oropí.
fogo	tata
sol	curaçí
lua	iacé
estrella	iacé tata
Pleides	ceio çí
homem	apuçaua
mulher	cunhá
menino baby	taina
rapaz	curumi
raparriga	cunhá mucú
grande	uassu
pequena	miraira
alto	pocú
baixo	iatóca
casa	oká
aldea	panacaríka
azul	soguiri
verde	icuguira
preto	fuchuna
branco	tinga
amarella	taua
encarnado	piranga

A Month on the ~~Amazon~~ Solimoens

If the reader will look on ~~the~~ a map of S. America Brazil he will probably find the little town of San Paulo d'Olivença marked on the right bank of the Solimoens or upper Amazon, about   miles from the sea. ~~The first stage of my story.~~ At this town my story begins. The little steamer Icamiaba which runs monthly from Manaos, to near the mouth of the Rio Negro, where the Solimões changes into the Amazon, up to ~~that~~ mosquito populated Tabatinga ~~and~~ on the Peruvian frontier, and back — stopped at São Paolo just after sunset on the 21st of September 1865 — ~~bearing~~ ringing with her the most important detachment of a great North American Naturalists Expedition, which for the past 6 months had been over running Brazil and ransacking her living treasures. ~~He~~ the party By ~~water~~

Um Mês no Solimoens

O leitor que olhar o mapa do Brasil provavelmente achará a cidadezinha de São Paulo d'Olivença, localizada na margem direita do Solimoens ou Alto Amazonas, em torno de [em branco] milhas do mar. É nesta cidade que começa a minha estória. O bom vaporzinho <u>Icamiaba</u> que sai mensalmente de Manaos, próximo a embocadura do Rio Negro, onde o Solimões vira Amazonas, vai até Tabatinga, infestada de pernilongos, perto da fronteira peruana e, na volta—parou em São Paulo [d'Olivença] um pouco antes do anoitecer do dia 21 de setembro de 1865-nele trazendo a mais importante divisão da grande expedição norte-americana de naturalistas, a qual, nos últimos seis meses, vem percorrendo o Brasil, pilhando seus tesouros vivos. Devido a um interessante incidente, embarcaram no vapor, em Tabatinga, um outro grupo de 4 naturalistas espanhóis os quais, após três anos de errâncias, desceram das montanhas e do Rio Napo, e estão, finalmente, indo para casa. Eles são parte de uma comissão enviada pelo governo da Espanha, para fazer coleções para o Museu de Madri. Um dos participantes do grupo morreu, outros dois debandaram para a Califórnia. Eles têm enfrentado sol, chuva, neve e charcos em suas errâncias, naufragaram e perderam todos os seus haveres pessoais, estavam sem dinheiro e com as roupas mais grotescas que haviam sido salvas do desastre. Eles desceram o Rio Napo em duas jangadas da mais pitoresca aparência, com uma cobertura baixa de folhas de palmeira construída em cada uma e com um "fumeiro" queimando nas pontas para espantar os pernilongos e cobertas de macacos, papagaios e outros animais de estimação. Eu nunca tinha visto um grupo de homens mais amarfanhado, manchado, batido pelo vento e amarelado. E, raramente, eu me senti tão disposto a honrar algum homem mais do que estes. Ao lado desta viagem nossa expedição parece um piquenique. No entanto, nem com eles nem com o resto do nosso grupo tem a presente narrativa nada a ver. Seus heróis são apenas em número de três, o senhor T., que se juntou a nós no Pará, um garoto índio de mais ou menos 18 anos de nome Jozé ou R. [seqüestrado], assim dizendo seqüestrado em nossa passagem por Santarém, e o autor. Mais ou menos às 10 horas daquela noite, depois de ter sido contada a última acha de lenha vagarosamente jogada em nosso vapor e quando o cabrestante começou a chocalhar, nós nos afastamos do vapor numa montaria comprida que continha nossos preciosos barris, álcool,

Página do manuscrito "A Month on the Solimoens".

Macacos, desenho de William James, 1865.
"Amarrado numa das vigas do puxado ficava aquele que talvez tenha sido o melhor amigo que fiz no lugar, ou seja, um *coaitá* ou macaco-aranha bem grande ou melhor, comprido." (Um mês no Solimoens)

anzóis, panelas e frigideiras, meio barril de biscoito & uma garrafa de vinho português e acompanhamos a margem alta em direção ao "porto" da canoa. Foi um momento melancólico. A expedição havia sido decidida no último minuto, diversos outros planos, mais tentadores, haviam sido abandonados devido às circunstâncias. Um dos meus amigos a bordo, ao me apertar a mão me disse solenemente que ele preferia ir para um lugar muito ruim do que estar na minha pele no próximo mês. As estrelas estavam todas encobertas pelas nuvens & a noite como tinta, os pernilongos ressoavam em torno de nós como os grandes órgãos de igreja e exatamente quando chegamos a terra vimos nossa velha casa flutuante vagarosamente virar-se e ir embora, corrente abaixo. Quando, ao mesmo tempo, vimos que três índios, que havíamos contratado para desembarcar nossas bagagens, pularam em terra firme & fugiram na escuridão morro acima, sentimos como se o nosso sol tivesse se posto. No entanto, T., sendo um homem de ação, imediatamente correu atrás dos índios & eu fiquei escutando ele os capturar e por meio da autoridade de seus argumentos & uma boa gorjeta adicional ao contrato original, consegui fazê-los retornar. Nos tomou uma hora & diversas subidas e descidas pelo acidentado & abarrancado & escorregadio morro para conduzir todo nossa carga para seu destino. Esta era a casa do *"Subdelegado" de Polícia, Sr.* Antonio, um mulato baixo, e quando ele saiu de um quarto do interior da casa, esfregando os olhos e nos ajudou a pendurar nossas redes e telas contra pernilongos na sala, se assim podemos chamá-la—sentimo-nos aliviados. Foi aí que nós passamos nossa primeira noite, protegidos contra os pernilongos, cujo coro estridente lá fora fazia com que o interior da casa parecesse muito mais aconchegante. Os amazonenses não dispõem dos prazeres da domesticidade do lar, que são tão caros a nós—e o qual se constitui como elemento tão importante em nossas vidas—mas na tela contra mosquitos, ainda que longe do doméstico, porém pessoal, eles têm um pálido substituto destes, e você escuta, enquanto embala-se na rede, os milhares de uivos sanguinário do exterior, com uma sensação positiva de segurança conquistada, da mesma espécie daquela quando, ao pé de uma grande grande lareira crepitante, você escuta a tempestade de gelo caindo na sua porta. (Edificante) O cômodo no qual nós dormimos nesta primeira noite era um bom representante dos do seu tipo—de algo em torno de 15 pés quadrados, coberto apenas pelas frescas telhas vermelhas do telhado, por cujas frestas penetram tanto os raios de sol no correr do dia como, a todo o tempo, a brisa, com as paredes rudemente rebocadas & caiadas, o chão de terra batida com algumas esteiras de folha de palmeira espalhadas aqui & ali, janelas grandes sem vidro, porém com pesadas venezianas de madeira e nenhuma mobília, apenas alguns baús, uma mesa, duas cadeiras, 4 redes & um jarro de água & cabaça & uma gravura barata dos milagres de Nossa Senhora de Nazaré. A lamparina, uma lata contendo gordura de tartaruga, com um rolo de fios pendurado em um de seus ângulos, como pavio, lançando no teto nossas grandes sombras tremulantes. Levantamos ao amanhecer e o nosso José fez café para nós. Apesar da fertilidade da terra, as pessoas aqui raramente têm um estoque suficiente de comida capaz de alimentar convenientemente seus hóspedes & o Sr. Antonio, longe de nos oferecer qualquer coisa, alegremente aceitou uns quatro biscoitos e vinho.

Descrição da vila: Aqui nós tivemos que esperar até que pudéssemos arranjar uma canoa & um par de índios para remar. Como era a época da alta estação de pesca, estando o rio no seu ponto mais baixo, quase todos os habitantes haviam trocado a vila pelas praias, e alguns estavam também escondidos nas matas para evitar o ser recrutado pelo exército & mandado para o paraguay, deixando na vila apenas algumas poucas mulheres e 5 ou 6 dos habitantes mais ricos. O *subdelegado* mandou um dos seus filhos em excursões atrás de homens para nós, todos que encontrávamos prometiam que nós não teríamos dificuldade de encontrar uma canoa. Como não sabíamos por quanto tempo seríamos obrigados a esperar pelos homens, uma casa toda nos foi oferecida para nos acomodar; era esta um lugar desmoronado, velho e arruinado, no qual, nos contaram, o naturalista inglês, Bates ou Senhor Henrique havia morado quando ele viveu em são Paulo. Aí ficamos até a noite do dia 23. O velho *padre* ou padre do lugar nos pediu para tomarmos nossas refeições com ele, e eu passei a maior parte do meu tempo na casa dele, fumando o eterno cigarro de casca de árvore e tentando entender sua conversa com T. Ele era um homem velho e gordo, cujo maior prazer na vida parecia ser conversar, [e] <u>fofocar</u> sobre os escândalos de seus vizinhos e semelhantes, de rio abaixo e rio acima, tanto da cidade quanto de fora dela. Ele tinha uma família muito bonita de <u>a</u>filhados quase brancos, assim chamados afilhados em consideração à batina, cuja mãe cozinhava nossos jantares de tartaruga & banana-da-terra frita em um puxado de folha de palmeira construído no quintal. Amarrado numa das vigas do puxado ficava aquele que talvez tenha sido o melhor amigo que fiz no lugar, ou seja, um <u>coaitá</u> ou macaco-aranha bem grande ou melhor, comprido. O gênero deste macaco, a julgar pelo espécime, denomina-se áteles, por possuírem polegar diminuto. Encontrei, na América do Sul, os mais interessantes primatas. Ele tinha em torno de dois pés e meio de altura quando apoiado em suas pernas traseiras era coberto por um pelo negro grosseiro e seu rabo comprido tinha suas últimas 4 polegadas localizadas embaixo da superfície, convertendo-o em uma almofada ou palma, negra e pelada, de grandes habilidades prêensil. Sua cabeça era pequena, seu nariz, negro, seu corpo excessivamente magro e seus braços imensamente longos e finos. Ele era tão domesticado e confiante quanto um cachorrinho de estimação; e toda vez que eu me colocava dentro do raio de alcance dos seus braços, ele se jogava na minha direção e freneticamente se segurava em mim com mãos, pés e rabo. Como sua atenção era, às vezes, bem opressiva, eu me afastava dele à força e quando esticando-se horizontalmente entre eu & a viga, ele se via finalmente compelido a largar seu convulsivo agarro às minhas roupas e era jogado ao chão pela força da corda que o prendia, ele se metia numa demonstração tragicômica de desespero, a qual poderia fazer a fortuna do pantomista que se dispusesse a imitá-lo. Ele se atirava para trás, balançando seus longos braços na altura da cabeça, com as mais assustadoras caretas, uivando, cacarejando & assobiando. Ele se deitava de barriga, enviando-me indescritíveis olhares de censura & levantando poeira com seus braços até quase se enterrar nela—e então, depois disso tudo, ele parava de repente, tendo sido a sua atenção capturada por outra coisa. Esta excessiva motilidade mental dos macacos, sua total inabilidade de controlar sua atenção e emoções, tornando-o capaz de ser dominado por qualquer emoção que esteja no momento mais à superfície, dá a eles um caráter desamparado, o qual sempre despertou em mim a piedade. Estou convencido de que a crença vulgarizada de que o macaco é uma criatura meramente ridícula está completamente errada.—Há uma pitada de patético neles, pobres criaturas do impulso que eles são, o que os torna interessantes no sentido que as senhoritas atribuem à palavra. As crianças costumavam amarrar as mãos do coiatá nas costas, fazendo-o andar apoiando-se nas pernas traseiras. Isto sempre excitava-o muito, e ele pulava bastante em torno de si, às vezes caindo devido à pressa, mas geralmente conseguindo manter-se, com sucesso, de pé, sendo seu rabo chamado a ajudar quando ele se desequilibrava. Ele corria diversas vezes em cima do poleiro horizontal, à la Blondin[1], se equilibrando graciosamente por meio do balanço do seu rabo, fazendo as mais transtornadas expressões. Um dos passatempos favoritos desta pobre criatura de impulsos era se balançar no poleiro pelo rabo e quando cansado do balanço, utilizando-se do valioso órgão, escalar, mão após mão, até chegar ao fim do poleiro, após o que ele se punha deitado sobre ele. Eu me atrevo a dizer que ele está fazendo toda esta encenação neste exato dia.

Na manhã do nosso segundo dia, eu contratei um rapaz pescador para me levar pescar numa espécie de lago aberto para o rio embora protegido de suas correntes, distante mais ou menos uma légua da cidade. Nós pescamos com a tarrafa ou rede de pesca, e, em uma hora, quase enchemos nossa canoa. O rio estava, naquele momento, em seu ponto mais baixo, descobrimos que o rio começaria a subir em 3 ou 4 dias, e eu nunca vi em nenhum outro lugar cardumes de peixes tão densos como os daquele dia. [riscado: Eu coloquei um espécime de cada peixe novo para mim em álcool]. Quando nós voltamos, eu descobri que T. havia comprado uma canoa & que nossos homens haviam chegado—sendo assim iríamos partir imediatamente. A canoa era o que se chama de montaria no Amazonas, com cerca de 16 pés de comprimento e . . . [aqui termina a narrativa...]

1. Referência a Jean-François Gravelet (1824-1897), o acrobata francês que se tornou famoso nos Estados Unidos por ter atravessado, em 1859, a Cachoeira do Niagara na corda bamba.

Lista de Pessoas, Lugares e Termos

Agassiz, Elizabeth Cabot Cary (1822–1907)

Segunda esposa de Louis Agassiz, Elizabeth pertencia a uma das famílias mais importantes de Boston. Ela participou da Expedição Thayer como cronista oficial e, apesar de não ter sido reconhecida plenamente como de sua autoria, foi ela quem escreveu a narrativa da viagem, *A Journey in Brazil* (1868). Elizabeth se distinguiu também como educadora, estabelecendo uma pioneira escola feminina em sua própria residência e tornando-se, mais tarde, uma das fundadoras do *Radcliffe College*.

Agassiz, Louis (1807–1873)

Naturalista de origem suíça, fundador do Museu de Zoologia Comparada e responsável pela organização científica da vinda da Expedição Thayer ao Brasil (1865–1866). Em suas cartas e diários, James se refere a Agassiz simplesmente como "Prof".

Alice

Alice James (1848–1892), única irmã do autor e sua freqüente correspondente; vem sendo descrita pelos biógrafos como uma jovem inteligente e vivaz, que apresentou, desde a adolescência, sintomas de uma "histeria" que a atormentou por toda sua vida. Em suas cartas, William se dirige a ela em um tom especialmente carinhoso e protetor que alguns biógrafos descreveram como condescendente.

Allen, Joseph Asaph (1838–1921)

Ornitólogo do Museu de Zoologia Comparada, participou da Expedição Thayer como assistente remunerado de Agassiz, viajando principalmente em companhia de Orestes St. John.

Anthony, John Gould (1804–1877)

Curador de moluscos do Museu de Zoologia Comparada, Anthony foi um dos profissionais remunerados da Expedição Thayer. Devido à idade avançada e saúde frágil, sua participação foi mínima.

Ashburton Place

Henry James, pai e Mary Walsh James residiram, entre 1864–1866, neste endereço, localizado na área da baía de Boston.

Tia Kate

Catherine Walsh (1812–1889), tia materna do autor que viveu com a família James a maior parte de sua vida adulta, cuidando dos filhos de sua irmã. Tia Kate financiou parte da viagem de James ao Brasil.

Bates, Henry Walter (1825–1892)	Entomologista que em 1848 chegou ao Alto Amazonas em companhia do célebre evolucionista Alfred Russell Wallace (1823–1913), aonde permaneceu por diversos anos. Seu principal trabalho, *Um Naturalista no Rio Amazonas* foi publicado pela primeira vez em Londres, em 1863.
Bicho	Referência a "bicho-do-pé"*(Tunga penetrans)* que afligia muitos dos viajantes estrangeiros no Brasil do século XIX.
Bob	Robertson James (1846–1910), irmão mais novo do autor foi, durante a Guerra Civil, comissionado como oficial do 55° Batalhão de Massachusetts, que foi o segundo regimento de negros a ser enviado para o *front*, no qual ele teve uma participação mediana.
Bond, James	Cônsul norte-americano em Belém. James enviou a maior parte de sua correspondência através dele.
Bourget, D.	Naturalista francês residente no Rio de Janeiro que acompanhou a Expedição Thayer para o Amazonas. Bourget aparece no *Almanaque Laemmert* de 1865 como "Preparador de História Natural", estabelecido à Rua Direita (p. 667). James se referia a ele como o "Gaulês Galante".
Burkhardt, Jacques (1808–1867)	Artista suíço associado por muitos anos a Agassiz, Burkhardt era funcionário do Museu de Zoologia Comparada. Sua colaboração junto à Expedição Thayer se concretizou pela produção de um conjunto de quase três mil aquarelas da flora, fauna e paisagens visitadas.
Cafuzo	De origem africana e sinônimo de caburé da Língua Geral, o termo descreve o mestiço descendente de africano e indígena.
Colorado	Vapor movido à rodas de pás, pertencente à empresa *Pacific Mail and Steamship Co.*, que transportou, em sua viagem inaugural a São Francisco, a Expedição Thayer de Nova York ao Rio de Janeiro.
Copeland, Edward	Um dos coletores voluntários não-remunerados da Expedição Thayer. Após o estágio inicial da viagem, James teve pouco contato com ele, uma vez que Copeland acompanhou a expedição de C. F. Hartt ao Rio de Janeiro, Espírito Santo e Bahia.
Dexter, Newton (?-1901)	Coletor voluntário da Expedição Thayer, Dexter era exímio caçador. Mais tarde, ele se tornou ornitologista e cientista natural amador. Dexter acompanhou James e Talisman na expedição de coleta ao rio Tapajós, realizada em agosto de 1865.
Dr. Cotting	Benjamin Eddy Cotting (1812–1879), médico e amigo pessoal de Agassiz, o qual permaneceu no Rio de Janeiro com a expedição durante dois meses, partindo então para a Europa.
Ega	Nome antigo de Tefé.

Imperador	Pedro II (1825–1891), membro da Casa de Bragança, governou a monarquia constitucional do Brasil entre 1841 e 1889. Conhecido por seu interesse pelas ciências, Pedro II manteve uma correspondência com Agassiz e pessoalmente financiou a parte interna da Expedição Thayer.
Exchange Hotel	Estabelecimento do Rio de Janeiro, de propriedade de R. M. Dowall, localizado à Rua Direita, 40–42.
Pai	Henry James, pai (1811–1882), pai do autor, conhecido como escritor, livre-pensador e seguidor da doutrina de E. Swendenborg.
Harry	Henry James (1843–1916), irmão mais novo do autor, o qual se tornou um dos mais célebres escritores de ficção norte-americana.
Hartt, Charles Frederick (1840–1878)	Membro da Expedição Thayer, Hartt foi, entre 1860–1865, assistente de Agassiz no Museu de Zoologia Comparada. Após tornar-se professor da Universidade de Cornell, Hartt retornou ao Brasil em muitas ocasiões, contribuindo para a consolidação do estudo das ciências naturais no país, especialmente a geologia.
Holmes	Oliver Wendell Holmes Jr. (1841–1935), amigo e colega de William James na Harvard, tornou-se um dos juristas da Suprema Corte dos Estados Unidos.
Hooper, Marian "Clover" (1843–1885) e Hooper, Ellen (1838–1887)	Irmãs que pertenciam ao círculo de amizade de James em Boston.
Hotel da Europa	Estabelecimento comercial do Rio de Janeiro, pertencente aos irmãos Lafourcade, localizado à Rua do Carmo, 69.
Humboldt, Barão Alexander von (1769–1859)	Naturalista alemão, Humboldt, com sua viagem às Américas, realizada entre 1799 e 1804, estabeleceu os padrões da narrativa de viagem científica. Suas *Narrativas Pessoais de Viagem* começaram a ser publicadas na França em 1810 mas, em 1814 já estavam disponíveis na tradução para o inglês. Não fica claro qual teria sido a versão que James trazia consigo na viagem, uma vez que já existiam então diversas edições disponíveis, inclusive uma edição resumida, composta de um só volume.
Hunnewell, Walter (1844–1921)	Estudante da Harvard e coletor voluntário da Expedição Thayer, Hunnewell havia trazido o equipamento fotográfico utilizado na expedição e aprendeu as técnicas básicas da fotografia de estúdio na Casa Leuzinger no Rio de Janeiro. Em novembro de 1865, sob as ordens de Agassiz, ele produziu a notável série composta por mais de 100 fotografias, retratando as "raças mestiças" do Amazonas. Hunnewell retornou aos Estados Unidos em companhia de James em dezembro de 1865 ou janeiro de 1866.
Hyatt, Alpheus (1838–1902)	Zoólogo e paleontólogo que estudou sob a orientação de Agassiz e cuja participação na Guerra Civil o impediu de participar da Expedição Thayer.

Içá	Tributário do rio Solimões, conhecido como Putumaio no Peru e Colômbia. James coletou espécies de peixes neste rio em setembro de 1865.
Icamiaba	Vapor que transportou a Expedição Thayer de Belém à Manaus, ficando à disposição da expedição até ser recrutado para transportar tropas para a Guerra do Paraguai. No folclore regional, *Icamiabas* são mulheres sem marido, motivo pelo qual os exploradores europeus as confundiram com as mitológicas amazonas.
José	Rapaz indígena "seqüestrado" por Talisman, James e Dexter nas imediações do rio Tapajós e o qual serviu como criado na expedição de coleta de setembro de 1865.
Jutaby	Rio Jutaí, tributário do Solimões , onde James coletou peixes em setembro de 1865.
Lafarge	John La Farge (1835–1910), notável pintor norte-americano que freqüentou a família James no período em que estes residiram em Newport. Mais velho que William, La Farge exerceu influência sobre o jovem James, encorajando-o a perseguir suas vocações.
Língua Geral	Língua Geral é um dialeto derivado originalmente do Tupi da costa. Em sua variante amazônica este é denominado de *nhengatu* e se mantinha, nos meados do século XIX, como língua franca da região. Além de estar presente em muitos termos do português atual, este dialeto ainda é utilizado na comunicação intertribal do noroeste amazônico.
Looly Shaw	Marie Louise Shaw (?– 1874), uma das conhecidas de James.
Major Coutinho	João Martins da Silva Coutinho (1830–1889), engenheiro do exército, explorador e naturalista de grandes qualidades. Pedro II comissionou Coutinho para acompanhar a Expedição Thayer ao Amazonas.
Manacapuru	Lago contíguo ao rio Solimões, localizado a 85 quilômetros de Manaus. William James liderou uma expedição de coleta ao local em novembro de 1865.
Montaria	Canoa amazônica, também denominada de *ubá*.
Monte Alegre	Vila localizada ao norte do Médio Amazonas, na então Província do Pará.
Mãe	Mary Robertson Walsh James (1810–1882), mãe do autor. Devido a seu senso prático que contrastava com a maneira de agir anti-convencional do marido, ela vem sendo descrita pelos biógrafos como a mantenedora da estabilidade da família James.
Muquim	Diminutivo de muquirana, tipo de carrapato *(Pediculus humanos corporis)*.
Museu	Referência ao Museu de Zoologia Comparada, instituição da Universidade de Harvard, fundado por Louis Agassiz em 1859.

Negro	Referência ao rio Negro, um dos mais importantes tributários do Amazonas, que corre do sul da Venezuela e encontra o Amazonas nas imediações de Manaus. James participou de expedições de coleta aí realizadas.
Óbidos	Vila ribeirinha do Baixo Amazonas, na Província do Pará.
Pará	Nas cartas e diários, Pará se refere à cidade de Belém, capital da Província do Pará.
Pirarucu	Maior dos peixes de escamas da Amazônia, o *pirarucu* chega a pesar 80 quilos. As expedições de coleta costumavam levar, como provisão básica, *pirarucu* seco e farinha de mandioca.
Piuins	Diminutivo plural de pium, tipo de mosquito também conhecido como borrachudo *(Similium sp.).*
Potter, Alonzo (1800–1865)	Bispo da Igreja Episcopal norte-americana que morreu ao chegar em São Francisco em 1865. Em 1829, após abandonar a faculdade em Albany, Nova York e fugir da casa paterna, Henry James, pai havia se hospedado na casa de Potter em Boston. Quando James encontrou o bispo a bordo do Colorado, ele estava recém-casado com sua terceira esposa, Frances Seaton.
Prof.	Referência ao naturalista Louis Agassiz, líder da expedição.
Rev. Fletcher	James C. Fletcher (1823–1901), missionário norte-americano que viveu no Brasil por muitos anos, co-autor (com seu conterrâneo, o clérigo Daniel Kidder) do livro *O Brasil e os Brasileiros* (1857).
Santarém	Vila próxima à embocadura do rio Tapajós, localizada aproximadamente a 800 quilômetros a oeste de Belém. Após o término da Guerra Civil norte-americana, certo número de confederados e suas famílias aí se assentaram.
São Francisco	Referência ao rio que corre de Minas Gerais ao Atlântico, cortando o sertão árido do noroeste do Brasil. Parte da Expedição Thayer, incluindo o geólogo C. F. Hartt, viajou por esta região, coletando espécimes.
São Paulo de Olivença	Última vila brasileira do rio Solimões antes do Forte de Tabatinga, na fronteira com o Peru. Esta serviu de base para as viagens de exploração de James no rios Içá e Jutaí.
Sceva, George	Membro da Expedição Thayer e um dos assistentes remunerados de Agassiz, Sceva era proveniente do Museu de Zoologia Comparada e serviu como preparador da expedição. Embora não tenham convivido muito, devido ao fato de Sceva não ter acompanhado a expedição para a Amazônia, permanecendo no Rio de Janeiro e Minas Gerais, James o denominou de "Seaver, o caçador".
Solimões	Nome dado ao Alto Amazonas, entre o rio Negro e fronteira peruana.

Spix & Martius	Johann Baptist von Spix (1781–1826) e Karl Friedrich Philip von Martius (1794–1868), naturalistas bávaros que viajaram pelo Brasil entre 1817 e 1820. A viagem resultou na publicação dos três volumes da seminal narrativa da viagem entre 1823 e 1831. Agassiz começou sua carreira científica estudando os peixes coletados por Spix.
St. John, Orestes	Paleontologista e um dos profissionais remunerados da Expedição Thayer. St. John liderou expedições de coleta em Minas Gerais, Bahia e Piauí. James e St. John fizeram planos de viajar juntos para o Ceará, o qual não se realizou, fazendo com que James tenha tido pouco contato com ele.
T. S. P.	Thomas Sargent Perry (1845–1928) um dos amigos mais próximo de William e Henry do período em que a família James vivia em Newport. Perry tornou-se escritor, educador e tradutor notável.
Tabatinga	Assentamento fortificado do rio Solimões, na fronteira entre Brasil e Peru. Em 1865, James se hospedou na casa do Administrador de Rendas local (oficial de alfândega).
Tal	Talismã Figueiredo de Vasconcelos (incorretamente grafado por James como Figuereido Vasconcelles). Empregado da Companhia de Navegação e Comércio do Amazonas, "Tal" serviu de guia em diversas expedições.
Tapajós	Rio que desemboca ao norte do Amazonas.
Tefé	Vila do Solimões, localizada entre Manaus e São Paulo de Olivença.
Temple	Referência aos quatro órfãos criados pelos Tweedy em Providence. Os Temple eram primos de primeiro grau do autor e seus amigos de infância. William James esteve especialmente atraído por Mary (Minny) Temple, que morreu em 1870 de tuberculose.
Thayer, Nathaniel (1808–1883)	Rico empresário de Boston que financiou a Expedição Thayer ao Brasil.
Thayer, Stephen van Rensselear (1847–1871)	Também conhecido pelo apelido de "Ren", Stephen era filho de Nathaniel Thayer. De saúde frágil, Ren teve uma participação modesta nas atividades da expedição.
Tocantins	Um dos principais rios da bacia amazônica que desemboca na margem sul do Baixo Amazonas. Parte da expedição viajou por este rio.
Trombetas	Importante tributário do Amazonas, que nasce nas montanhas das Guianas, corre para o sul, desembocando no Baixo Amazonas, em Óbidos, no Pará. James e Hunnewell realizaram sua última expedição subindo este rio, em dezembro de 1865.

Tweedy	Edmund Tweedy era casado com a irmã de Henry James, pai (portanto, tia do autor), Mary Temple Tweedy. O casal se encarregou da criação dos órfãos Temple, os quais eram também primos de William. A família James conviveu intimamente com os Tweedy, em Newport.
Urbano	Manoel Urbano da Encarnação era, de acordo com o Major Coutinho, um *prático* ou experiente piloto de rio, que havia sido recrutado pela Expedição Thayer. Ele acompanhou James em sua expedição de coleta ao lago Manacapuru, em novembro de 1865.
Van Buren, Elly (1844–1929)	Neta do presidente norte-americano Martin Van Buren e amiga de infância dos James em Providence.
Ward, Thomas Wren (1844–1940)	Coletor voluntário da Expedição Thayer. Apesar de não terem tido muito contato no decorrer da expedição, Tom Ward e William James foram amigos por toda a vida.
Washburn, William Tucker (1841–1916)	Apelidado de "Billy" nos documentos, Washburn estudou com William James em Harvard.
Wilky	Garth Wilkinson James (1845–1883), irmão mais novo do autor, que se alistou na Guerra Civil aos 17 anos. Ele se tornou ajudante do Coronel Robert G. Shaw, Comandante do 54º Regimento Negro de Massachusetts, tendo sido seriamente ferido em batalha. Ao tempo da viagem de William ao Brasil, ele havia retornado para o *front* de guerra.
Wright, Chauncey (1830–1875)	Chamado de "Write" em uma das cartas, Chauncey Wright era um pensador positivista, que se tornou conhecido como o "Sócrates da Harvard". Em 1872 fundou, juntamente com Charles Pierce, o famoso *Metaphysical Club*.

Lista dos Documentos

Cartas de William James. Arquivo William James, Houghton Library, Harvard University, Cambridge, MA, bMS Am 1092.9

1. À sua mãe Mary Robertson Walsh James, Vapor *Colorado* "descendo o estreito," provavelmente 31 de março de 1865 (documento n. 3120).

2. A seus pais Henry James Sr. e Mary Robertson Walsh James, no alto mar, 21 de abril de 1865 (2511)

3. À sua irmã Alice James, Rio de Janeiro, Hotel Exchange, 27 de abril de 1865 (1093)

4. A seu irmão Henry James, Rio de Janeiro, "Acampamento dos Sábios," 3 de maio de 1865 (2549)

5. A Henry James Sr., Rio de Janeiro, Hotel da Europa, 3 de junho de 1865 (2512)

6. A Mary Robertson Walsh James, Rio de Janeiro, 6 de julho de 1865 (3121)

7. A Henry James Sr., Rio de Janeiro, 8 de julho de 1865 (2513)

8. A Henry James, Rio de Janeiro ("Sede Original do Jardim do Éden"), 15 de julho de 1865 (2550)

9. A Henry James, Rio de Janeiro, 23 de julho de 1865 (2551)

10. A Henry James Sr. e Mary Robertson Walsh James, Bahia (Salvador), 28 de julho 1865 (2514)

11. A Mary Robertson Walsh James, Rio Xingu, 23 de agosto de 1865 (3122)

12. A Alice James, Rio Tapajós, 31 de agosto de 1865 (1094)

13. A Henry James Sr., Vapor *Icamiaba*, Rio Solimões, 12 de setembro de 1865 (2515)

14. A Henry James Sr. e Mary Robertson Walsh James, Tabatinga, 18 [de setembro de 1865] (2516)

15. A Henry James Sr. e Mary Robertson Walsh James, Tefé ou Ega, 21 de outubro de 1865 (2517)

16. [A Henry James Sr. e Mary Robertson Walsh James], Manaus, [novembro de 1865] (2518)

17. A Alice James, Manaus, 6 de novembro de 1865 (1095)

18. A Mary Robertson Walsh James, Óbidos, 9 de dezembro de 1865 (3123)

Diário e Caderno de Desenhos do Brasil, 1865. Arquivo William James, Houghton Library, Harvard University, bMS Am 1092.9 (4498) [caderno 4]

"Um mês no Solimões", 1865. Arquivo William James, Houghton Library, Harvard University, bMS Am 1092.9 (4531)

Agradecimentos

Fruto de várias viagens entre São Paulo e Cambridge, a edição bilíngüe dos manuscritos de William James só pode ser resultado da colaboração de um grande número de pessoas e instituições que generosamente estimularam, financiaram e colaboraram para a sua concretização. Esta pesquisa começou a ser desenvolvida em janeiro de 2003, quando iniciei um estágio de pesquisa de 5 meses nas bibliotecas e arquivos da Harvard, sob os auspícios da Fundação de Amparo para a Pesquisa no Estado de São Paulo (FAPESP). A continuidade da pesquisa tornou-se possível devido ao apoio institucional do David Rockefeller Center for Latin American Studies (DRCLAS) da Harvard University, no qual permaneci como Brazilian Visiting Fellow (2003–4). A continuidade da pesquisa dependeu do apoio do Conselho Nacional de Pesquisa (CNPq). Em 2006, a FAPESP voltou a financiar um estágio de um mês de pesquisa na Harvard University.

John Coatsworth, diretor do DRCLAS ofereceu, desde o início, o apoio ao projeto. Tom Cummins, diretor em exercício do DRCLAS para ano 2003–4, foi o primeiro a visualizar a possibilidade de publicação do projeto, apoiando-o. June Erlick, diretora de publicações do DRCLAS, foi uma das influências definitivas na viabilização desta publicação, acreditando no projeto desde seus estágios iniciais e me encorajando a publicar o artigo preliminar "The Nature of Tropical Nature. Brazil Through the Eyes of William James" na *ReVista* (fall-winter 2004). Mais tarde, ela leu e comentou as primeiras versões do ensaio. Durante o ano sabático de June, Anita Safran contribuiu decisivamente na preparação final do livro, polindo o texto e oferecendo os *insights* fundamentais para organização de uma publicação tão complexa quanto esta. Mariana Diniz Mendes, que fez a edição da versão em português do livro, realizou um trabalho minucioso e paciente de edição de texto.

Nos arquivos, bibliotecas e museus da Harvard University fui sempre atendida com eficiência e simpatia por todo o *staff*, que se desdobrou para ajudar uma pesquisadora estrangeira. Agradeço especialmente a Peter Accardo, curador-assistente de livros modernos e manuscritos e Tom Ford, assistente de pesquisa, ambos do Houghton Library, Constance Rinaldo, bibliotecária-chefe e Dana Fisher, assistente de bibliotecária e responsável pelo setor de Special Collections do Museum of Comparative Zoology. No Peabody Museum, Bill Fash, diretor do museu, apoiou a publicação e facilitou o trabalho com as imagens da Coleção Agassiz que aparecem nesta publicação. India Spartz, arquivista senior, foi sempre muito atenciosa e solícita. Agradeço especialmente a Patricia Kervick, arquivista associada, que por sua gentileza, tornou o ambiente do museu sempre acolhedor, mesmo durante o rigorosos invernos de 2003 e 2004.

Diversos colegas leram e discutiram versões preliminares do ensaio introdutório, tais como os membros da minha banca de livre-docência: Robert Slenes, Michael Hall, Francisco Foot Hardman, Maria Odila Leite da Silva Dias e Elias Thomé Saliba. Paulo Garcez Marins se mostrou, como sempre, o colega sensível e interessado. Sueann Caulfield foi responsável pela apresentação deste trabalho no Latin American and Caribbean Studies Program da Michigan University, em janeiro de 2006. Bebete Martins, com a amizade de sempre, viabilizou a visita. Igualmente, uma versão preliminar do trabalho foi apresentada como conferência de abertura do Seminário Temático, "Conexões Atlânticas e o Mundo da Escravidão" na XVII ANPUH, em Campinas em julho de 2004. Os colegas Lynn Mário Trindade Menezes de Souza e Laura Izarra do Departamento de Línguas Modernas da Universidade de São Paulo se interessaram pelo projeto e o discutiram comigo. Cielo Festino, com sua amizade de sempre, ajudou na primeira revisão dos manuscritos. Meus alunos, especialmente Alexsander Lemos Gebara e Enidelce Bertin, colaboraram em diferentes maneiras com este projeto. Tony Stecca, mais uma vez, acreditou nas minhas habilidades de realização, mesmo quando tudo parecia muito longínquo e complicado.

Finalmente, este projeto não poderia ter se realizado sem a generosa colaboração e companheirismo de John Monteiro. Sua dedicação ao projeto o qualifica como verdadeiro co-editor pois, não fosse pela sua disponibilidade de compartilhar o trabalho comigo desde seus estágios iniciais, eu não poderia ter completado este trabalho como o fiz.

LEGEND

RIVERS

1. Negro
2. Branco
3. Japurá
4. Içá
5. Jutaí
6. Juruá
7. Solimões
8. Madeira
9. Amazon
10. Trombetas
11. Tapajós
12. Xingu
13. Araguaia
14. Tocantins
15. São Francisco
16. Paraná River
17. Lake Manacapuru

CITIES AND TOWNS

A. Rio de Janeiro
B. Salvador (Bahia)
C. Belém (Pará)
D. Manaus
E. Tefé
F. Tabatinga
G. São Paulo de Olivença
H. Óbidos
I. Santarém

Based on Cândido Mendes, *Atlas do Império do Brazil* (Rio de Janeiro: Instituto Filomático, 1868). Some of the rivers are inaccurate because they had not been explored at the time.